DEEPAK CHOPRA

MENAS C. KAFATOS

DU
BIST DAS UNIVERSUM

DEEPAK CHOPRA
MENAS C. KAFATOS

DU BIST DAS UNIVERSUM

Entdecke dein kosmisches Selbst

aus dem Englischen
von Christina Knüllig

IRISIANA

MIX
Papier aus verantwortungsvollen Quellen
FSC® C014496
FSC www.fsc.org

Verlagsgruppe Random House FSC® N001967

1. Auflage

Neumarkter Straße 28, 81673 München
Umschlaggestaltung: Geviert, Grafik & Typografie
Satz: Leingärtner, Nabburg
Druck und Bindung: GGP Media GmbH, Pößneck
Printed in Germany
ISBN: 978-3-424-15339-2

INHALT

Vorwort

SIE UND DAS UNIVERSUM SIND EINS

Es gibt eine Beziehung im Leben eines jeden, die bislang geheimnisvoll im Dunkeln lag. Man weiß nicht, wann sie anfing, und doch hängen wir in allem von ihr ab. Wenn sie jemals enden würde, verschwände die Welt buchstäblich in einem Nebel: Es handelt sich um Ihr Verhältnis zur Realität.

Unendlich viel muss zusammenkommen, um die Wirklichkeit entstehen zu lassen. Und doch passiert dies unbemerkt. Denken Sie an das Sonnenlicht. Zunächst einmal kann die Sonne nur scheinen, weil es Sterne gibt, denn schließlich ist sie selbst ein mittelgroßer Stern etwas außerhalb des Zentrums der Milchstraße, unserer Heimatgalaxie. Immer noch gibt es Geheimnisse zu entschlüsseln, vor allem, wie sich Sterne bilden, woraus sie bestehen und wie das Licht im unermesslich heißen Kessel im Inneren entsteht. Doch das ist nicht das Geheimnis. Sonnenlicht legt bis zur Erde rund 92 Millionen Kilometer zurück, tritt dann in die Atmosphäre ein und trifft irgendwo auf. In diesem Fall ist dieses Irgendwo genau Ihr Auge. Photonen, Energiepakete, die das Licht transportieren, stimulieren die Netzhaut im Augenhintergrund und lösen dadurch eine Reihe von Vorgängen aus, die zum visuellen Kortex Ihres Gehirns führen.

Der Unterschied zwischen Blindheit und Sehfähigkeit liegt – so viel weiß man – in der Art und Weise, wie das Gehirn das Licht verarbeitet. Doch der Schritt, auf den es wirklich ankommt, nämlich wie das Licht zum Bild wird, bleibt im Dunkeln. Ganz gleich, was Sie sehen – ob Apfel, Wolke, Berg oder Baum –, ein Objekt wird nur durch die Reflexion des Lichts überhaupt sichtbar. Aber wie kommt es dazu? Das weiß man nicht. Die geheimnisvolle Formel muss aber mit Sehen zu tun haben, weil es zu den elementaren Wegen zur Realität gehört.

Was den Sehvorgang so geheimnisvoll macht, lässt sich mit folgenden Fakten belegen:

- Photonen sind unsichtbar. Sie leuchten auch nicht, selbst wenn wir Sonnenlicht als leuchtend wahrnehmen.
- Im Gehirn ist es stockdunkel. Es sieht dort eher nach hafermehlartigen Zellen aus, umgeben von einer Flüssigkeit, nicht viel anders als Meerwasser.
- Da es im Gehirn kein Licht gibt, gibt es auch keine Bilder oder Bildvorräte. Wenn Sie sich das Gesicht eines geliebten Menschen vorstellen, ist dieses nicht wie ein Foto fertig im Hirn archiviert.

Momentan kann man noch nicht erklären, wie unsichtbare Photonen im Gehirn in chemische Reaktionen und schwache elektrische Impulse umgewandelt werden und so die dreidimensionale Realität schaffen, die wir alle als gegeben hinnehmen. In Gehirnscans kann man die elektrische Aktivität erfassen, die auf einem MRT als helle und farbige Flächen erscheint. *Irgendetwas* passiert also im Hirn. Doch die wahre Natur des Sehens bleibt im Dunkeln, auch wenn man eines weiß: Der Sehvorgang erfolgt durch Sie. Ohne Sie können weder die Welt noch die Weiten des Universums existieren.

Sir John Eccles, berühmter britischer Neurologe und Nobelpreisträger, hat einmal gesagt: »Ich möchte, dass Sie wissen, dass es keine Farbe in der Welt gibt, keinen Klang – nichts dergleichen, keine Textur, kein Muster, keine Schönheit, keinen Duft.« Eccles meinte damit, dass all die Eigenschaften der Natur, vom betörenden Duft einer Rose über den Stich einer Wespe oder den Geschmack von Honig alles vom Menschen kommt. Das ist eine Aussage, die nichts außen vor lässt. Selbst noch dem entlegendsten Stern – Milliarden Lichtjahre entfernt – kommt ohne Sie keine Wirklichkeit zu. Denn alles, was einen Stern real macht – Wärme Licht, Masse, seine Position im Raum und die Geschwindigkeit, mit der er sich fortbewegt –, braucht einen menschlichen Beobachter mit einem menschlichen Nervensystem. Wenn es niemanden gäbe, um Wärme, Licht, Masse und dergleichen zu erfassen, gäbe es die uns bekannte Wirklichkeit nicht.

Sie sind der Schöpfer der Realität – und doch haben Sie keine Vorstellung davon, wie das geschieht, weil das Ganze so mühelos vonstattengeht. Wenn Sie schauen, gewinnt das Licht seine Helligkeit. Wenn Sie hören, verwandeln sich Vibrationen in der Luft in vernehmbaren Klang. Das ganze Treiben der Welt in all seiner Fülle hängt davon ab, wie Sie sich zur Welt verhalten.

Diese tief greifende Einsicht ist nicht neu. Im alten Indien sprachen die vedischen Weisen von *Aham Brahmasmi*, was sich mit »Ich bin das Universum« oder »Ich bin alles« übersetzen lässt. Allein durch tiefe Innenschau kamen sie zu diesem Wissen und machten dabei erstaunliche Entdeckungen. Anders als Albert Einstein, der sich anschickte, im 20. Jahrhundert die Physik zu verändern, sind diese Einsteins des Bewusstseins aus dem allgemeinen Gedächtnis verschwunden.

Heute haben wir die Naturwissenschaft, und da kann es keine zwei Wirklichkeiten geben. Wenn »Ich bin das Universum« wahr ist, dann muss es moderne naturwissenschaftliche Belege dafür geben – und die gibt es. Allerdings kommt man mit all den Messungen, Daten und Experimenten eher zu einem Modell der äußeren als der inneren Welt. So bleiben viele Mysterien unergründet. An der äußersten Grenze von Zeit und Raum muss die Naturwissenschaft ganz neue Methoden zur Anwendung bringen, um so grundlegende Fragen wie »Was kam vor dem Urknall?« oder »Woraus besteht das Universum?« zu beantworten.

In diesem Buch präsentieren wir neun dieser Fragen: die größten und erstaunlichsten Rätsel, mit denen es die heutige Wissenschaft zu tun hat. Unser Ziel ist dabei nicht, noch ein weiteres populärwissenschaftliches Buch unter die Leserschaft zu bringen. Wir wollen zeigen, dass es ein Universum der Teilhabe gibt, das in elementarer Weise vom Menschen abhängt.

Mittlerweile gibt es immer mehr Kosmologen, die Theorien für ein neues Universum aufstellen, eines, das lebendig, bewusst und in der

Entwicklung begriffen ist. Solch ein Universum passt in kein bestehendes Standardmodell. Weder ist es der Kosmos der Quantenphysik noch jener der Schöpfungsgeschichte aus dem Buch Genesis.

Ein bewusstes Universum geht darauf ein, wie wir denken und fühlen. Seine Gestalt und seine Farbe, seinen Klang und seine Beschaffenheit bekommt es durch uns. Deshalb meinen wir, dass man es am besten *menschliches Universum* nennen sollte – und es ist das wirkliche Universum, das einzige, das wir haben.

Selbst wenn Sie ein Wissenschaftsneuling sind oder sich nicht so richtig für Naturwissenschaft erwärmen können, möchten Sie aber doch wissen, wie die Wirklichkeit beschaffen ist. Wie Sie Ihr eigenes Leben betrachten, ist wichtig, und so ist das Leben aller Menschen in die Matrix der Wirklichkeit eingebunden. Was bedeutet es, ein Mensch zu sein? Wenn wir wirklich nur kleine Punkte in der endlosen schwarzen Leere des Weltraums sind, dann müssen wir das akzeptieren. Sind wir jedoch Schöpfer der Realität in einem lebendigen Universum, das auf unseren Geist eingeht, dann müssen wir jedoch diese Wirklichkeit akzeptieren. Einen Mittelweg gibt es nicht und eine zweite Realität auch nicht, falls uns die erste nicht gefällt.

Lassen Sie uns deshalb nun die Reise antreten. Dabei behalten Sie in allen Schritten die Kontrolle, haben die Wahl. Bei allen wichtigen Fragen, etwa »Was kam vor dem Urknall?«, bekommen Sie zunächst die besten Antworten der modernen Naturwissenschaft. Erst dann wird es darum gehen, was an ihnen nicht zufriedenstellend ist. Mit diesem Ansatz wird eine ganz neue Erforschung des Universums möglich, weil die Antworten auf den Erfahrungen aller basieren. Die größte Überraschung dabei könnte sein, dass die Kommandozentrale, in der die Wirklichkeit entsteht, in den Erfahrungen liegt, die wir alle Tag für Tag machen. Sobald wir gesehen haben, wie Kreativität abläuft, werden Sie sich selbst auf neue Weise wahrnehmen. So haben beide großen Weltsichten der Geschichte – Naturwissenschaft und Spiritualität – schließlich ein gemeinsames Ziel: herauszufinden, was »wirklich« wirklich ist.

Schon dämmert uns eine unliebsame Wahrheit: Das heutige Universum hat sich nicht so entwickelt, wie es eigentlich sollte. Zu viele ungelöste Rätsel gibt es, manche so seltsam, dass schon das bloße Nachdenken darüber zweifelhaft erscheint. Es gibt zarte neue Ansätze, und manche sprechen von einem Paradigmenwechsel.

Ein Paradigma ist eine Weltsicht. Basiert die Ihre auf dem Glauben, dann braucht die Schöpfung einen Schöpfer, der alles im Kosmos im Detail regelt. Basiert sie auf der Aufklärung des 18. Jahrhunderts, dann gibt es vielleicht noch einen Schöpfer, dieser hat aber mit dem reibungslosen Schnurren des kosmischen Apparats nichts mehr zu tun. Er ist eher wie ein Uhrmacher, der einmal die Uhr gestellt und sich dann davongemacht hat. Weltsichten verändern sich, einmal weil es die menschliche Neugier gibt und dann seit 400 Jahren das Brennglas der Naturwissenschaft. Im Moment proklamiert deren dominante Weltsicht ein unsicheres, zufälliges Universum, ohne Sinn und Ziel. Wer mit diesem Weltbild arbeitet, erlebt konstanten Fortschritt. Doch wir sollten uns daran erinnern, dass dies auch für den frommen christlichen Scholaren galt. Auch im 11. Jahrhundert gab es einen beständigen Fortschritt hin zu Gottes Wahrheit.

Paradigmen bewahrheiten sich oftmals selbst. Deshalb muss man sie hinter sich lassen, wenn man etwas radikal ändern will. Und genau dies haben wir mit diesem Buch vor. Allerdings gibt es einen Haken. Neue Paradigmen zieht man nicht fertig aus der Schublade. Sie müssen erst geprüft werden, und das tut man am besten mithilfe einer einfachen Frage: Lässt sich das Geheimnis des Universums mit dem neuen Weltbild besser erklären? Wir glauben, dass sich das »menschliche Universum« *durchsetzen* muss, und zwar nicht als Beiwerk einer bereits bestehenden Theorie.

Wenn es das menschliche Universum gibt, dann muss es auch für Sie als Individuum existieren. Das heutige Universum ist einfach nur »da draußen«, wo es mit seinen riesigen Entfernungen nichts mit Ihrem Leben zu tun hat. Doch wenn alles, was Sie umgibt, Ihre Beteiligung braucht, dann werden Sie fortwährend vom Kosmos berührt. Für uns besteht das größte Mysterium darin, wie der Mensch sich seine Realität schafft – und diesen Akt fortwährend vergisst. Deshalb sehen wir dieses Buch als einen Wegweiser an, sich zu erinnern, wer Sie wirklich sind.

Der Wechsel in ein neues Paradigma geschieht bereits. Die Antworten, die dieses Buch liefert, entspringen nicht einfach unserer Fantasie, sind nicht bloße Erfindung. Wir alle leben in einem Universum der Teilhabe. Und wenn Sie sich erst einmal entschieden haben, mit Körper, Geist und Seele mitzumachen, dann wird aus diesem Paradigmenwechsel etwas Persönliches. Dann gehört die Wirklichkeit, in der Sie sich eingerichtet haben, ganz Ihnen: Nehmen Sie sie an oder verändern Sie sie.

Ganz gleich, wie viele Milliarden noch für naturwissenschaftliche Forschung ausgegeben werden, ganz gleich, wie erbittert die Religionsverfechter ihren Glauben hochhalten, am Ende zählt doch nur die Wirklichkeit. Die Beweislage für ein menschliches Universum ist sehr gut. Sie gehört zum Paradigmenwechsel, der sich allerorten vollzieht. Der Grund, warum man mit Recht sagen kann: »Du bist das Universum«, ist, dass es schlicht und einfach wahr ist.

Überblick

DAS UNIVERSUM DES MENSCHEN LEUCHTET AUF

1931 entstand ein Foto von Albert Einstein, das ihn neben dem berühmtesten Mann der Welt zeigte, neben Charlie Chaplin, dem großen Komiker. Einstein hatte damals gerade Los Angeles besucht und ein Zufallstreffen in den Universal Studios zog eine Einladung für die Premiere von Chaplins neuem Film *Lichter der Großstadt* nach sich. Wenn man das Foto betrachtet, auf dem beide Smoking tragen und über das ganze Gesicht lachen, dann ist es schon erstaunlich, dass Einstein der zweitberühmteste Mann der Welt war.

Seine Berühmtheit verdankte er allerdings nicht dem Umstand, dass jedermann seine Theorie der Relativität verstand.[1] Diese war in einer Sphäre weit entfernt vom Alltagsleben angesiedelt, sodass man sie nur bewundern konnte. Der britische Philosoph und Mathematiker Bertrand Russell war eigentlich kein studierter Physiker. Doch als man ihm Einsteins Ideen erklärte, brach es voller Erstaunen aus ihm heraus: »Wenn ich mir vorstelle, dass ich mein Leben mit absolutem Mist ver-

1 Obwohl normalerweise zusammenfassend als Relativitätstheorie bezeichnet, hat Einstein seine revolutionäre Idee in zwei Phasen veröffentlicht: zunächst 1905 als Spezielle Theorie der Relativität, dann 1915 als umfassendere Allgemeine Theorie der Relativität.

schwendet habe …« (Danach hat sich Russell darangemacht, eine für Laien verständliche geniale Erläuterung der Relativitätstheorie zu schreiben, das [mittlerweile vergriffene] *ABC der Relativitätstheorie*.)

In gewisser Weise hat die Relativitätstheorie sowohl Zeit als auch Raum über den Haufen geworfen, das konnten auch ganz normale Menschen begreifen. $E = mc^2$ ist immerhin die berühmteste Gleichung der Geschichte, doch was sie eigentlich bedeutete, entzog sich dem Alltagsverstand. Die Leute machten weiter wie bisher, so als ob Einsteins weitreichende Gedankengänge keine Bedeutung hätten, nicht in praktischer Hinsicht jedenfalls.

Doch diese Annahme sollte sich als falsch erweisen.

Als Einsteins Theorien Zeit und Raum über den Haufen warfen, passierte tatsächlich etwas Außerordentliches: Das Gewebe des Universums wurde zerrissen und wieder in eine neue Wirklichkeit gewebt. Was nur wenige verstanden, war, dass Einstein sich genau diese neue Wirklichkeit vorstellen konnte. Mathematische Formeln und Kreide verwandte er nicht. Von frühster Jugend an hatte er die bemerkenswerte Fähigkeit besessen, sich komplizierte Fragestellungen geistig vorzustellen. So hatte er sich als Student auszumalen versucht, wie es wäre, mit Lichtgeschwindigkeit zu reisen. Zwar hatte man schon berechnet, dass sich Lichtgeschwindigkeit mit 299 792 Kilometern pro Sekunde bewegte, doch Einstein hatte das Gefühl, dass Licht noch etwas anderes, Mysteriöses sei, das der Entdeckung harrte. Deshalb fragte er sich nicht in Physikermanier, was das Licht sei, sondern *wie es sein würde*, auf einem Lichtstrahl zu reiten.

So liegt zum Beispiel der Relativitätstheorie die Erkenntnis zugrunde, dass alle Beobachter die gleiche Lichtgeschwindigkeit messen, selbst wenn sie sich mit unterschiedlicher Geschwindigkeit voneinander weg- oder aufeinander zubewegen. Das bedeutet, dass sich nichts im Universum schneller als mit Lichtgeschwindigkeit bewegen kann. Nun stellen Sie sich vor, dass Sie mit Lichtgeschwindigkeit unterwegs sind und einen Baseball in Ihrer Bewegungsrichtung werfen. Verlässt der Ball überhaupt die Hand? Immerhin bewegen Sie sich ja bereits mit maximaler Geschwindigkeit, es lässt sich nichts an Geschwindigkeit hinzufügen. Doch wenn sich der Baseball tatsächlich von Ihrer Hand löste, welches Verhalten würde er an den Tag legen?

Hatte er erst einmal ein Problem vor seinem geistigen Auge, dann sah sich Einstein auch nach einer ebenso intuitiven Lösung dafür um. Was seine Lösungen so faszinierend macht – und das besonders für unser Vorhaben –, ist die Frage, wie viel Vorstellungskraft hier zur Anwendung kam. Zum Beispiel hat sich Einstein einen Körper im freien Fall vorgestellt. Für jemanden, der eine solche Erfahrung macht, hat es den Anschein, als gäbe es überhaupt keine Erdanziehung. Wenn dieser Mensch dann auch noch einen Apfel aus seiner Tasche nähme und diesen losließe, würde er neben ihm schweben und abermals den Eindruck erwecken, es gäbe keine Gravitation.

Als Einstein diese Situation vor seinem geistigen Auge sah, beschlich ihn ein Gedanke von revolutionärer Tragweite: Vielleicht gibt es in solch einer Situation *gar keine* Gravitation. Hatte man sich diese bis dahin immer als Kraft zwischen zwei Objekten vorgestellt, sah er nun, dass Gravitation nichts weiter war als gekrümmte Raumzeit. Das bedeutete, dass Raum und Zeit von dem Vorhandensein einer Masse beeinflusst wurden. Und mehr noch: dass die gekrümmte Raumzeit in der Nähe von zusammenfallenden Objekten, etwa schwarzen Löchern, zu einer bestimmten Ausdehnung der Zeit führte, was von entfernten Beobachtern gesehen werden kann. Doch jemand in der Nähe des fallenden Objekts würde nichts Ungewöhnliches bemerken. Die Zurückstufung der Gravitation durch die Relativitätstheorie war denn auch eine ihrer schockierendsten Eigenschaften.

Einsteins Vorstellung können wir uns am Beispiel von Astronauten klarmachen, die das Leben unter den Bedingungen der Schwerelosigkeit in einer Raumkapsel üben. Durch die Kamera sehen wir sie in der Luft schweben, ganz frei von der Schwerkraft. Und genau wie Einstein vorhersagte, sind alle losen Objekte im Raumschiff ebenfalls schwerelos. Was die Kamera indessen nicht zeigt, ist, dass das Raumschiff, um Schwerelosigkeit zu erreichen, schnell genug fliegen muss, um der Gravitationskraft der Erde zu entgehen. Wie die Relativitätstheorie vorhersagte, beeinflusst Geschwindigkeit die Schwerkraft, macht sie zu einer veränderlichen Größe.

Doch wenn die Schwerkraft außer Kraft gesetzt werden kann, wie verhält es sich dann mit anderen Dingen, die man als unverrückbar und verlässlich betrachtet hat? Auch im Hinblick auf die Zeit gelang Einstein ein entscheidender Durchbruch. Anstelle der absoluten Zeit, die man vor der Formulierung der Relativitätstheorie als gegeben betrachtete, entdeckte Einstein, dass Zeit nicht nur vom Standpunkt des Beobachters aus beeinflussbar ist, sondern auch von seinem Abstand von einem starken Gravitationsfeld. Der Fachbegriff dafür lautet »Zeitdilatation«. Deshalb scheint es den Astronauten im International Space Shuttle, als gingen die Uhren ganz normal, obwohl sie im Verhältnis zu den Uhren auf der Erde leicht vorgehen. Ein Reisender mit annähernder Lichtgeschwindigkeit würde im Hinblick auf die Uhren in seinem Raumschiff ebenfalls keinen Unterschied bemerken, für einen Beobachter auf der Erde allerdings würden sie scheinbar nachgehen. Uhren, die sich in der Nähe eines Gravitationsfeldes befinden, gehen langsamer, sofern sie aus der Ferne betrachtet werden.

Aufgrund der Relativität gibt es keine universelle Zeit. Uhren, über das gesamte Universum verstreut, ließen sich nicht synchronisieren. Als extremes Beispiel kann ein Raumschiff dienen, das sich einem schwarzen Loch nähert. Durch dessen äußerst starke Anziehungskraft würde das Raumschiff so stark beeinflusst, dass es einem Beobachter auf der Erde schiene, als gingen seine Uhren sehr stark nach. Es bräuchte eine Ewigkeit, um den Horizont des schwarzen Lochs zu passieren und nach innen gesogen zu werden. Für die Mannschaft jedoch, die in das schwarze Loch fällt, vergeht die Zeit normal, bis sie plötzlich wie auf Zuruf von den starken Gravitationskräften zerquetscht würde.

Obwohl diese Effekte schon seit 100 Jahren bekannt sind, passiert erst in unserer Zeit etwas Neues: Die Relativitätstheorie wirkt sich doch im Alltagsleben aus. Auf der Erde gehen die Uhren langsamer als im Weltraum, weit weg von der Anziehungskraft der Erde. Sobald sie sich vom Gravitationsfeld der Erde entfernen, werden sie schneller, oder zumindest hat es den Anschein. Dadurch haben die Satelliten, die für die Berechnung der GPS-Koordinaten verwendet werden, schnellere Uhren als wir auf der Erde. Wenn Sie also das Navigationsgerät in Ihrem Auto anweisen, Ihnen per GPS Ihren aktuellen Standort anzuzeigen, wäre seine Antwort falsch – wenn auch nur ein wenig. (Und »ein wenig« kann in diesem Zusammenhang schon ein paar Straßenzüge ausmachen, ein schlimmer Fehler für ein Navigationssystem.) Deshalb werden alle Uhren auf dem GPS-Satelliten so eingestellt, dass sie mit denen auf der Erde übereinstimmen.

Einsteins bildliches Vorstellungsvermögen war die Grundlage für seinen Weg zur Speziellen Theorie der Relativität – für unsere Fragestellung ist das sehr wichtig. Er selbst war überrascht davon, dass seine reine Gedankentätigkeit am Ende mit dem übereinstimmte, was sich in der Natur vollzog. Aber genau so war es, und alles, was die Theorie formulierte – von schwarzen Löchern über das langsamere Verstreichen der Zeit in der Nähe großer Gravitationsfelder –, hat sich am Ende bewahrheitet. Einstein hatte begriffen, dass Zeit, Raum, Materie und Energie austauschbar waren. Allein diese Idee koppelt die normale Welt von den fünf Sinnen ab: Nichts, was wir sehen, hören, schmecken oder berühren, ist zuverlässig.

Sie können das selbst einmal mit Ihrer eigenen Wahrnehmung überprüfen. Stellen Sie sich vor, Sie säßen in einem Zug, der sich auf Schienen fortbewegt. Sie schauen aus dem Fenster und bemerken einen zweiten Zug auf einem parallelen Schienenstrang. Der zweite Zug bewegt sich jedoch nicht vorwärts, sodass er, ginge es nach Augenmaß, eigentlich stillstehen müsste. Aber Ihre Augen täuschen sich, denn in Wirklichkeit bewegen sich beide Züge im Verhältnis zum Bahnsteig gleich schnell. Geistig passen wir uns immer wieder an die Täuschungen an, die unsere Sinne uns weismachen wollen. Wir passen uns an die Falschmeldung an, wenn wir sagen, dass die Sonne im Osten auf- und im Westen untergeht. Oder wenn wir auf der Straße von einem Feuerwehrauto überholt werden und sein Martinshorn beim Näherkommen erst lauter wird und dann abebbt, während es in der Ferne davonrast. Aber unser Verstand weiß durchaus, dass sich das Martinshorn eigentlich nicht verändert hat. Sein Lauterwerden und Verklingen war eine Täuschung unserer Ohren.

Unsere Sinne sind allesamt unzuverlässig. Angenommen, Sie kündigten an, jemandes Hand in einen Eimer mit kochendem Wasser zu stecken, tauchten sie dann aber spontan in Eiswasser, würden die meisten dennoch aufschreien, als ob das Wasser heiß gewesen wäre. Eine geistige Erwartungshaltung hat ein falsches Bild der Wirklichkeit zur Folge. Deshalb funktioniert die Beziehung zwischen Erwartetem und Erlebtem in beide Richtungen. Entweder interpretiert Ihr Verstand das Gesehene falsch, oder Sie sehen etwas, was es gar nicht gibt. (Das erinnert uns an einen Fall, den ein Bekannter erlebte. Als er von der Arbeit kam, erzählte ihm seine Frau, dass eine Riesenspinne in der Badewanne sei, und bat ihn, diese loszuwerden. Er ging sogleich nach oben und zog den Duschvorhang zurück. Von unten hörte ihn seine Frau aufschreien angesichts dessen, was er sah. Er meinte, er sähe die größte Spinne überhaupt, doch tatsächlich hatte seine Frau – es war der 1. April – einen lebenden Hummer in der Wanne platziert!)

Wenn der Verstand den Sinnen einen Streich spielt oder umgekehrt, dann wird die Realität zu einer zweideutigen Angelegenheit. Wie können wir uns auf eine äußere »Wirklichkeit« verlassen, die davon beeinflusst wird, ob wir uns bewegen, oder davon, in welchem Gravitationsfeld wir uns gerade befinden? Allen voran hat Einstein vor der Entstehung der Quantentheorie dem vagen Unbehagen Nahrung gegeben, dass nichts so ist, wie es scheint. Nehmen Sie nur einmal ein Zitat von ihm über die Zeit: »Der Unterschied zwischen Vergangenheit, Gegenwart und Zukunft ist für uns Wissenschaftler eine Illusion, wenn auch eine hartnäckige.« Es ist schwer, sich eine radikalere Aussage vorzustellen, und Einstein fühlte sich immer unwohl bei dieser Vorstellung. Immerhin würde sie in ihrer Konsequenz zur Zerstörung einer Welt führen, die auf der Vorstellung basiert, dass das Verstreichen der Zeit etwas ganz und gar Wirkliches ist.

ALLES RELATIV?

2015 hatte Einsteins letzte Fassung seiner Allgemeinen Relativitätstheorie ihren 100. Jahrestag, und doch sind ihre radikalen Schlussfolgerungen immer noch nicht in das allgemeine Bewusstsein gelangt – jedenfalls nicht, wenn es um die Unterscheidung geht, was real ist und was Illusion. Im Alltagsleben verwenden wir durchaus Aspekte der Relativität. Wenn Ihr Kleinkind die Wände mit Malkreide beschmiert, Essen auf dem Boden verteilt oder ins Bett macht, dann sind Sie nachgiebiger, als wenn es das Kind des Nachbarn wäre, das Gleiches in Ihrem Haus veranstaltet. Auch an vielerlei Sinnestäuschungen haben wir uns gewöhnt. Mal angenommen, Sie gingen zu einer Party und würden erfahren, dass einer der anderen Gäste, Herr X, sich gerade vor Gericht wegen verschiedener Diebstähle in Ihrer Gegend verantworten muss. Während der Party kommt dieser Herr auf Sie zu und fragt beiläufig: »Wo wohnen Sie eigentlich?« Die Schallwelle, die Ihr Gehirn über das Gehör erreicht, wird dort eine ganz andere Reaktion auslösen als die gleiche Frage eines anderen Menschen.

Einstein sah vor seinem inneren Auge, dass sich Objekte unterschiedlich schnell fortbewegen – für jemanden, der auf einem Lichtstrahl reitet, und für jemanden, der selbst auf einem beweglichen Objekt steht. Da die Geschwindigkeit aller Dinge sich danach bemisst, wie lange es dauert, eine gewisse Distanz zurückzulegen, wurden Zeit und Raum nun plötzlich ebenfalls zu relativen Größen. Bald schon wurde Einsteins Gedankengang noch komplizierter, sodass er weitere zehn Jahre (von 1905 bis 1915) brauchte, um mithilfe aller möglichen Mathematikerkollegen die korrekte Formulierung seiner Theorie zu finden. Am Ende wurde seine Allgemeine Relativitätstheorie als die größte wissenschaftliche Einzelleistung aller Zeiten gefeiert. Doch dabei darf man nicht vergessen, dass Einstein den Code von Raum, Zeit, Materie, Energie und Gravitation dadurch knackte, indem er die *Erfahrung* seiner geistigen Bilder nutzte.

Ist das ein Beleg dafür, dass wir alle unsere eigene Realität mittels unserer eigenen Erfahrung schaffen? Natürlich! In jedem Augenblick beziehen Sie sich auf eine Wirklichkeit durch alle möglichen Filter, die ganz spezifisch Ihre eigenen sind. Ein anderer findet jemanden, den Sie lieben, unmöglich. Eine Farbe, die Sie schön finden, findet jemand anderes hässlich. Ein Bewerbungsgespräch, das Sie richtig stresst, stellt für jemand mit mehr Selbstbewusstsein und der nötigen Erfahrung kein Problem dar. Die Frage ist deshalb nicht, ob Sie die Realität schaffen – wir alle tun es –, sondern in welchem Ausmaß.

Gibt es »da draußen« überhaupt etwas, was unabhängig von uns Wirklichkeit besitzt?

Unsere Antwort lautet: Nein. Alles, was wir als real ansehen, von einem Elementarteilchen bis hin zu Milliarden Galaxien, vom Big Bang bis hin zu einem möglichen Ende des Universums, ist an Beobachtung gebunden und damit an menschliche Wesen. Wenn es etwas Reales jenseits unserer Erfahrung geben sollte, werden wir es niemals wissen.

Lassen Sie uns an dieser Stelle klarstellen, dass wir hier keine unwissenschaftliche oder antiwissenschaftliche Position vertreten. Auch wenn Einstein Bilder vor seinem geistigen Auge sah, die schließlich zur Überwindung von Zeit und Raum führten, so gingen andere Pioniere der Quantenphysik noch weitaus radikaler vor, was die Dekonstruktion der Alltagswirklichkeit anging. Handelte es sich bei der Relativitätstheorie noch um das geistige Werk eines Menschen (der allerdings Hilfe von Kollegen bekommen hatte), war die Quantenphysik ein Kollektivprojekt von zahlreichen Physikern in Europa. Dabei betrachtete man solide Objekte nun als wolkenförmige Energie. Das Atom wurde nun als zumeist leerer Raum betrachtet. (Hätte ein Proton die Größe eines Sandkorns und befände sich in einem überdachten Fußballstadion, dann würde es ein Elektron auf Höhe des Daches umkreisen).

Schritt für Schritt nahm die Quantenrevolution, die sich noch zu Lebzeiten Einsteins ausbreitete, alles Verlässliche der Welt »da draußen« mit sich hinfort. Intellektuell war das folgenschwer. Es gibt dazu einen Aphorismus des berühmten britischen Astronomen und Physiker Sir Arthur Eddington: »Etwas Unbekanntes treibt sein Spiel und wir wissen nicht, welches.« Dieser Aphorismus gilt gemeinhin als Bonmot einer vergangenen Zeit. Eddington lieferte einen der ersten Belege für die Richtigkeit der Relativitätstheorie. Er lebte jedoch zu einer Zeit, bevor die Physik sich daranmachte, den ganzen Kosmos zu erklären, und zwar mit einer »Theorie von Allem« – in Deutschland besser bekannt als »Weltformel« – manche sehen diese kurz vor dem Durchbruch.

Aber das Bonmot (und Eddington liebte Bonmots) sollte man doch ernst nehmen. Selbst ein optimistischer Kopf wie Stephen Hawking hatte eine Theorie von Allem mehr oder weniger aufgegeben und sich eher auf ein Sammelsurium kleinerer Theorien verlegt, die jeweils umgrenzte Phänomene der Wirklichkeit erklären und nicht ihre Gesamtheit. Aber kann es tatsächlich sein, dass die Wirklichkeit so seltsam ist, dass wir alle von Geburt an mit ihr falschliegen?

DAS QUANT UND DIE ORDNUNG

Die Relativitätstheorie war derart bahnbrechend, dass alle Welt dachte, mehr ginge von physikalischer Seite nicht. Doch weit gefehlt: Die Geschichte dessen, was wirklich und was unwirklich ist, nahm eine weitere beunruhigende Wendung, besser bekannt als Quantentheorie. Auch diese stand mit Einsteins Werk in Verbindung, ja sie kann als Spross seiner berühmten Gleichung $E = mc^2$ verstanden werden, die sich auf so unterschiedliche Phänomene anwenden lässt wie Kernspaltung oder schwarze Löcher. Doch in gewisser Weise ist der faszinierendste Aspekt dieser Gleichung $E = mc^2$ das Gleichheitszeichen.

Denn dieses besagt, dass Energie das Gleiche ist wie Materie, oder auch, dass eine Masse der Energie äquivalent ist. Nichts könnte aufregender sein, denn was unsere fünf Sinne betrifft, sind doch eine Sanddüne, ein Eukalyptusbaum und ein Brotlaib (alles Materie) etwas ganz anderes als ein Lichtblitz, ein Regenbogen oder die magnetische Kraft, die eine Kompassnadel bewegt (Energie). Doch Einsteins Formel ist immer wieder als richtig nachgewiesen worden. Gleichzeitig hat diese Aussage große Verwirrung verursacht. Wenn die Natur immer wieder wandelbar ist, Materie sich wie in Kernreaktionen immer wieder in Energie entlädt, dann stellt sich mit $E = mc^2$ die Frage, wie genau diese Verwandlung vonstattengeht.

Zum Leidwesen aller, die der Alltagswelt mit Sanddünen, Bäumen und Regenbögen vertrauen, stellte man fest, dass sich die Bauteile der Natur, die Elementarteilchen oder Quanten, manchmal wie Energie und manchmal wie Teilchen verhalten. Das bekannteste Beispiel dafür ist das Licht. Wenn dieses sich wie Energie verhält, ist es wellenförmig:

Die Wellen können dann in Wellenlängen unterteilt werden. Dies ist auch der Grund dafür, warum man in Regenbögen und Prismen sehen kann, dass das weiße Licht der Sonne eigentlich eine Mischung vieler verschiedener Farben ist, jede mit ihrer charakteristischen Wellenlänge. Wenn sich Licht jedoch wie Materie verhält, bewegt es sich in Teilchen (Photonen) fort, diskreten, also getrennten, Päckchen an Energie. Auf Lateinisch heißt *quantum* »wie viel«, und deshalb hat der Physiker Max Planck diesen Namen gewählt. Max Planck hat die Quantentheorie im Dezember 1900 entwickelt und dafür 1918 den Nobelpreis erhalten. Der Begriff bezieht sich auf die kleinste Menge oder ein Paket an Energie.

Wenn $E = mc^2$ auch bedeutet, dass sich die Natur prinzipiell auf eine simple Gleichung reduzieren lässt – was Einstein bis an sein Lebensende annahm –, dann sollte sich sein Durchbruch bei der Relativitätstheorie auf eine Kollision mit der Quantentheorie zubewegen. Deren Gleichungen waren mit der Allgemeinen Relativitätstheorie nicht kompatibel. Dieses Aufeinanderprallen beschäftigt Physiker bis heute und es erzeugt einen Riss im Erzählfaden dessen, was real und was nicht real ist. Zunächst einmal erscheint diese Schwierigkeit nicht weltbewegend, geht es ja um große versus kleine Dinge. Alle großen Dinge, ob Newtons Apfel oder weit entfernte Galaxien, verhalten sich so wie in Einsteins Allgemeiner Theorie bestimmt. Die kleinsten Dinge jedoch, die Quanten oder subatomaren Teilchen, folgen einem anderen Gesetz, und das ist ziemlich bizarr oder spukhaft, um es mit Einsteins Worten zu sagen.

Zu diesen seltsamen Eigenschaften kommen wir noch, im Moment interessiert uns zunächst das große Ganze. Ende der Zwanzigerjahre des 20. Jahrhunderts hat man beide großen Theorien anerkannt, jedoch auch gesehen, dass sie nicht miteinander harmonierten. Heikle Punkte waren die Gravitationsfrage und ihre nicht linearen (Krümmungs-)Effekte. Einstein hatte durch starke Bilder neue Antworten gefunden. Neben dem Körper im freien Fall, den wir bereits betrachtet haben, gab es ein weiteres: Einstein stellte sich einen Fahrstuhlfahrer auf dem Weg nach oben vor. Der Fahrstuhlfahrer fühlt, wie er schwerer wird. Da sich seine Perspektive jedoch auf das Innere des Fahrstuhls beschränkt, kann er nicht ausmachen, warum er schwerer wird. Aus seiner Perspektive könnte es an einer Änderung der Erdanziehung liegen oder an einer Beschleunigung der Bewegung. Beide Erklärungen passen. Deshalb, so Einsteins Schlussfolgerung, konnte der Gravitation kein Privileg unter den Kräften zukommen.

Stattdessen ist sie einfach ein Teil der beständigen Wandlung der Natur, nur dass es sich dabei nicht um die Verwandlung von Materie in Energie und zurück handelt. Die Gravitation wandelt sich von einer konstanten Kraft zu einer Krümmung von Raum und Zeit, die von Ort zu Ort ganz unterschiedlich ist. Stellen Sie sich vor, Sie gingen an einem kalten Wintertag über eine schneebedeckte Fläche. Plötzlich rutschen Sie aus und landen in einem Entwässerungsgraben, der unter dem Schnee verborgen war. Blitzschnell rutschen Sie nun die gebogene Wand des Grabens entlang. Sie bewegen sich schneller als auf der schneebedeckten Ebene, auch wird Ihr Gewicht größer, was Sie schmerzlich bemerken, als Sie am Grund des Grabens aufkommen. In ähnlicher Weise krümmt sich der Raum um große Objekte wie Sterne und Planeten. Wenn Licht, das sich in gerader Linie fortbewegt, auf ein solches Objekt trifft, so Einstein in Bezug auf die Gravitation, dann verändert sich auch der Lichtstrahl durch die Krümmung im Raum. (Der Beweis dieser spannenden Annahme gelang 1919, wir werden sie im nächsten Kapitel behandeln.)

Mit einem Streich verwandelte Einstein die Gravitation von einer Kraft zu einem Bestandteil der Raumzeit-Geometrie. Aber in quantenmechanischer Hinsicht betrachten Physiker die Gravitation immer noch als eine der vier grundlegenden Kräfte der Natur. Die anderen drei – Elektromagnetismus sowie die starke und die schwache Kernkraft – verhalten sich in der Beobachtung ähnlich wie Licht, manchmal wellenartig, manchmal teilchenartig. Doch jahrzehntelang waren Gravitationswellen oder das Schwerkraft-Teilchen (das heißt ja bereits Graviton) unauffindbar. Deshalb war die Bestätigung von Gravitationswellen 2015 eine durchschlagende Nachricht.

Einsteins Allgemeine Relativitätstheorie hatte solche Wellen vorhergesagt, was höchst bemerkenswert war, auch wenn zum damaligen Zeitpunkt keiner auch nur einen Schimmer hatte, wie man sie nachweisen konnte. Aufgrund ihrer geringen Intensität war ein Nachweis selbst mit modernsten Hightech-Geräten schwierig. Sehr einfach gesagt können wir uns vorstellen, dass der Big Bang vor 13,7 Milliarden Jahren kleine Wellenkämme durch das kosmische Gewebe schickte. Doch das Aufspüren dieser Wellen bereitet Probleme. Zum einen sorgt die Hintergrundstrahlung für Interferenzen: Das Ausmachen einer Gravitationswelle ist dadurch ähnlich schwierig, als würfe man einen Kiesel in die stürmische See und versuchte, die nun allein von ihm verursachte Störung zu ermitteln.

Zum anderen wurde das LIGO-Projekt aus der Taufe gehoben, das Laser Interferometer Gravitational-wave Observatory, und zwar mit dem ehrgeizigen Ziel, ein zwei Kilometer langes gigantisches Messinstrument zu schaffen, kalibriert auf unter ein Tausendstel des Radius eines Atomkerns. Mit ihm wollte man die Signale von Gravitationswellen aus kosmischen Quellen auffangen, die nicht dem Big Bang entstammten. Winzige Gravitationswellen könnten theoretisch durch starke Weltraumkatastrophen entstehen.

Ein paar Tage nach Inbetriebnahme empfing LIGO im September 2015 tatsächlich zufällig Gravitationswellen, die bei der Kollision zweier schwarzer Löcher 1,3 Milliarden Jahre zuvor entstanden sind und nun die Erde passiert hatten. Ein solches Ereignis sendet mit Lichtgeschwindigkeit kleine Wellenkämme durch die Raumzeit. Der Erfolg von LIGO markierte eine neue Phase der Weltraumvermessung, weil Gravitationswellen Sterne durchdringen, wodurch sie den unsichtbaren Kern enthüllen. Auf diese Weise gelangen Kosmologen zurück in ein ganz junges Universum, hin zu neuen Erkenntnissen, etwa der Entstehung von schwarzen Löchern.

In anderer Hinsicht jedoch sind Gravitationswellen für die Lage der modernen Naturwissenschaft völlig irrelevant. Sie sind eigentlich nur eine Ablenkung von den ungelösten Rätseln, deren Lösung tatsächlich zu einer veränderten Sicht der Wirklichkeit führen würde. Zum einen war die Bestätigung dieser Wellen keine Überraschung oder ein Durchbruch, was das Verständnis des Universums angeht. Sie löste nur eine Erwartung ein, die, fast 100 Jahre alt, von den meisten Physikern gehegt wurde. Hier ist also eigentlich nichts Neues geschehen.

Die meisten Physiker werden zugeben, dass es in der Darstellung der Wirklichkeit einen Bruch gibt. Doch dieser beinhaltet auch eine bemerkenswerte Möglichkeit: Unser Geist, auch der beständige Gedankenstrom, könnte durchaus die Realität »da draußen« beeinflussen. Das könnte auch der Grund sein, warum sich Kleines nicht wie Großes verhält. Stellen Sie sich zum Beispiel eine Zitrone vor, ihre rubbelige Oberfläche und ölhaltige Schale. Nun stellen Sie sich ein Messer vor, das die Zitrone zerteilt. Kleine Tröpfchen spritzen hervor, während das Messer das blasse Fruchtfleisch zerschneidet.

Ist Ihnen bei dieser Vorstellung auch das Wasser im Mund zusammengelaufen? Das ist eine absehbare Reaktion, weil die Vorstellung einer Zitrone genau die gleiche körperliche Reaktion hervorruft wie eine tatsächliche Zitrone. Dieses Beispiel zeigt, wie etwas »hier drinnen« etwas »da draußen« nach sich zieht. Die Moleküle, die eine Botschaft vom Gehirn an die Speicheldrüsen schicken, unterscheiden sich nicht von den Molekülen »da draußen« in Zitronen, Felsen oder Bäumen. Dem Körper kommt letztlich kein anderer Status zu als einem stofflichen Objekt. Meisterleistungen des Geistes über die Materie vollbringen wir fortwährend. Jeder Gedanke erfordert eine stoffliche Anpassung im Gehirn, bis hinunter zu unseren Genen. Elektrizität im Mikrovoltbereich befeuert Milliarden Neuronen, während chemische Reaktionen über Synapsen (oder Spalten) hinweg ablaufen, die unsere Gehirnzellen voneinander trennen. Das Muster dieser Abläufe ist durchaus kein Automatismus. Es verändert sich im Zuge der eigenen Weltwahrnehmung der Welt.

»Mind over matter« – der Geist ist stärker als die Materie – hat die schöne Ordnung der Physik durch die Entdeckung über den Haufen geworfen, dass der Akt des Beobachtens – also das bloße Schauen – kein passiver Vorgang ist. Wenn Sie sich einmal in dem Zimmer umschauen, in dem Sie sich gerade befinden, dann sind die Dinge, die sie dort sehen – Wände, Möbel, Lichtinstallationen, Bücher –, unveränderlich. Ihr Blick scheint vollkommen passiv. Aber im Hinblick darauf, was »hier drinnen« passiert, stimmt das nicht. Im visuellen Kortex Ihres Hirns passiert ständig etwas, sofern Sie den Blick auf verschiedene Objekte richten. Sehen Sie zufällig eine Maus in einer Zimmerecke, kommt es im Gehirn zu einem wahren Aktivitätssturm. Wir nehmen jedoch die Ansicht der Dinge in der Außenwelt »da draußen« als passiv an. Und hier kommt nun die Quantenmechanik ins Spiel.

Wendet man sich von großen Objekten zu kleinen, beobachtet man also Photonen, Elektronen und andere subatomare Teilchen, kommt es zu einem bemerkenswerten Vorgang, dem sogenannten Beobachtereffekt. Wir haben bereits erwähnt, dass Photonen und andere Elementarteilchen sich wie Wellen oder wie Teilchen verhalten können, nie jedoch zur gleichen Zeit. Nach der Quantentheorie verhält sich ein Photon oder ein Elektron, solange es nicht beobachtet wird, wie eine Welle. Eine Eigenschaft von Wellen ist, dass sie sich in alle Richtungen ausbreiten. Welchen Ort ein Photon dabei einnimmt, lässt sich nicht mit Bestimmtheit sagen. Wird ein Photon oder Elektron allerdings beobachtet, verhält es sich wie ein Teilchen. Nun hat es einen Ort, eine Ladung und ein Momentum.

Auf die Besonderheiten der Komplementarität und der Heisenberg'schen Unschärferelation, die sich mit der Verbindung von Wellen und Teilchen beschäftigt, kommen wir später noch zurück. Im Moment wollen wir uns auf die Möglichkeit konzentrieren, dass sehr kleine Dinge »da draußen« durch Beobachtung, also einen geistigen Akt, veränderbar sind. Das ist für den Alltagsverstand schwer zu begreifen, weil wir so daran gewöhnt sind, das Betrachten als etwas Passives zu sehen. Gehen wir noch einmal zu der Maus in der Zimmerecke zurück. Wenn Ihnen zufällig eine Maus begegnet, dann wird diese eine Weile still verharren und sich dann blitzschnell in Erwartung eines möglichen Angriffs davonmachen. Ihr Blick hat diese Reaktion aus dem einfachen Grund ausgelöst, weil die Maus gespürt hat, wie Sie sie beobachten. Kann aber ein Photon oder Elektron spüren, wie eine Wissenschaftlerin es beobachtet?

Schon die Frage scheint abwegig für Wissenschaftler. Sie sind mehrheitlich der Meinung, dass es keinen Geist in der Natur gibt, zumindest nicht, bis eine Reihe glücklicher Zufälle für die Entwicklung menschlichen Lebens auf der Erde sorgte. Nach einem jahrhundertealten Credo regiert in der Natur blinder Zufall. Wie kann also ein berühmter zeitgenössischer Physiker wie Freeman Dyson Folgendes sagen?

Atome im Labor sind eine seltsame Sache, verhalten sie sich doch eher wie aktivierende denn als träge Substanzen. Sie treffen gemäß der Quantenmechanik Entscheidungen zwischen verschiedenen Möglichkeiten. Fast scheint es, als ob der Geist, und hier vor allem in seiner Eigenschaft, eine Wahl zu treffen, bis zu einem gewissen Grad in allen Atomen vorhanden ist.

Dysons Aussage ist in zweierlei Hinsicht gewagt. Zum einen behauptet er, dass Atome eine Wahl treffen, was ein Kennzeichen des Geistes ist. Zum anderen sagt er, dass das Universum selbst seinen Geist walten lässt. Auf diese Weise gelingt ihm auf einen Schlag die Verbindung zwischen dem Verhalten großer und dem Verhalten kleiner Dinge. Atome verhalten sich nicht wirklich wie Wolken, Bäume, Elefanten oder Planeten. Es hat bloß den *Anschein.* Wenn Sie Staubkörnchen im Gegenlicht betrachten, erscheint ihre Bewegung total zufällig. So jedenfalls würde es die Physik bewegter Körper beschreiben. Aber eine andere Sichtweise der Dinge lässt die Sache in einem anderen Licht erscheinen.

Stellen Sie sich vor, Sie befänden sich zusammen mit einem Physiker auf der Aussichtsplattform des Empire State Buildings. Sie beide schauen auf die Straße unter ihnen. An jeder Kreuzung biegen einige Autos links, andere rechts ab. Ist dies ein zufälliges Muster? Ja, sagt der Physiker. Mittels einer statistischen Aufstellung lässt sich zeigen, dass innerhalb eines bestimmten Zeitabschnitts genauso viele Autos nach rechts wie nach links abbiegen. Darüber hinaus kann man nicht verlässlich vorhersagen, ob das nächste Auto, das sich der Kreuzung nähert, rechts oder links weiterfährt – die Chancen stehen 50:50. Aber Sie wissen auch, dass dies der Fall ist, weil der Schein trügt. Jeder Fahrer hat einen spezifischen Grund, seine Fahrtrichtung zu wählen. Deshalb ist nicht ein einziger Abbiegevorgang zufällig. Man muss nur den Unterschied kennen zwischen Auswahl und Zufall.

In der Naturwissenschaft ist das Konzept des Zufalls so dominant, dass es als nahezu absurd gilt, allein die Möglichkeit einer bewussten Wahl stofflicher Objekte zu erwähnen. Nehmen Sie unsere Erde. All ihre Elemente, die gleich schwer oder schwerer sind als Eisen –

darunter viele häufige Metalle und radioaktive Elemente wie Uran und Plutonium –, entstammen der Explosion gewaltiger Sterne, Supernovas genannt. Ohne solche Explosionen würde selbst die unglaublich hohe Temperatur innerhalb eines normalen Sterns nicht ausreichen, um Atome an die schwereren Elemente zu binden. Wenn eine Supernova explodiert, werden diese Elemente zu interstellarem Staub. Dieser sammelt sich in Wolken und im Fall unseres Sonnensystems verbinden sich diese Wolken schließlich zu Planeten. Der flüssige Erdkern besteht aus Eisen, aber es gibt dort Strömungen, die etwas davon an die Erdoberfläche tragen. Ein bisschen Eisen leckt sogar in die Ozeane und die oberen Erdschichten hinein. Daraus entstammt das Eisen, das Ihr Blut rötet und dafür sorgt, dass Sie während der Atmung Sauerstoff aus der Luft aufnehmen können.

Und obwohl die schwirrenden Staubkörnchen in einem Sonnenstrahl sich genauso verhalten wie der Sternenstaub, der sich in Zufallsmustern zwischen den Galaxien bewegt, war doch das Schicksal manches Sternenstaubs ein besonderes. So wurde Staub zu einem Lebensspender auf der Erde. Sie, ein menschliches Wesen, agieren mit Bedacht, Bedeutung und einem Ziel, keinesfalls wahllos. Doch wie wird aus etwas Zufälligem etwas Nichtzufälliges? Wie wurde aus bedeutungslosem Staub ein menschlicher Körper, durch den und in dem wir ein sinnreiches Leben führen? Wenn Freeman Dyson recht hat, dann ist es der Geist. Wenn der Geist Großes und Kleines verknüpft, dann ergibt die Aufteilung des Universums in Zufälliges und Nichtzufälliges überhaupt keinen Sinn. Der Punkt ist, dass der Geist überall sein kann und unser Leben diesem Umstand Rechnung trägt.

EIN DICHTER FINDET DEN NOTAUSGANG

Da Einstein das Symbol eines großen Denkers ist, machen sich die meisten Leute nicht klar, dass er nach seinem Triumph mit der Allgemeinen Relativität, bei dem er gerade einmal Mitte 30 war, später auf die falsche Seite der modernen Physik gesetzt hat – er mochte ihre

Schlussfolgerungen nicht akzeptieren. Als er in seinem berühmten Ausspruch sagte, Gott würfele nicht, stellte er sich auch gegen die Unschärfe und Zufälligkeit des Quantenverhaltens. Bis an sein Lebensende basierte sein Glaube auf der Vorstellung einer geeinten Schöpfung, ohne Brüche, Tränen und Trennung.

Die Idee, dass es nur eine Wirklichkeit gibt und nicht mehrere, war etwas, das Einstein noch bis zu seinem Tod 1955 belegen wollte. Aber dieses Ansinnen war so weit vom Mainstream der damaligen Physik entfernt, dass er nach den Dreißigerjahren eher als erratischer Denker galt. Und selbst seine größten Verehrer schüttelten gelegentlich den Kopf darüber, wie ein so großer Geist Dekaden damit verbringen konnte, einem Phantom hinterherzujagen. Bei einer Gelegenheit jedoch bekam er einen Hinweis, eine Art Schlüssel für den Notausgang, der ihn aus der Falle – gestellt durch Relativität und Quantenmechanik – führen sollte. Doch der Notausgang entstammte nicht der Wissenschaft, sondern wurde ihm von einem Dichter gezeigt.

Am 14. Juli 1930 fanden sich Reporter aus der ganzen Welt vor Einsteins Haus in Caputh ein, einem Dorf vor Berlin, von Wohlhabenden geschätzt, um dem Stress der Großstadt zu entgehen. Anlass war der Besuch des großen indischen Dichters Rabindranath Tagore, der damals auf dem Höhepunkt seiner Bekanntheit war. Fast 20 Jahre vor Einstein 1861 in eine berühmte bengalische Familie hineingeboren, hatte Tagore durch den Erhalt des Nobelpreises für Literatur 1913 den Sprung in die westliche Vorstellungswelt geschafft. Doch Tagore war auch Philosoph und Musiker und galt im Westen als Verkörperung einer klassischen indischen Spiritualität. Der Grund für Tagores Besuch bei dem »größten Wissenschaftler der Welt«, wie Einstein in der Öffentlichkeit wahrscheinlich zu Recht bezeichnet wurde, war ein Gespräch über die Eigenschaft der Wirklichkeit.

Während die Naturwissenschaft die religiöse Weltsicht immer stärker infrage stellte, hatten die Leser bei Tagore das Gefühl, dass bei ihm eine außergewöhnliche und ganz authentische Beziehung zur höheren Welt vorlag. Auch heute noch vermittelt selbst die Lektüre kurzer Textabschnitte von Tagore diesen Eindruck.

Ich fühle dieses Weh in meiner Brust –
Ist das meine Seele, die es hinauszieht
Oder die Weltenseele, die hereinbricht?

Mein Geist erzittert mit den glänzenden Blättern.
Mein Herz singt mit dem Sonnenstrahl.
Mein Leben schwingt glücklich mit allen Dingen
hinein ins Blau des Weltenraums und in die Dunkelheit der Zeit.

An diesem Julitag zeigte Einstein mehr als nur ein höfliches Interesse an Tagores Sicht der Dinge. Während ihr Gespräch für die Nachwelt aufgezeichnet wurde, sah er durchaus die Faszination einer anderen Realitätsauffassung.

Einstein stellte die erste Frage: »Glauben Sie, dass das Göttliche von der Welt abgetrennt existiert?«

Tagores Antwort in blumigem indischen Englisch war eine Überraschung. »Nein, nicht abgetrennt. Die unendliche Persönlichkeit eines Menschen umfasst das Universum. Es gibt nichts, was nicht vom Menschen aufgenommen werden kann. [...] die Wahrheit des Universums ist die Wahrheit des Menschen.«

Tagore hat dann Naturwissenschaft und Mystizismus in einer Metapher gebündelt: »Die Materie setzt sich zusammen aus Protonen und Elektronen, dazwischen Lücken. Es hat den Anschein, dass die Materie vielleicht ist, auch ohne die Verbindungen, die die einzelnen Protonen und Elektronen einen [...] Das ganze Universum ist auf ähnliche Weise mit uns verbunden, mit uns als Individuen. Es ist ein menschliches Universum.«

Mit dieser einfachen Formulierung – das menschliche Universum – stellte sich Tagore gegen den Materialismus. Doch auch den lang gehegten Glauben an ein göttliches Universum stellte er infrage. Während der Materialismus den Menschen als eine Zufallsschöpfung, ein Pünktchen umgeben von Milliarden Galaxien sah, wollte die Religion in bildhafter Weise Gottes Geist in Ewigkeit über den des Menschen stellen. An beides mochte Tagore nicht glauben, und Einstein, so zeigt es die Aufnahme, biss sofort an.

Einstein: »Es gibt zwei verschiedene Vorstellungen über die Natur des Universums: zum einen die Welt als Einheit, wie sie vom Menschen abhängt. Zum anderen als Wirklichkeit außerhalb des menschlichen Einflusses.«

Tagore weist diese Alternativen zurück.

Tagore: »Wenn das Universum mit dem ewigen Menschen in Harmonie ist, dann erkennen wir das als Wahrheit, fühlen das als Schönheit.«
Einstein: »Das ist die rein menschliche Konzeption des Universums.«
Tagore: »Es kann keine andere Konzeption geben.«

Nicht dass sich Tagore hier in poetischen Auswüchsen erging oder dem mystischen Dogma huldigte. Auch wenn Tagore in eine wallende Robe gekleidet war und den weißen Bart des Weisen trug, so hatte er doch auch 70 Jahre in der Auseinandersetzung mit dem naturwissenschaftlichen Weltbild zugebracht. Dennoch hatte er das Gefühl, dass er diesem etwas Tieferes, etwas, das näher an der Wahrheit lag, entgegenstellen konnte.

Tagore: »Diese Welt ist eine menschliche … es gibt keine Welt außerhalb von uns. Es ist eine relative, die, was ihren Realitätsgehalt angeht, von unserem Bewusstsein abhängt.«

Zweifellos verstand Einstein die Implikation von Tagores »menschlichem Universum«. Weder hat er sich darüber lustig gemacht noch hat er versucht, die Vorstellung zu unterminieren. Doch akzeptieren konnte er sie auch nicht. Was folgt, ist ein sehr pointierter Austausch.

Einstein: »Dann gibt es die Wahrheit oder die Schönheit nicht unabhängig vom Menschen?«
Tagore: »Nein.«

EINSTEIN: »Wenn es nun keine Menschen mehr gäbe, dann wäre der Apollo von Belvedere (eine berühmte klassische Statue im Vatikan) nicht länger schön.«
TAGORE: »Nein!«
EINSTEIN: »Also im Hinblick auf die Schönheit stimme ich Ihnen zu, nicht aber bei der Wahrheit.«
TAGORE: »Warum nicht? Die Wahrheit wird auch durch den Menschen verwirklicht.«
EINSTEIN: »Ich kann nicht belegen, dass mein Konzept richtig ist, aber das ist meine Religion.«

Es war sicher sehr bescheiden von Einstein zu sagen, dass er nicht beweisen könne, dass es eine vom Menschen unabhängige Wahrheit gebe. Immerhin ist es der Dreh- und Angelpunkt der objektiven Naturwissenschaft. Es bedarf nicht der menschlichen Existenz, damit aus Wasser H_2O wird oder die Gravitation interstellaren Staub anzieht und daraus Sterne formt. Indem er dezent von »Religion« sprach, hat Einstein im Grunde nichts anderes gesagt als: »Ich vertraue darauf, dass die objekthafte Welt real ist, auch wenn ich es nicht belegen kann.«

Dieses damals so berühmte Treffen ist mittlerweile fast in Vergessenheit geraten. Doch auf frappierende Weise hatte es prophetischen Charakter, weil die Möglichkeit eines menschlichen Universums, das in seiner ganzen Existenz von uns abhängt, mittlerweile eine große Rolle spielt. Aus der verrücktesten Möglichkeit überhaupt ist mittlerweile Gewissheit geworden. Schließlich sind auch Glaube und Unglaube Schöpfungen des Menschen.

TEIL EINS

Letzte Mysterien

WAS KAM VOR DEM URKNALL?

Als Zeit und Raum anfingen, sich wie eine schlaffer werdende Wäscheleine zu biegen, reagierte die Physik vergleichsweise gelassen, denn noch war die Möglichkeit, dass die Leine reißen könnte, nicht entdeckt. (Schwarze Löcher, die Raum und Zeit wegschnappen würden, kamen erst später ins Spiel.) Vielmehr wurden brillante Gleichungen erdacht, um die Wirklichkeit intakt zu halten. Nur dem Umstand, dass Mathematik eine Art Geheimwissenschaft war, ist es geschuldet, dass gewisse seltsame Ideen in der Öffentlichkeit keine Verbreitung fanden. Doch all dies änderte sich mit der Entdeckung des Urknalls. Mit einem Schlag zerbrach die Zeit in zwei Teile. Nun gab es die Zeit, wie wir sie kennen, die mit dem Urknall ins Spiel kam, und noch etwas anderes – die seltsame Zeit, Vorzeit, Unzeit? – außerhalb unseres Universums.

Lassen Sie uns schauen, ob wir uns eine Wirklichkeit außerhalb unseres Universums vorstellen können. Der Bequemlichkeit halber formulieren wir die Rätselfrage so: Was kam vor dem Urknall? Für unsere Problemstellung gibt es keine bessere Visualisierungsmethode als das Betreten einer imaginären Zeitmaschine, die uns im Nu 13,7 Milliarden Jahre in die Vergangenheit entführt. Während wir also ganz in die Nähe dieser unvorstellbaren Explosion geraten, mit der unser Universum seinen Anfang nahm, befindet sich unsere Zeitmaschine in großer Gefahr. Nun brauchte es für das noch junge

Universum Hunderttausende von Jahren, um aus seinem superheißen Zustand so weit abzukühlen, dass die ersten Atome eine Bindung eingehen konnten. Aber weil unsere Zeitmaschine ja imaginär ist, können wir uns seelenruhig vorstellen, wie sie unbeschadet durch den heißen Raum trudelt, ohne zu schmelzen oder in subatomare Teilchen zu zerbersten.

Während wir uns auf wenige Sekunden vor dem Urknall hin an-nähern, gelangen wir allmählich ans Ziel. »Sekunden« bedeutet, dass die Zeit existiert, wobei nun die Herausforderung nur noch darin besteht, diese in Millionstel, Milliardstel und Billionstel einer Sekunde herunterzubrechen. Das menschliche Gehirn arbeitet nicht so engmaschig, aber wir nehmen einmal an, dass wir einen Computer mit an Bord haben, der ein Trillionstel einer Sekunde auf menschliches Maß berechnen kann. Schließlich kommen wir bei der kleinsten vorstellbaren Einheit der Zeit (und des Raums) an und die berühmte Verszeile von William Blake »Unendlichkeit halt' in der Hand/Und Ewigkeit in einer Stunde« bewahrheitet sich, auch wenn eine Stunde viel, viel zu lang ist. An diesem Punkt ist die Maßeinheit des Kosmos dermaßen winzig, dass unser Bordcomputer in die Knie geht. Wider Erwarten geht nichts mehr.

Unser gesamtes Bezugssystem hat sich nun aufgelöst. Es gibt keine Materie oder Energie, nur noch wirbelndes Chaos ohne Regeln oder das, was wir als Naturgesetze bezeichnen. Doch ohne Regeln löst sich auch die Zeit auf. Der Kapitän unserer Zeitmaschine wendet sich nun an die Passagiere, um ihnen mitzuteilen, dass es nicht gut aussieht. Doch das kann er nicht, und zwar aus mehreren Gründen. Wenn es keine Zeit mehr gibt, dann verschwinden auch die Vorstellungen von »vorher« und »nachher«. Für den Kapitän haben wir die Erde nicht mehr zu einer bestimmten Zeit verlassen und uns dann dem Urknall genähert. Alle Ereignisse haften jetzt seltsam aneinander. Auch können die Passagiere nicht »Lasst uns hier raus« schreien, weil es keinen Raum gibt und »drinnen« und »draußen« damit obsolet sind.

Dieser Zusammenbruch an der eigentlichen Schwelle der Schöpfung ist real, auch wenn es unsere Zeitmaschine nicht ist. Wie sehr Sie sich auch bemühen und wie schmal auch die Zeitfensterchen sind, die Sie entwerfen, die Schwelle ist mit den üblichen Mitteln unüberwindbar, weil der Urknall »überall« stattfand, also nicht etwas ist, auf das man sich zubewegen kann. Deshalb gibt es nur noch zwei Möglichkeiten: Entweder lässt sich die Frage »Was kam vor dem Urknall?« nicht beantworten oder man muss andere ungewöhnliche Mittel und Wege finden, um doch eine Antwort zu finden. Eins ist jedoch gewiss: Die Entstehung von Raum und Zeit vollzog sich nicht unter den Bedingungen von Raum und Zeit. Es passierte unter außergewöhnlichen Umständen, was wiederum ein Glück ist, weil somit außergewöhnliche Antworten nicht nur möglich, sondern sogar ausdrücklich erwünscht sind. Das im Hinterkopf, geht es auch schon los mit dem kosmischen Rätselraten.

DEM GEHEIMNIS AUF DER SPUR

»Vorher« und »nachher« sind nur innerhalb des Konzepts der Zeit sinnvoll. So kamen Sie auf die Welt, bevor Sie laufen konnten, das Altern folgt auf die mittleren Jahre. Das Gleiche gilt jedoch nicht für die Entstehung des Universums. So hat man weithin angenommen, dass Raum und Zeit zugleich mit dem Urknall entstanden. Wenn das wahr ist – und das ist nur eine Möglichkeit, keine begründete Annahme –, dann muss die eigentliche Frage lauten: Was war vor der Zeit? Ist das besser als die erste Fragestellung?

Nein. »Vor der Zeit« ist ein Widerspruch in sich selbst, als spräche man davon, »als der Zucker noch nicht süß war«. Wir sind mittendrin in den unmöglichen Fragen, aber deshalb wollen wir nicht vorschnell aufgeben. Die Quantenphysik hat nämlich eine Unterhaltung zwischen Alice und der Herzkönigin aus Lewis Carrolls *Alice hinter den Spiegeln* beherzigt. Nachdem Alice verkündete, dass sie siebeneinhalb ist, erwidert die Königin, dass sie 101 Jahre, fünf Monate und einen Tag alt sei.

»Das kann ich nicht glauben!«, sagt Alice.
»Nein?«, fragt die Königin mitleidig. »Versuch's noch mal: Hol tief Luft und schließ die Augen.«
Alice lachte. »Versuchen bringt gar nichts«, sagt sie. »Man kann nichts Unmögliches einfach glauben.«
»Ich vermute mal, dir fehlt es an Übung«, sagt darauf die Königin. »Als ich in deinem Alter war, hab ich immer eine halbe Stunde lang geübt. Na, manchmal habe ich bereits vor dem Frühstück schon sechs unmögliche Dinge geglaubt.«

Das Verhalten von Quanten nötigt uns sogar noch mehr Toleranz ab. An den Umständen zur Zeit des Urknalls ist nichts Normales. Um sie dennoch zu verstehen, muss man so einige lieb gewonnene Ansichten zur Seite räumen.

Erstens muss man verstehen, dass mit dem Urknall nicht das Universum anfing, sondern bloß das *gegenwärtige Universum*. Lässt man erst einmal außer Acht, ob das gegenwärtige Universum aus einem anderen hervorgegangen ist, dann kann die Physik den Weltraum nicht auf seinen absoluten Anfang zurückverfolgen. Etwas zu messen ist nur sinnvoll, wenn es auch etwas zu messen gibt. Doch am Anfang von allem gab es nur ein unendlich kleines Stückchen *etwas:* keine Objekte, kein Raum-Zeit-Kontinuum, keine Naturgesetze, mit anderen Worten: das reine Chaos.

In diesem unvorstellbaren Zustand waren die gesamte Materie und Energie komprimiert, die in Hunderten Milliarden Galaxien gebunden ist. Innerhalb eines Sekundenbruchteils nimmt die Ausdehnung unvorstellbar schnell an Fahrt auf. Die Ausdehnung dauert 10^{-36} Sekunden bis zu 10^{-32} Sekunden. Und so sieht ein allgemein anerkanntes (wenn auch nicht endgültig festgelegtes) Entstehungsszenario des Universums aus:

- **10^{-43} Sekunden:** Das Universum dehnt sich unter superheißen Bedingungen massiv aus (auch als kosmische Inflation bekannt). Es vergrößert sich von Atomgröße auf die Größe einer Grapefruit. Dennoch gibt es noch keine Atome und auch kein Licht. In einem Zustand des Beinahe-Chaos stellt man sich die Konstanten und die Naturgesetze im Fluss vor.

- **10^{-36} Sekunden:** Es ist immer noch unvorstellbar heiß, das Universum kocht über vor Elektronen, Quarks und anderen Teilchen. Die Ausdehnung vermindert sich beziehungsweise macht eine Pause aus Gründen, die man noch nicht ganz versteht.
- **10^{-6} Sekunden**: Nachdem sich das noch junge Universum stark abgekühlt hat, entstehen nun Protonen und Neutronen aus Gruppen von Quarks.
- **3 Minuten:** Es gibt bereits geladene Teilchen, aber noch keine Atome. Das Licht kann aus dem dunklen Nebel, der mittlerweile vorherrscht, nicht austreten.
- **300 000 Jahre:** Mittlerweile ist die Abkühlung so weit vorangeschritten, dass sich Wasserstoff- und Heliumatome aus Elektronen, Protonen und Neutronen bilden. Das Licht kann nun entweichen und seine Reichweite wird ab jetzt die äußeren Ränder (den Ereignishorizont) des sichtbaren Universums bestimmen.
- **1 Milliarde Jahre:** Durch die Anziehung der Schwerkraft bilden Wasserstoff und Helium Wolken, aus denen Sterne und Galaxien entstehen.

Diese zeitliche Abfolge gibt das Momentum des Urknalls wieder, das – selbst als das Universum noch die Größe eines einzigen Atoms hatte – ausreichte, um später die Milliarden von Galaxien entstehen zu lassen, die man heute sehen kann. Immer noch werden diese von der Ausdehnung auseinandergezogen, die auf die unvorstellbare Ausgangsexplosion folgte. Seit diesem Anfang haben sich viele komplexe Vorgänge zugetragen (es gibt ganze Bücher, die allein von den ersten drei Minuten des Universums handeln), doch für unsere Zwecke reicht ein grober Überblick.

Da wir uns alle vorstellen können, wie ein Dynamitstab explodiert oder ein Vulkan ausbricht, passt der Urknall ganz gut in unsere allgemeine Vorstellungswelt. Doch unser Verständnis dessen, was wirklich geschah, ist dürftig. Denn die ersten Sekunden der Schöpfung stellen alles infrage, was wir an Zeit, Raum, Materie und Energie wahrnehmen. Das große Geheimnis unseres Universums ist, wie etwas aus dem Nichts entstehen konnte. Keiner versteht, wie das passieren konnte. Einerseits entzieht sich das Nichts naturgemäß jeder Form der Beobachtung, andererseits ist das ursprüngliche Chaos im noch jungen Universum ein ganz ungewöhnlicher Zustand, gibt es doch keine Atome, kein Licht und vielleicht nicht einmal die vier Grundkräfte.

Doch aus dem ganzen Mysterium gibt es kein Entrinnen, weil der gleiche Geburts- beziehungsweise Entstehungsprozess sich genau jetzt in dieser Minute auf der subatomaren Ebene abspielt. Die Genesis findet gerade jetzt statt. Die subatomaren Partikel, aus denen der Kosmos besteht, blinken die ganze Zeit über auf. Wie bei einem kosmischen An-Aus-Schalter gibt es einen Mechanismus, der immerfort Nichts (das sogenannte Quantenvakuum) in ein wimmelndes Meer stofflicher Objekte verwandelt. Normalerweise stellen wir uns vor, dass die Sterne in einer finsteren, kalten Leere dahintreiben. Tatsächlich jedoch steckt diese Leere voller kreativer Möglichkeiten, deren Wirken wir jederzeit um uns herum beobachten können.

Das alles klingt schon recht abstrakt, bereit zu entschweben wie ein Heliumballon. Das wollen wir jedoch nicht. Jedes kosmische Geheimnis trägt ein menschliches Gesicht. Stellen Sie sich einmal vor, Sie säßen an einem heißen Sommertag draußen im Gartenstuhl. Eine warme Brise macht Sie schläfrig, Ihr Kopf ist voller diffuser Bilder und halb garer Gedanken. Plötzlich werden Sie gefragt: »Was möchtest du zum Abendessen?« Sie schlagen die Augen auf und sagen: »Lasagne.« In dieser kleinen Szene ist im Grunde das Geheimnis des Urknalls enthalten: Einerseits kann Ihr Geist ganz leer sein. Nichts im Kopf, allenfalls chaotische Bilder und Gedanken. Wenn man Sie jedoch etwas fragt und Sie antworten, dann erwacht diese Leere zum Leben. Aus unendlich vielen Möglichkeiten wählen Sie einen einzigen Gedanken aus, der sich in Ihrem Geist von selbst herausgebildet hat.

Letzteres ist wichtig. Wenn Sie »Lasagne« oder etwas anderes antworten, dann setzen Sie diesen Begriff nicht erst aus kleineren Einzelbestandteilen zusammen. Sie konstruieren überhaupt nichts: Der Begriff kommt auf Sie zu. Natürlich lassen sich Worte in Buchstaben herunterbrechen, so wie sich Materie in Atome spalten lässt. Doch auf diese Weise vollzieht sich kein kreativer Vorgang. Alle Schöpfung bringt etwas aus dem Nichts hervor. Selbst wenn wir uns in unserer Schöpferrolle wohlfühlen, umgeben von einem Meer aus Worten und Gedanken, können wir nicht wissen, woher diese stammen. Kennen Sie Ihren nächsten Gedanken? Selbst Einstein sah seine genialsten Einfälle als glücklichen Zufall an. Doch das Wichtigste ist, dass die Schöpfung von etwas aus dem Nichts ein menschlicher Vorgang ist, kein weit entfernter kosmischer Ablauf.

Der Übergang von nichts in etwas zeitigt immer das gleiche Ergebnis: Eine Möglichkeit wird real. Die Physik beraubt diesen Vorgang seinem menschlichen Aspekt und sie tut das mit unglaublicher Präzision. Vibrationen von Quanten kommen aus der Leere und fallen wieder dorthin zurück. Da er so unfassbar kurze Zeitspannen umfasst, ist dieser An-Aus-Zyklus der Quanten für uns vollkommen unsichtbar. Deshalb muss man die Regeln der stofflichen Schöpfung davon erst ableiten. Sie können ein Fußballstadion nicht mit einem Stethoskop abhorchen, um die Fußballregeln zu erkennen, und genau das tut die Kosmologie mit dem Versuch, den Beginn des Universums zu erklären. Deduktion mittels Logik ist etwas Wunderbares, aber in diesem Fall schafft sie eher Probleme, als sie zu lösen.

EIN ERSTAUNLICHER ANFANG

Es ist so gut wie unstrittig, dass es die Objekte im Weltraum vor dem Urknall nicht gab. Aber entstanden Raum und Zeit (auch als Raum-Zeit-Kontinuum bekannt) zugleich mit ihnen? Die Standardantwort lautet: Ja. Wenn es einst keine Objekte gab, dann gilt das auch für Raum und Zeit. Doch wie sah der Zustand vor der Entstehung aus? Weder gab es ein Innen noch ein Außen, denn beides sind Eigenschaften des Raums. Als sich das noch junge Universum ausdehnte, tat es das im Nichts. Und obwohl sich heute Milliarden Galaxien im Weltraum befinden, gleicht dieser doch keinem Ballon mit einer Hülle darum. Einmal mehr gilt, dass die Konzepte von Vorher und Nachher, Innen und Außen keine Gültigkeit haben.

Gibt es also überhaupt noch etwas, an dem wir uns festhalten können? Wenig. Das Verb »existieren« indessen legt die Möglichkeit nahe, dass sich Dinge auch ohne Raum und Zeit zutragen. Dazu eine sinnvolle Analogie: Stellen Sie sich vor, Sie säßen in einem Raum, in dem sich die Dinge Ihrer Wahrnehmung nach leicht bewegen: Die Milch in Ihrer Müslischale zittert und Sie spüren Vibrationen im Fußboden.

Wie es der Zufall will, sind Sie taub und so können Sie nicht hören, ob etwas von außen gegen die Wand hämmert. (Sicherlich gibt es Menschen, die so sensibel sind, derlei Vibrationen körperlich zu spüren. Aber das lassen wir hier außer Acht.) Aber Sie können die Wellen in Ihrer Müslischale messen, ebenso wie die Vibrationen anderer Objekte einschließlich Fußböden, Decken und Wände. Ungefähr so muss man sich die Annäherung der Kosmologen an den Urknall vorstellen. Das Universum ist voller Vibrationen und Wellen, die bereits vor Milliarden von Jahren ausgesandt worden sind. Sie werden gemessen und dann zieht man Schlüsse aus ihnen.

Aber schon eine einfache Frage führt zur Verunsicherung. Kann jemand, der von Geburt an taub ist, wirklich wissen, was Schall ist? Das, was man an Vibrationen im Zusammenhang mit Schallwellen erfasst, ist nicht das Gleiche, wie ein Violinsolo zu hören, die Stimme von Ella Fitzgerald oder eine Dynamitexplosion.

Genauso kann uns das Licht von rasenden Galaxien oder die kosmische Hintergrundstrahlung (ein Überbleibsel des Urknalls) im heutigen Kosmos nichts darüber sagen, wie der Anfang des Universums ausgesehen hat. Wir arbeiten lediglich mit Ableitungen – genauso wie ein tauber Mensch die Wellen in seiner Schale betrachtet. Genau diese Begrenzung könnte sich für die Erklärung, woher das Universum kommt, als fatal erweisen.

Natürlich können wir von unserer Warte her, hier in unserer Raumzeit, die Naturgesetze außerhalb von Raum und Zeit erforschen. Vor allem die Physik kann sich auf die Sprache der Mathematik zurückziehen in der Hoffnung, dass diese schließlich immer, in welchem Universum wir auch leben, gleich sei. Die sich daraus ergebende Spekulation basiert denn auch auf der angenommenen ewigen Gültigkeit der Mathematik. Denn selbst in einem verrückten Universum, wo die Zeit rückwärts verläuft und die Menschen an der Decke entlang gehen, ergibt doch die Summe eines und noch eines Apfels zwei, richtig?

Bislang jedoch konnte niemand zeigen, dass dieser Glaube auch wirklich gilt. Die Mathematik der schwarzen Löcher zum Beispiel ist nichts als Spekulation, weil ein schwarzes Loch an sich vollkommen unzugänglich ist. Nehmen Sie nur einmal die Null. Die hat es nicht immer gegeben. 1747 v. Chr. hatten die alten Ägypter und die Babylonier zwar ein Schriftzeichen für die Null, gerechnet wurde mit ihr allerdings erst um 800 v. Chr. in Indien, lange nach dem Höhepunkt der griechisch-römischen Kultur.

Die Null bedeutet, dass nichts da ist, doch in der Mathematik ist sie einfach nur eine andere Zahl, kein Ausdruck existenzieller Verzweiflung. Zu sagen: »Ich habe null aus meinem Leben gemacht«, ist ein Armutszeugnis, die Gleichung $1 - 1 = 0$ hingegen nicht. In der Welt der Quantenphysik lassen sich Zeitvorstellungen in höchst seltsamer Weise manipulieren, was aber niemanden an der eigenen Existenz zweifeln lässt. Wenn sich die Zeit allerdings in unserer Alltagswelt so verhalten würde, dann wäre das etwas ganz anderes. Da sie in beiden Welten vorkommt, ist die Zeit eine seltsam persönliche Sache. Das gilt es zu erklären, wollen wir das menschliche Universum verstehen.

DIE BESTEN LÖSUNGEN BIS JETZT

Definitiv steckt der Übergang vom frühen Chaos bis hin zum aufgeräumten Universum unserer Tage voller Rätsel. Die Schwelle, an der die Konzepte von Raum und Zeit nicht mehr anwendbar sind, nennt sich Planck-Skala – benannt nach dem deutschen Erfinder der Quantenmechanik, dem Physiker Max Planck. Diese ist 100-Trillionstel-mal (in Zahlen: 1/100 000 000 000 000 000 000) so klein wie der Atomkern des Wasserstoffatoms. Faszinierend ist, dass die menschliche Geisteskraft selbst im Angesicht des vollkommenen Chaos unbeeindruckt bleibt. Was vielleicht daran liegt, dass der Geist immer noch etwas findet, was Stabilität verheißt.

In dieser winzigen Größenordnung lassen sich drei Konstanten definieren: die Schwerkraft, Elektromagnetismus und Quantenmechanik. Während der Planck-Ära, dem unfassbar kurzen Zeitraum zu Beginn des Urknalls, war die Natur noch nicht als solche zu erkennen, fehlten doch die Konstanten und Kräfte oder waren ganz anderer Art. In der sogenannten Planck-Dimension wird der Raum »schaumig«, ein Zwischenzustand, in dem es noch keine Richtung gibt, kein oben und unten. Was die Länge angeht, ist die Planck-Zeit – also das Zeitintervall der Planck-Ära – um 30 Größenordnungen kleiner als die heutige Zeitskala der Nanowissenschaft, wo eine Nanosekunde der milliardste Teil einer Sekunde ist.

Deshalb ist die Frage nach dem, was vor dem Urknall kam, gleichbedeutend mit der Frage, was der Planck-Ära voranging. Nun ist es so, dass die Physik tatsächlich über die Planck'sche Sphäre hinaus Untersuchungen anstellen kann: Soviel wir wissen, regieren die Gesetzmäßigkeiten der Mathematik auch die vier Grundkräfte, also Schwerkraft, elektromagnetische Kraft sowie starke und schwache Kernkraft. Das ist auch der Grund, warum das Vertrauen in die Mathematik vollkommen gerechtfertigt scheint. Gewisse bekannte Konstanten verraten uns, warum die genannten vier Kräfte in unserem Universum genau die Werte haben, die diese haben. Berechnet man zum Beispiel an irgendeinem Ort die Schwerkraft – auf dem Mars, auf einem Lichtjahre entfernten Stern oder in einem Atom –, ist die Konstante, bezogen auf die Schwerkraft, die gleiche. Da sie sich auf Konstanten beziehen, reisen irdische Physiker im Geiste bis in die entferntesten Regionen von Raum und Zeit.

Doch gibt es diese Konstanten womöglich auch in einer zeitlosen Variante jenseits unseres Universums? Im Moment kann die Physik darauf keine endgültige Antwort geben. Doch wenn die Konstanten zeitlos sind, dann wäre auch ein fließender Übergang zwischen unserer Realität und anderen Dimensionen denkbar. Doch selbst wenn das nicht der Fall ist, haben zeitlose Konstanten ihren Reiz. Sie verleihen der Wirklichkeit inmitten des Chaos einen Hauch von Stabilität und bewahren die Mathematik als Sprache dort, wo Worte versagen. Wenn schon das Wort »davor« bedeutungslos wird, dann sind *Pi* (π) und $E = mc^2$ immer noch da. Doch selbst diese könnten sich als illusorisch erweisen, haben wir erst einmal die Planck'sche Schwelle überschritten. Auch bei den zeitlosen Konstanten stellt sich die Frage nach ihrem Woher – womit wir einmal mehr ohne Ursprungsgeschichte dastehen.

Wenn man den allerersten Anfang untersucht, dann ist man versucht, den Zustand des Davor als das Quantenvakuum auszugeben. In der klassischen Physik ist das Vakuum tatsächlich leer. Ironischerweise stimmt dieses reine Nichts mit der biblischen Schöpfungsgeschichte überein (»Die Erde aber war wüst und wirr, Finsternis lag über der Urflut und Gottes Geist schwebte über dem Wasser.« Genesis 1,2) Doch die Quantentheorie besagt, dass das Vakuum keinesfalls leer ist. Es ist voller Quanten-»Zeug«. Ja, das Quantenvakuum ist so voll wie nur was, voller Energie, die sich allerdings nicht im sichtbaren Universum zeigt. Deshalb ist es auch überhaupt kein Problem, das Universum aus dem Quantenvakuum heraus entstehen zu lassen, zumindest nicht, was die verfügbare Energie angeht. Auch besteht kein Zweifel, dass man bei der Annäherung an die früheste Phase des Universums auf die Physik des Vakuums zurückgreifen muss. Dennoch ist die Planck-Ära wie ein blickdichter Schleier, der unsere Sicht auf den eigentlichen Anfang verstellt. Hier hilft nur ein kluger Schachzug: Es einmal ganz ohne Anfang zu probieren, eine im Übrigen recht populäre Idee, so seltsam sie auch klingen mag.

BRAUCHEN WIR DEN BIG BANG ÜBERHAUPT?

Theoretisch gibt es neben dem Big Bang, dem Urknall, noch andere Möglichkeiten. Das klingt seltsam. Aber wie gesagt, die Explosion am Beginn des Universums ist nicht vergleichbar mit der einer Dynamitexplosion. Energie und Materie in heutiger Form gab es noch nicht. Deshalb sind auch die Animationen im Wissenschaftsfernsehen, wo ein Stern inmitten der Dunkelheit des Weltraums explodiert, gänzlich irreführend, weil es am Anfang noch keinen Weltraum gab. Alles wäre leichter, wenn das Universum auf anderem Wege entstanden wäre.

1948 schlugen Hermann Bondi, Thomas Gold und Fred Hoyle das Steady-State-Modell vor, um die Frage nach dem Ursprung und dem, was vor dem Urknall war, zu umgehen. Auch in diesem Gleichgewichtsmodell dehnt sich das Universum genau wie beim Urknall beständig aus, nur mit der zusätzlichen Bedingung, dass es immer gleich aussieht, weil es dem perfekten kosmischen Prinzip gehorcht, wonach das Universum immer und überall gleich aussieht. Mit anderen Worten: Wohin und wie weit zurück man auch blickt, das Universum ist immer gleich. Das jedoch bedeutet, dass sich die Entstehung der Materie kontinuierlich während der Ausdehnung in der Raumzeit vollzieht.

Nach der Urknalltheorie ist das Schöpfungsgeschehen einmalig – es brauchte nichts, um alles zu werden. Doch welches Modell ist nun wahr? Beobachtungen entfernter Lichtquellen von den Anfängen des Universums lassen auf ein Modell der Evolution schließen und keinen anfänglichen Zustand des Gleichgewichts. Die erweiterte Fassung des Steady-State-Modells von 1993 – diesmal vorgelegt von Hoyle, Geoffrey Burbidge und Jayant Narlikar und Quasi-Gleichgewichtsmodell genannt – beinhaltet die Annahme, dass es immer wieder zu »Mini-Bangs« kam, also zu kleineren Urknallen.

Ein weiterer Ansatz, als chaotische Inflation bekannt, ist dem Gleichgewichtsmodell sehr ähnlich, aber mit einer deutlich erweiterten Größenordnung. Der Begriff »chaotische Inflation« wurde später durch »beständige Inflation« ersetzt, was schon auf die Grunderkenntnis hinweist. Hier wird angenommen, dass gewisse »Hotspots« im Quantenfeld so viel Energie anreichern, dass sie in die Schöpfung »knallen«. Damit war so viel Bewegungsenergie verbunden, dass daraus augenblicklich ein ganzes Universum entstand.

Es gibt einige Gründe, weshalb die Theorie der beständigen Inflation in Mode kam, doch der wichtigste ist sicher, dass hier die ehemalige Schöpfung in das konstante Verhalten des Quantenvakuums überführt werden kann: Wenn in diesem Vakuum ständig sehr kleine Dinge (subatomare Teilchen) aufsteigen konnten, warum sollte dies dann nicht auch für ganz große (Universen?) gelten? Inflationstheorien gehen allesamt vom Urknall aus, obwohl sich das Anfangs- und Endproblem stellt. Die Ewigkeit allerdings hat per definitionem weder Anfang noch Ende. Geht es nach der Inflationstheorie, dann ist die Raumzeit an verschiedenen Orten im Rahmen großer inflationärer Ereignisse ganz wie in einem kosmischen Schaumbad aufgestiegen. All dies geschieht mit Lichtgeschwindigkeit und dauert ewig.

So manch brillanter Physiker ist ganz vernarrt in die ewige Inflation und es sieht nicht danach aus, dass so etwas Abseitiges und Altmodisches wie ein Philosoph hier in die Parade fahren könnte. Allerdings beschäftigen sich Philosophen mit Begriffen wie »Existenz« und »Ewigkeit«, und diese haben es dann doch in sich.

INS MULTIVERSUM ENTSCHWEBEN

Die ewige Inflation steht mit einer anderen, ebenfalls sehr modischen Idee in Verbindung: dem Multiversum. Diesem Ansatz zufolge ist unser Universum nicht einzigartig, sondern nur eines von vielen – ganz wie die Schaumbläschen im Schaumbad –, deren Anzahl gegen unendlich weisen könnte. (Dazu später mehr.) Aber da der Urknall so prominent ist, steht die ewige Inflation noch mit einem Bein auf den Gleichgewichtstheorien. Ist die Tür erst einmal geöffnet, gibt es so viele Möglichkeiten, ein menschengerechtes Universum zu schaffen, wie man sich nur wünschen kann. Im sogenannten kosmischen Casino bringt die Natur sprudelnd Universen hervor und die Chancen stehen nicht schlecht, dass eines Tages das unsrige dabei sein wird. Die Würfel fallen ewig und auch die Regeln dürfen immerfort geändert werden (zum Beispiel die Naturgesetze). An allem lässt sich nach Belieben rütteln: an der Schwerkraft, der Lichtgeschwindigkeit, ja selbst dem Quant – zumindest in der Theorie.

Nun stellen Sie sich jedoch einmal vor, Sie fahren Auto und ein Freund soll Sie führen. Sie kennen sich nicht aus und Sie fragen Ihren Beifahrer, in welche Richtung Sie an der nächsten Kreuzung abbiegen sollen. Dieser antwortet: »Ach, da gibt es unendliche Möglichkeiten, und die führen zu weiteren endlosen Abbiegespuren, mach dir mal keine Sorgen. Wir kommen schon in Kansas City an.« Genauso sprechen Physiker, wenn sie vom Multiversum, von ewiger Inflation und kosmischem Casino reden. Ganz abgesehen davon, dass es keine Belege oder Experimente gibt, wird es richtig krass, wenn sie einem mit der Straßenkarte endloser Möglichkeiten vor der Nase herumwedeln, die natürlich die beste überhaupt ist.

Bei Kosmologen dominiert mittlerweile die Ansicht, dass ein Mix verschiedener Modelle einschließlich des Quasi-Gleichgewichtsmodells im Bereich des Möglichen liegt. Doch ganz gleich, wie viele Universen zugelassen sind, erhebt sich einmal mehr die Frage nach dem *Davor.* »Bevor« bleibt ein nutzloses Wort, doch zu behaupten, alles war, ist und wird immer gleich sein, klingt irgendwie nach dem Trick mit dem Kaninchen aus dem Zylinder.

Doch es gibt noch weitere Wege, die Frage des Anfangs zu umgehen. Bevor sich das Modell »Urknall mit kosmischer Inflation« etablierte, fanden viele Kosmologen Gefallen an der Vorstellung zyklischer Ausdehnung und Kontraktion, also einem Anfang, einem Ende und wieder zurück. In der spirituellen Tradition des Ostens hat man immer schon zyklische Konzepte gehabt, basierend auf dem lebendigen Zyklus von Geburt, Tod und Erneuerung. Natürlich sind Analogien nicht das Gleiche wie wissenschaftliche Beweise, aber wir sollten auch diese Sichtweise bedenken. In einem menschlichen Universum müssten die uns bekannten Lebenszyklen an den Ablauf der Schöpfung in einer kosmischen Größenordnung gekoppelt sein.

Eine Variante des zyklischen Universums kam ebenfalls ohne den Urknall aus dem Nichts aus, will das Universum allerdings mit der allgemeinen Relativitätstheorie beschreiben. Insbesondere Roger Penrose schlägt eine Kette von Universen vor, die sich unendlich nach hinten ausdehnt. Der gegenwärtige Zustand entspringt dabei unter kompletter Wiederverwertung der Naturgesetze und der physikalischen Konstanten einem Vorgänger-Universum. Hier reiht sich in einem endlosen Zyklus ein Urknall an den nächsten, wobei das Stadium vor der Schöpfung jeweils das Ende des Vorgängermodells ist.

Die Abfolge der Schöpfungsakte überführt ein gewisses Maß an Erinnerung in den jeweils nächsten. In Penroses bemerkenswertem Ansatz spielt ferner die Entropie (oder Unordnung) eine wichtige Rolle. Es gibt ein Gesetz in der Physik (das zweite Gesetz der Thermodynamik), wonach die kosmische Unordnung mit der Zeit zunimmt. Das klingt erst einmal abstrakt, aber es ist genau dieses Gesetz, mit dem sich erklären lässt, warum das zunächst glühend heiße Universum erkalten konnte, warum Sterne verglühen oder ein Holzscheit im Feuer zu Rauch und Asche wird. Im Kleinen wie im Großen gilt: Die Entropie nimmt zu.

Allerdings gibt es Inseln der negativen Entropie im Universum, in denen Energie für mehr Ordnung Verwendung findet – wie bei Ökosystemen – und nicht etwa abstirbt oder verschwindet. Sie selbst sind eine Insel der Ordnung: Solange Sie Nahrung, Luft und Wasser verbrauchen beziehungsweise zu sich nehmen, ist Ihr Körper so eine Insel. Sie verwandeln ursprüngliche Energie in geordnete Prozesse, wodurch sich Millionen von Zellen immer wieder erneuern. Die Erde wurde mit dem Einsetzen der Fotosynthese vor Milliarden Jahren auf ihrer Oberfläche gleichfalls zu so einer Insel negativer Entropie. Genau wie der Körper schaffen auch Pflanzen Ordnung, indem sie Sonnenlicht verwandeln. Energie zu verbrauchen, statt sie zu verlieren, ist entscheidend. Unordnung führt dazu, dass sich Energie als Hitze allmählich zerstreut, so wie die Wärme eines Lagerfeuers. Um der Entropie zu begegnen, konsumieren Lebewesen die Extraenergie, die nötig ist, um den Verlust auszugleichen. Ein gefällter Baum kann keine Energie mehr von der Sonne aufnehmen, weshalb Prozesse der Auflösung und des Verfalls einsetzen.

Penrose hat sich nicht gegen das zweite Gesetz der Thermodynamik gewandt. Stattdessen hat er anerkannt, dass der Kosmos kälter wird, sich mehr abflacht und an Unordnung zunimmt. Sein Einwand bezieht sich auf die Inflationstheorien des Kosmos. Wenn die Unordnung im Lauf der Zeit zunimmt, so Penrose, dann muss auch umgekehrt gelten, dass, wenn man in der Zeit zurückgeht, aus der Asche und dem Rauch des Lagerfeuers wieder der Holzscheit, aus dem verrotteten Holz wieder der wachstumsfähige Baum ersteht. Dann müsste im frühen Universum der höchste Ordnungsgrad geherrscht haben. Doch das war nicht der Fall. Die Planck-Ära war das reine Chaos. Woher stammt dann das »Besondere« (Penroses Formulierung) des Universums? Wie kommt es zur Entwicklung des Lebens auf der Erde? Nichts scheint im frühen Universum – dem reinen Chaos – auf die Evolution von Galaxien hinzudeuten, nichts das Leben auf der Erde von vornherein zu bevorzugen.

Penroses Ablehnung der Inflationstheorien klingt für einen Laien höchst einleuchtend, auch wenn es einige technisch basierte Bedenken von skeptischen Kollegen gibt. Ein anderer Einwand von ihm ist indessen subtiler und nicht weniger niederschmetternd: Nehmen wir einmal an, das Leben auf der Erde sei so besonders, dass sich das junge Universum seinen Weg in sehr besonderen Umständen bahnen musste. Gehen wir ebenfalls davon aus, dass es sehr besondere Umstände gab, während der Kosmos superheiß und winzig klein war. Was aber war mit dem Rest des riesigen Universums? Das Leben auf unserem Planeten hat sich nun einmal ganz ungeachtet von der Entwicklung in Milliarden anderen Galaxien entwickelt – wir brauchten diese schlicht nicht. Wie also hätte – sollte diese These stimmen – das Universum beschaffen sein müssen, um unsere Entwicklung zu begünstigen? Und warum sah der ganze Rest überhaupt nicht besonders aus? Viel wahrscheinlicher ist es, so Penrose, dass die besonderen Umstände auf der Erde erst sehr viel später auftraten. Vielleicht war das Ganze auch bloßer Zufall. Die Wissenschaft muss sich für die weniger unwahrscheinliche Begründung entscheiden.

Kürzlich bekam Penroses Einwand durch die Entdeckung Tausender Sterne mit Planetensystemen einen Dämpfer. Manche dieser Sterne gleichen der Sonne so sehr, dass sie mit Leichtigkeit Leben auf der Erde hervorbringen könnten. Die Nachricht, dass wir wahrscheinlich nicht allein sind im Universum, erregte einiges Aufsehen. Die gute Laune verebbt allerdings, wenn man sich klarmacht, dass sich mit einem »wahrscheinlich« noch nicht erklären lässt, wie überhaupt Leben aus leblosen Substanzen entstehen konnte. Die Wahrscheinlichkeit ist so überaus gering – Abermillionen zu eins –, dass selbst noch viele Sonnen in entlegenen Galaxien nicht reichen, um den Zauberschlüssel des Lebens zu finden. Der Einwand lässt sich also nicht so einfach von der Hand weisen. Belegen lässt er sich allerdings auch nicht. Spricht man allerdings erst mal von Wahrscheinlichkeiten, dann nimmt man auch an, dass das Leben sich zufällig entwickelt haben muss. Die »Besonderheit« hat damit einen schweren Schlag erlitten.

EINE GENIALE INFORMATIONSTHEORIE

Vielleicht aber auch nicht. Bei einer so erfolgreichen Theorie wie der vom Urknall haben es Einwände immer schwer. Einfacher ist es, auf kleinere Ungereimtheiten zu verweisen, die dann behoben werden. Um die ganze Urknalltheorie, an der man immerhin seit den Siebzigerjahren arbeitet, zu stürzen, bräuchte es schon einen regelrechten Todesstoß. Penroses Argument mit dem zweiten Gesetz der Thermodynamik ist allerdings so elementar, dass man mit ihm das ganze Kartenhaus zum Einsturz bringen könnte. Das Problem der kosmischen Inflation ist, dass sie sich nicht einfach ganz von selbst im Fortgang der wissenschaftlichen Theoriebildung entwickelt hat. Nein, sie wurde im Zuge der Behebung heftiger Ungereimtheiten der älteren Urknalltheorien zusammengeschustert. Die Inflation wird durch sehr empfindliche Messungen wissenschaftlich unterstützt. Ihre Hauptaufgabe besteht darin, das junge Universum vor dem offensichtlichen Chaos zu schützen. Was wir brauchen, ist eine Quelle der Ordnung und kein Spielautomat, der nach dem Zufallsprinzip Zahlen ausspuckt.

Der bekannte amerikanische Kosmologe Lee Smolin hat sehr Einleuchtendes zur Geometrie der Planck-Ära vorgelegt, was das Universum vom Chaos befreit. Vielleicht gab es etwas Immaterielles als ordnungsstiftende Kraft, selbst wenn es zunächst einmal nur stoffliches Chaos gab. Penrose und Smolin weisen nun der Information die Schlüsselrolle zu. Das ist ein spannender Gedankengang, denn andere Physiker gehen theoretisch davon aus, dass womöglich nur die Information überlebt, wenn alle Materie und Energie in ein schwarzes Loch gesogen und vernichtet wird. Dies zu belegen, ist sehr schwer, wenn nicht gar unmöglich. Schließlich sind schwarze Löcher undurchdringlich. Doch immerhin würde man mit dieser These den schleichenden »Hitzetod« der Entropie umgehen. Was wäre, wenn Informationen selbst unter den extremsten Bedingungen unzerstörbar sind? Einsen und Nullen können weder erfrieren noch verglühen. Vielleicht gab es vor dem Schöpfungsbeginn reichlich Information, die sich unbeeindruckt zeigte vom zweiten Gesetz der Thermodynamik während des Urknalls.

Analog dazu überdauern auch die Informationen, die Sie im Kopf mit sich führen, alle möglichen physischen Bedrohungen. Eine solche Information ist etwa Ihr Name. Wenn Sie den wissen, dann ist es ganz egal, ob Sie sich in den feuchtheißen Tropen oder am Südpol aufhalten, weil Hitze und Kälte ihm nichts anhaben können. Ihr Name bleibt unbeeinflusst davon, ob Sie im Tal des Todes unterwegs sind oder den Mount Everest besteigen. Nur der Tod oder eine schlimme Hirnverletzung können uns diese intime Information entreißen. Das gilt auch für komplexere Dinge, ist die Speicherkapazität des menschlichen Gehirns doch riesig. (Es gibt den seltenen Fall, dass jemand nach jahrelangem Koma erwacht, seine Erinnerungsfähigkeit wiedererlangt und weiterlebt.)

Das Überdauern von Informationen im menschlichen Gehirn lässt ein zyklisches Universum in den Bereich des Möglichen treten. Wenn unser Universum aus einem vorangegangenen entstanden ist, dann könnten auch die Konstanten und Naturgesetze in Form von – besonders mathematischen – Informationen weitergegeben worden sein. Reine Mathematik war sicherlich mit im Spiel, wobei dieser Ansatz Mathematik nicht als Teil der stofflichen Gegebenheiten betrachtet. In Smolins Modell wird der kosmische Stab weitergereicht, wenn neue »Äonen« aus singulären schwarzen Löchern entstehen. Dabei ist ein Äon eine kosmische Zeiteinheit und eine Singularität der kleine Fleck, der bleibt, nachdem alles in einem schwarzen Loch verschwunden ist. Theoretisch ist so ein Fleck singulär, weil er nichts ausgespuckt hat, was Unterschiede schafft – Raum, Zeit, Materie und Energie. (Tatsächlich gibt es keine Beweise, dass Singulariäten existieren, auch wenn sie mathematisch plausibel sind.) Die Idee ist, dass das Universum am Ende in einem einzigen Punkt kollabieren wird (einer Singulariät), worin Materie, Energie, die Naturkräfte und die Raumzeit verschwinden, um durch eine andere Singularität wieder neu zu erstehen. Mit anderen Worten ging dem Urknall, dem Big Bang, ein Big Crunch voraus. Allerdings kennen wir schwarze Löcher nicht gut genug, um sagen zu können, wie Information überleben konnte, wenn alles andere unterging. Auch sind Singularitäten nur ein theoretisches Konstrukt. Wie es aussieht, ist die Behauptung, Information bliebe im großen kosmischen Kessel des Anfangs unzerstört, womöglich auch nur wieder ein Zaubertrick. Doch wie dem auch sei: Was auch immer in einem schwarzen Loch passiert, ist so unerreichbar wie die Planck-Ära am Anfang des Universums. Auch hier wird unsere Sicht wieder von der Mauer verstellt.

AM SUPERSTRING ZUPFEN

Obwohl viele Leute einen Heidenrespekt vor der höheren Mathematik haben, kann man sich mit ihr jedoch klarmachen, dass alles, was sich mathematisch formulieren lässt, auch als Idee, als Konzept existiert. Haben Sie das erst einmal verstanden, dann haben Sie auch im Kern erfasst, was die Mathematik zu formulieren versucht. Mathematik ist in Wirklichkeit eine dichte universelle Sprache, mit der sich alle möglichen physikalischen Vorgänge beschreiben lassen oder, besser, auch unsere Interaktion mit der Natur. Allerdings vermag keine noch so hohe Mathematik eine falsche Idee zu rehabilitieren. In der Debatte zwischen Anhängern und Gegnern der Urknalltheorie lassen sich die einzelnen Argumente dafür oder dagegen nur schwer bewerten. Und wenn sich die Kosmologie nur noch auf die Mathematik stützen kann, warum nicht gleich alles ausrechnen lassen? Womöglich wäre es am sichersten, die Phase vor dem Urknall ausschließlich mithilfe der reinen Mathematik zu beschreiben. Vielleicht besteht diese, um noch einen Schritt weiter zu gehen, nur aus Zahlen und nichts weiter. Das mag seltsam klingen, aber es gibt Theorien, die diesen Weg einschlagen.

Das beste Beispiel ist in diesem Zusammenhang die Stringtheorie, die später zur ambitionierteren Superstringtheorie ausgeweitet wurde. Zunächst hat man die Stringtheorie entwickelt, um elementare und zugleich rätselhafte Quantenprobleme zu lösen. Denn: Elementarteilchen wie Photonen, Quarks und Elektronen verhalten sich wie Teilchen *und* wie Wellen – für viele Physiker das zentrale Problem der Quantenmechanik. Ein Teilchen verhält sich wie ein Tennisball, der über das Netz fliegt, und zugleich wie die Welle, die Luftverwirbelung, die dieser hinter sich herzieht. Beide sehen komplett verschieden aus. Wenn sich allerdings Tennisball und verwirbelte Luft auf einen gemeinsamen Nenner bringen lassen, dann könnte das die Lösung des Problems sein.

Die Stringtheorie besagt nun, dass dieser gemeinsame Nenner die Schwingung sei. Stellen Sie sich eine Violinsaite vor, die schwingt und einen Ton erzeugt. Die genaue Tonhöhe ist davon abhängig, wo der Geiger seine Finger auf der Saite platziert. In ähnlicher Weise betrachtet die Stringtheorie Wellen als Vibration einer unsichtbaren Saite, wobei die Teilchen die jeweils spezifischen »Noten« in der Raumzeit sind. Die Analogie zur Musik ist sehr groß, geht man doch davon aus, dass subatomare »Harmonien« (Vibrationen, die miteinander schwingen) bestimmen, wie Quarks, Bosonen, Photonen, Gravitonen und andere Teilchen aufeinander bezogen sind und komplexe Strukturen errichten. Genau wie die zwölf Töne der westlichen Tonleiter unzählige Symphonien ergeben, wobei ein Ende der Permutationen nicht abzusehen ist. Genauso gut könnten ein paar schwingende Saiten die Basis abgeben für die Verbreitung subatomarer Teilchen, die man in einem Teilchenbeschleuniger entdeckt.

Skeptiker werden einwenden, dass Saiten, deren Schwingung jenseits des Wahrnehmbaren liegt, Ausgeburten der Fantasie sind. Der Reiz der Stringtheorie liegt jedoch in ihrem Rückgriff auf die reine Mathematik. In der Superstringtheorie werden die Berechnungen noch komplexer. Gab es zunächst fünf Superstring-Modelle, die dem Anschein nach unterschiedlich waren, stellte sich Mitte der Neunzigerjahre heraus, dass sie feine und vielschichtige Ähnlichkeiten aufwiesen. Als Gipfelpunkt mathematischen Modellierens kam die M-Theorie auf, wobei das M, wie ihr hauptsächlicher Erfinder Edward Witten launig erklärt, für »Magie«, »Mysterium« oder »Membran« stehen kann.

Magie und Mysterium verweisen auf den Umstand, dass die Theorie nicht experimentell oder durch Beobachtungen unterfüttert ist. Sie zieht ein Kaninchen aus dem Hut, indem sie bestehende Stringtheorien angleicht, die aber ihrerseits gleichfalls nicht experimentell oder durch Beobachtung abgesichert waren. Der Umstand, dass die M-Theorie zumindest auf dem Papier so gut dasteht, ist selbst schon wieder magisch und mysteriös. Der Trick aller Tricks könnte darin bestehen, zu zeigen, dass das Universum genau so wie auf dem Papier funktioniert, woran man nicht im Entferntesten gedacht hatte. (Das dritte M, Membran, ist ein technischer Ausdruck in der Physik, um zu zeigen, wie sich bestimmte Objekte im Raum durch lagenweise oder vibrierende Membranen ausdehnen. Nun bewegen wir uns auf dem Niveau sehr komplexer Berechnungen, die man nur durch höhere Mathematik verstehen kann. Allerdings können wir Ihnen einige Grundzüge vermitteln.)

WO IST NUR ALLES GEBLIEBEN?

Wie konnte es nur so weit kommen, dass sich die Wirklichkeit – mittlerweile vollkommen geheimnisvoll geworden – auf Zahlen reduzieren lassen muss? Physik hat mit Körpern zu tun, doch diese haben sich, wie wir gesehen haben, in der Quantenrevolution davongemacht. Worum es uns geht, ist die einfache Körperlichkeit, eine, die wir mit allen fünf Sinnen begreifen können. Wenn jemand gegen einen Felsen tritt, dann trifft er auf Hartes. Doch in der Quantenphysik ist nur noch eine höchst verfeinerte Körperlichkeit übrig geblieben, eine der subatomaren Teilchen und Wellen. In diesem Zusammenhang gibt es nun zwei nahezu unüberwindliche Hürden, die miteinander in Beziehung stehen.

Die erste haben wir bereits weiter oben gestreift. Sie hat mit der Unvereinbarkeit großer und kleiner Objekte zu tun. Einsteins Allgemeine Relativitätstheorie lässt sich hervorragend auf große Objekte wie Planeten, Sterne, Galaxien und das Universum selbst anwenden. Da sie die Schwerkraft und die Krümmung der Raumzeit so gut darstellt, vermittelt sie tiefe Einsichten auf der makroskopischen Ebene und über das Universum. Das andere Extrem bildet die Quantenmechanik (QM), die – ebenfalls erfolgreich – kleinste Objekte beschreibt, besonders die subatomaren Teilchen. Beide haben sich von Anfang an nicht gut vertragen. Beide machen akkurate Vorhersagen in ihrer jeweiligen Domäne, experimentell und von Beobachtungen untermauert. Doch eine Verbindung zwischen den größten und kleinsten Objekten im Universum herzustellen, sollte sich als extrem schwierig herausstellen.

Aus diesem Dilemma erwuchs nun Hürde Nummer zwei. Als erst einmal Konsens bestand, dass es vier Grundkräfte in der Natur gibt – Schwerkraft, Elektromagnetismus, schwache und starke Kernkraft –, erhob sich sogleich die Frage nach einer sie alle verbindenden Theorie. Ab den späten Siebzigerjahren entwickelte sich mit der Entdeckung der Quarks das sogenannte Standardmodell der Teilchenphysik. Dieses einte die Quantenwelt an drei Fronten. So wurde die Kraft, die für Licht, Magnetismus und Elektrizität (Elektromagnetismus) zuständig ist, mit der Kraft verbunden, die die Atome zusammenhält (starke und schwache Kernkraft). Die Welt kleiner Objekte wurde der mathematischen Konformität unterworfen. Diesen Schritt der Vereinheitlichung, das Standardmodell, kann man eingedenk der vielen brillanten Köpfe, die damals daran mitgewirkt haben, nicht anders als großartig nennen.

Nun war nur noch die Schwerkraft übrig, um die »Theory of almost everything« – die Theorie von fast allem – zu komplettieren und so in die Nähe des heiligen Grals, der »Theory of everything« – der Theorie von Allem, der Weltformel – näherzukommen. Stellen Sie sich in Analogie einmal vor, jemand setzt ein Puzzle der Freiheitsstatue zusammen. Alle Puzzleteilchen sind an ihrem Platz, nur die Fackel steht noch aus. Das passende Teil fehlt aber im Karton – und so geht die

Suche los. »Macht euch keine Sorgen«, sagt man, »es ist ja nur das eine Stück. Sobald wir es gefunden haben, wird das komplette Bild zu sehen sein. Es kann nicht mehr lange dauern.« Doch wie sehr sich auch alle beim Suchen anstrengen, das fehlende Puzzleteil bleibt verschollen und die Freiheitsstatue im Puzzle ist nur vage im dichten Nebel zu erkennen.

Die moderne Physik ist in zwei Lager gespalten: Das eine glaubt, das Bild des Universums sei bis auf das eine Stück fertig. Dieses werde auch bald gefunden, solange nur immer fleißig gesucht wird. Das andere Lager meint, durch das fehlende Stück sei das ganze Bild vage und unglaubwürdig geworden. Man könnte sie als »Weiter-so-Lager« bezeichnen (größere Teilchenbeschleuniger, stärkere Teleskope, mehr Berechnungen, mehr Geld) sowie »revolutionäres Lager« (fangen wir mit einem neuen Modell noch einmal an). Da sich das erste Lager für pragmatisch und praktisch hält, lautet sein Mantra »Sei still und rechne«, was nichts anderes heißt, als dass zu viel Theorie zur Spekulation führt.

Damit das Weiter-so-Lager am Ende den Sieg davontragen kann, muss es einige sehr fest verwobene Teilchen aus dem Quantengewebe herausspulen. Nur dann ergeben seine Berechnungen Sinn. Bis dato ist der Optimismus groß, insbesondere, seit 2012 das wichtigste dieser Teilchen, das Higgs-Boson, schließlich entdeckt wurde. Wir haben schon erwähnt, wie aus dem Quantenvakuum subatomare Teilchen aufsteigen. Manche von ihnen sind so scheu, dass man, um sie aufzufinden, große und teure Beschleuniger braucht. Wenn man ein Atom hochenergetisch beschießt, setzt das Quantenvakuum manchmal ein neues Teilchen frei. Dazu ist unglaublich viel Präzision und Genauigkeit nötig, aber nur durch diese Teilchen, so die neueren Theorien, lässt sich beweisen, ob diese Theorien auch korrekt sind. Auch das Higgs-Boson war schon angekündigt worden und seine Entdeckung bedeutet, dass das Standardmodell der Wirklichkeit entspricht. Doch das Standardmodell ist noch nicht das Ende, es ist nicht die große Einung.

Das Higgs-Boson hat die Aufgabe, Schwankungen im Quantenfeld eine Masse zu verleihen, ein technisches Detail, mit dem wir uns nicht näher beschäftigen müssen. Allerdings ist diese Funktion Grundlage für das Bestehen aller physikalischen Objekte. Die Medien haben sich natürlich sofort auf die Bezeichnung »Gottesteilchen« gestürzt, was die meisten Physiker eher peinlich berührte. Für sie war der Nachweis des Higgs-Teilchens ein Triumph, weil eines der letzten Elementarteilchen entdeckt worden war. Die Fackel der Freiheitsstatue war somit gefunden, das theoretische Bild beinahe komplett. Die Suche nach dem letzten fehlenden Stück hatte beinahe 50 Jahre gedauert, nachdem der britische Physiker Peter Higgs die Existenz eines sogenannten Higgs-Felds vorgeschlagen hatte.

Die Neuentdeckung passt in ein bekanntes Muster. Zwar gleicht die Geschichte der modernen Physik einem Triumphzug, immer wieder wurden theoretisch formulierte Gesetze bewiesen, und das Higgs-Boson ist womöglich das eine fehlende Bindeglied aller vier Grundkräfte. Aber es könnte sich auch als das Ende erweisen, denn die Schwerkraft in den »Schoß der Familie« zurückzubringen, könnte sich als unmöglich zu beweisen herausstellen. Das Graviton, ein theoretisches Teilchen, das sich im Feld der Schwerkraft bildet, wenn sich dieses im Zustand der Anregung befindet, ist weder beobachtet worden noch beobachtbar. Das hat zum Teil technische Gründe. Es gibt Schätzungen, wonach ein geeigneter Teilchenbeschleuniger im Umfang größer sein müsste als die Erde.

Doch wir sind noch nicht am Ende der Geschichte. Mit der Mathematik lassen sich immer praktische Hürden nehmen: Selbst wenn keine Waage groß genug ist, um einen Blauwal zu wiegen, lässt sich sein Gewicht bestimmen, indem man seine Größe und Dichte berechnet und Vergleiche zu kleineren Walen und Delfinen heranzieht. Dennoch steckt das Weiter-so-Lager knietief im mathematischen Morast, denn Stringtheorie, Superstringtheorie und M-Theorie haben Schicht um Schicht an Komplexitäten angehäuft, von denen keine in der Wirklichkeit beweisbar ist.

Es mutet schon seltsam an, dass der ganze Kosmos durch das Unvermögen, ein Grundproblem zu beheben, zur Disposition steht. Doch die Wirklichkeit gibt es nicht doppelt. Kleinstes und Größtes müssen irgendwie verbunden sein. Dass diese Verbindung unsichtbar ist, stellt für die Mathematik kein Problem dar. Dass sie allerdings lückenhaft und mit ihren sichtbar geflickten kahlen Stellen so schwer ist, verstärkt den Eindruck, dass man sich zu weit von der Realität entfernt hat und auch die Mathematik es nicht mehr richten kann. Außer wir würden eingestehen, dass ihre unvernünftige Kraft, wie auch die Physiker sagen, auf den geistigen Ursprung des Kosmos verweist, aus dem letztlich auch die Mathematik hervorgegangen ist.

WARUM PASST ALLES IM UNIVERSUM SO GUT ZUSAMMEN?

Man sagt, das Universum sei mit einem Knall entstanden. Doch tatsächlich war es am Anfang eher wie ein schüchterner Schauspieler, der aus seiner Garderobe kommt – es nahm sich Zeit, bis alles genau passte. Milliarden Jahre später schauen wir uns um und stellen fasziniert fest, dass wir einen Kosmos bewohnen, der perfekt auf uns Menschen abgestimmt ist – ja schon fast zu perfekt. Man kann nicht plausibel erklären, wie der Urknall das geschafft hat. Fast ist es so, als hätte Leonardo da Vinci beim *Letzten Abendmahl* mit Farbe um sich geworfen und das Beste gehofft.

Die Kosmologie unserer Tage macht es allerdings genau so: Sie besteht darauf, dass sich das frühe Universum durch Zufall entwickelt habe – ohne Design oder gar einen Schöpfer hinter den Kulissen. Wissenschaftliche Schöpfungsgeschichten schließen Gott kategorisch aus. Wie aber kommt es zur unfassbaren Ordnung in der menschlichen DNA mit ihren drei Milliarden Basenpaaren, wenn alles mit einem kosmischen Dynamitstab angefangen haben soll? Mit anderen Worten: Wie entsteht Ordnung aus dem Chaos?

Eine mögliche Antwort erfordert gar nicht einmal so viel Gehirnschmalz und das Gehirn gibt auch gleich noch ein lebenspraktisches Beispiel ab. Damit Sie lesen können, was hier auf dieser Seite steht, muss es im visuellen Kortex Ihres Gehirns sehr präzise zugehen. Die Druckerschwärze auf dieser Seite muss als bedeutsame Information in einer für Sie verständlichen Sprache präsentiert werden. Während Ihre Augen von Wort zu Wort wandern, verbindet sich die Bedeutung eines jeden Wortes mit dem nächsten, gerät dann außer Sicht, nicht aber aus dem Gedächtnis.

Als ob das nicht schon wundersam genug wäre, sind nun auch noch die Moleküle in allen Gehirnzellen in festen, vorherbestimmten Aktionen und Reaktionen fixiert. Sobald Sie Eisen mit freien Sauerstoffatomen in Kontakt bringen, kommt es zur Bildung von Eisenoxid oder Rost – und zwar jedes Mal. Die Atome haben keine Wahl: Sie bilden weder Zucker noch Salz. Trotz der fixen Gesetze der Gehirnchemie machen Sie aber jeden Tag Tausende Erfahrungen. Immerfort bilden Sie neue Anordnungen, die den heutigen Tag vom gestrigen oder morgigen unterscheidbar machen.

Die beobachtbaren Vorgänge im Gehirn lehren uns, dass Chaos und Ordnung in keinem einfachen Verhältnis zueinander stehen. Die Chemie ist gänzlich vorherbestimmt, die Gedanken sind frei. Wenn wir herausfinden, welcher Art ihr Verhältnis ist, dann gibt das Universum vielleicht sein größtes Geheimnis preis. Und wichtiger noch: Wir entdecken womöglich, wie der Geist arbeitet, was die meisten Menschen noch weit mehr interessiert als der Urknall.

DAS GEHEIMNIS VERSTEHEN

Das Rätsel, warum ein zufälliges Universum in sich so gut abgestimmt ist, nennt man in der Physik das »fine-tuning problem« – das Feinabstimmungsproblem. Aber bevor wir uns wieder der Wissenschaft zuwenden, greifen wir ein paar ältere Spuren auf – und zwar aus den Schöpfungsmythen. Auch wenn es davon viele gibt – alle Kulturen haben welche überliefert –, lassen sich die Schöpfungsmythen dennoch in zwei Kategorien unterteilen: In der ersten wird die Schöpfung so dargestellt, dass sie für Menschen leicht nachvollziehbar ist. In Indien zum Beispiel gibt es einen Mythos, wonach die Kräfte des Lichts und der Finsternis die Welt erschufen. Dabei benutzten sie den Berg Meru wie den Stößel in einem Butterfass. Dieser wurde so lange auf- und abgestoßen, bis die Butter auf dem milchigen Ozean allmählich fest wurde.

Bei der zweiten Kategorie von Schöpfungsmythen passiert genau das Gegenteil, alles ist sehr geheimnisvoll und von übernatürlichen Kräften bestimmt. Dazu gehört etwa das jüdisch-christliche Schöpfungsgeschehen: Jahwe lässt aus einem Vakuum Licht, Himmel, Erde und alle Geschöpfe auf ihr entstehen. Hier gibt es keinen Alltagsbezug wie beim Buttermachen. Die moderne Kosmologie ähnelt der Genesis insofern, als auch hier das Universum dadurch entstand, dass aus Nichts etwas wurde. Das als magisches oder übernatürliches Denken zu bezeichnen, wäre natürlich für den wissenschaftlich geschulten Verstand ein Affront. Nennen wir es deshalb mysteriös – die Untertreibung des Jahrhunderts.

Die Schöpfung ist riesig. Das Universum erstreckt sich möglicherweise über 46 Milliarden Lichtjahre, soweit es das Auge beziehungsweise das Teleskop sehen kann. So weit ist das Licht seit dem Urknall vorangekommen. Als sich das kleine Universum ausdehnte, machte es das nicht einfach irgendwie. Es formte sich gemäß der Regeln der Naturkonstanten. Diese haben wir schon kennengelernt, namentlich die Lichtgeschwindigkeit und die Schwerkraft.

Die Konstanten schaffen Ordnung in der Natur – so wie altmodische Mütter pflichtbewusst jeden Abend zur gleichen Zeit das Abendbrot auf den Tisch bringen. Das Problem ist, dass Ordnung und Muster irgendwoher kommen mussten, das einzig belegbare Irgendwoher jedoch der Urknall ist. Dieser war zunächst total chaotisch, dann aber nicht mehr. Mit Abwarten ist hier nichts gewonnen, auch für das Universum nicht. Aber was dann?

Das Feinabstimmungsproblem wird auch in der Physikergemeinschaft anerkannt. Zu viel oder zu wenig Schwerkraft, zu viel oder zu wenig Masse, zu viel oder zu wenig elektrische Spannung, und alles wäre in sich zusammengefallen oder so schnell auseinandergeflogen, dass sich keine Atome und Moleküle hätten bilden können, geschweige denn Sterne und andere komplexe Strukturen der kosmischen Evolution. Ohne die vielen kosmischen Koinzidenzen gäbe es kein Leben auf der Erde, keine essenziellen Aminosäuren, die Bausteine der Proteine, im interstellaren Staub.

Auch ist in der Physik unstrittig, dass die Herkunft der Naturkonstanten geklärt werden muss. Diese unterliegen wie Schwerkraft, Elektromagnetismus sowie starke und schwache Kernkraft genauen mathematischen Gesetzen. Misst man die Schwerkraft an weit entfernen Orten, etwa auf dem Mars oder auf einem Lichtjahre entfernten Stern, bleibt die Konstante der Schwerkraft gleich. Mithilfe der Konstanten lassen sich auch noch die entferntesten Winkel von Raum und Zeit im Geist bereisen.

Dabei kommt es zu seltsamen Zusammentreffen von Ereignissen. So lassen sich etwa die Eruptionen auch der größten Sterne, Supernovas, von der Erde aus durch starke Teleskope beobachten. Supernova-Explosionen, die sich vor Milliarden Jahren zutrugen, sind für die Bildung aller schweren Elemente verantwortlich, darunter Kalzium, Phosphor, Eisen, Kobalt und Nickel, um nur einige zu nennen. Ihre Atome waren einmal interstellarer Staub. Durch die Schwerkraft aber sind sie verklumpt, um schließlich im Inneren des alten Solarnebels zu enden, aus dem sich alle Planeten einschließlich des unseren gebildet haben. Das Eisen, das Ihr Blut rot färbt, stammt aus einer Supernova, die sich vor Äonen selbst zerstörte. Die schwache und die starke Kraft im Atomkern, beide winzig im Vergleich, bestimmen, wie genau sich so eine Explosion ereignet. Würden diese Kräfte um gerade einmal ein Prozent abweichen, hätte es keine Supernova-Explosion gegeben, keine Bildung der schweren Elemente und damit auch kein Leben, wie wir es kennen. Eine bestimmte Konstante in der schwachen Kraft musste genau so sein, wie es dann kommen würde.

Lassen Sie uns nun einmal einige Feinabstimmungsprobleme durchgehen, wie sie unter realen Bedingungen, also mit richtiger Materie, richtigen Atomen und Molekülen vorkommen. Was als Feinstrukturkonstante bekannt ist, bestimmt im Übrigen ihre Eigenschaften. Es handelt sich um eine reine Zahl, ungefähr 1/137. Auch hier gilt wieder, dass schon eine geringe Abweichung von einem Prozent dazu führen würde, dass es keine uns bekannten Atome und Moleküle gäbe. Bezogen auf das Leben auf der Erde bestimmt die

Feinstrukturkonstante, wie die Sonneneinstrahlung in der Atmosphäre aufgenommen wird und wie die Fotosynthese der Pflanzen verläuft.

Zufälligerweise emittiert die Sonne ihre Strahlen vor allem in einem Teil des Spektrums, für das die Erdatmosphäre zufälligerweise durchlässig ist und sie weder absorbiert noch abstrahlt. Wir finden also eine weitere perfekte Paarung von zwei Naturextremen, die in diesem Fall dazu führt, dass genau der richtige Teil des Lichtspektrums auf die Erdoberfläche trifft und Pflanzen dadurch Nahrung verschafft. Die Gravitationskonstante, die die Sonnenstrahlung regiert, ist ein makroskopischer Wert. Die atmosphärische Durchlässigkeit des Sonnenlichts, bei dem es nur bestimmte Wellenlängenbereiche bis auf die Erde schaffen, wird indessen von der Feinstrukturkonstante bestimmt, einem mikroskopischen Wert.

Eigentlich gibt es keinen Grund, warum zwei Konstanten, zuständig für das Riesenhafte wie das Winzigkleine, ineinandergreifen sollten. (Das ist so, als ließe sich am Fingerabdruck eines Kindes ablesen, ob dieses später einmal Neurochirurg werden wird.) Gäbe es nun aber diese beiden aufeinander abgestimmten Effekte nicht, dann gäbe es auch kein Leben auf der Erde. Aus gutem Grund hat man das Feinabstimmungsproblem als größte Peinlichkeit für die Physik bezeichnet – selbst wenn die Biologie auch nicht ganz unbeteiligt ist. Auch das Lebendige hängt vom feinen Gleichgewicht der Konstanten ab. Nun verhalf allerdings erst die Unwahrscheinlichkeit des Universums der Feinabstimmung zur Prominenz. Die Existenz der DNA etwa umfasst zu viele Koinzidenzen, die auf den Urknall zurückgehen. Daraufhin begann man sich zu fragen, ob dahinter nicht etwas anderes steckt, eine grundlegende Einheit, die man bislang übersehen hatte. Hinweise in dieser Richtung waren unter anderem die auffällig gut abgestimmten Naturkonstanten.

Immer wieder haben Kosmologen zu erklären versucht, warum das Universum so fein abgestimmt ist. So mancher tut sich schwer mit der Vorstellung, dass alles reiner Zufall ist. Dazu das berühmte Zitat des bekannten britischen Astronomen Fred Hoyle (1915–2001):

> *Auf einem Schrottplatz liegen alle Teile einer Boeing 747 herum, auseinandergenommen und verstreut. Zufällig bläst ein Wirbelwind über den Platz. Wie hoch ist die Wahrscheinlichkeit, dass die Boeing nach seinem Durchzug wieder komplett und startbereit ist? Die Wahrscheinlichkeit ist so klein, dass man sie getrost vernachlässigen kann, selbst wenn ein Tornado so viel Schrottplätze durchführe, dass sie das ganze Universum ausfüllen.*

Für die meisten forschenden Physiker ist Hoyles Analogie nicht stichhaltig. Schließlich werden Zufall und Unsicherheit durch die Berechnungen der Quantenmechanik mit ihrer überaus hohen Vorhersagekraft bestimmt. Dennoch stellt die Feinabstimmung der Konstanten im Licht des aktuellen Wissens ein Problem dar. Und ja, es gibt die interessante Möglichkeit, dass es die Feinabstimmung gibt, damit Menschen existieren können. Wenn das kein Zufall ist!

DIE BESTEN LÖSUNGEN BIS JETZT

Man hat versucht, die Feinabstimmung mit dem sogenannten anthropischen Prinzip zu erklären. 1972 wurde der Begriff »anthropisches Prinzip« erstmals auf einer Konferenz anlässlich des 500. Geburtstages von Nikolaus Kopernikus verwendet. Der Begriff leitet sich ab vom griechischen *anthropos* für Mann beziehungsweise Mensch. Kopernikus ist hier relevant, weil ein Planetensystem, bei dem sich die Erde um die Sonne dreht, mit der zentralen Stellung des Menschen in der Schöpfung brach. Dazu einer der Urheber des anthropischen Prinzips, der Astrophysiker Brandon Carter: »Auch wenn wir nicht im Zentrum stehen, so ist unsere Position doch auf jeden Fall privilegiert.« Je nach der eigenen Position war diese Feststellung entweder eine Befreiung oder ein Affront. Dem Menschen wieder den privilegierten Platz in einem Milliarden Lichtjahre großen Universum einzuräumen, das war ziemlich harter Tobak. Für eine nüchterne Beschreibung des anthropischen Prinzips wenden wir uns einmal dem Physiker und Mathematiker Sir Roger Penrose zu.

In seinem weithin anerkannten Buch *Computerdenken. Die Debatte um künstliche Intelligenz, Bewußtsein und die Gesetze der Physik* (deutsch 2002, Original 1989) schreibt er Folgendes: In dem man dem Menschen einen privilegierten Platz einräumt, lässt sich »erklären, warum die heutigen Bedingungen auf der Erde tatsächlich für (intelligentes) Leben ausgelegt sind.« Obwohl Physiker es normalerweise mit dem Zufall haben, verweist Penrose auf »bemerkenswerte Zahlenverhältnisse, die man zwischen den Konstanten beobachtet hat (die Gravitationskonstante, die Masse der Protonen, das Alter des Universums etc.). Erstaunlich ist, dass einige Verhältnisse nur im gegenwärtigen Zeitpunkt der Erdgeschichte auftreten. Es hat den Anschein, dass wir in einer ganz besonderen Zeit leben (plus/minus ein paar Millionen Jahre!).«

Wir sind hier, schauen uns um und sehen, dass der Kosmos auf unsere Existenz hinführte. Zur Euphorie besteht allerdings kein Anlass, denn am Rande der Debatte lauern die Kreationisten. Sie legen die Bibel wörtlich aus und warten nur darauf zuzuschlagen. Für sie liefert nun die Physik den Beweis dafür, dass Gott dem Menschen befahl, sich die Erde untertan zu machen. So stehe es im Buch Genesis geschrieben. Schon der Gedanke, dass die Menschen von einem Gott bevorzugt wurden, ist wissenschaftliche Häresie. Doch das anthropische Prinzip hat nichts mit Religion zu tun. Vielmehr geht es um ein interessantes, aber schwer zu erklärendes Faktum: Auf der Erde gibt es intelligentes Leben, nämlich uns. Und wir sind nun in der Lage, die Naturkonstanten zu vermessen, die intelligentes Leben auf der Erde möglich gemacht haben. Ist das mehr als bloßer Zufall?

Dazu eine hilfreiche Analogie: Stellen Sie sich einmal vor, Quallen besäßen höhere Intelligenz und wollten wissen, aus was der Ozean besteht. Quallenwissenschaftler untersuchen nun die chemische Zusammensetzung des Ozeans und machen eine überraschende Entdeckung: »Die chemische Zusammensetzung unseres Körpers ähnelt der des Meerwassers. Die Übereinstimmung ist zu groß, um bloßer Zufall zu sein. Es muss noch einen anderen Grund geben.«

Damit lägen sie richtig, denn der Grund für die Übereinstimmung liegt darin, dass es evolutionäre Absicht war. Ohne Meer keine Quallen.

SIND MENSCHEN WIRKLICH SO WICHTIG?

Das anthropische Prinzip fand vor allem unter Wissenschaftlern Anklang, denen die vielen Koinzidenzen Kopfzerbrechen bereitete. Eine schnelle Erklärung liefert es allerdings nicht. Wie bei den Quallen war es vielleicht so, dass es evolutionär bedingt zu einer Ähnlichkeit zwischen dem menschlichen Gehirn und den Konstanten im Universum gekommen ist. Vielleicht aber auch nicht. Vielleicht hat die Übereinstimmung einen ganz anderen Grund. Oder die vermeintliche Ähnlichkeit ist illusorisch und wir finden bei fortgesetzter Suche noch andere Unähnlichkeiten.

Insgesamt wird die Frage des Zufalls im Universum sehr kontrovers behandelt. Dennoch ist das Eis gebrochen, die Fixierung auf den Zufall intellektuell angezählt. (Vor Kurzem hat man allerdings Planeten entdeckt, die um weit entfernte sonnenähnliche Sterne kreisen. Das hat natürlich wieder die Lehre vom Zufall befeuert, wonach es Abermillionen Planeten gibt, auf denen theoretisch Leben existieren kann. Wenn das stimmt, dann wäre die Erde zwar ein Gewinn in der kosmischen Lotterie, aber keineswegs der Jackpot. Kopernikus lacht womöglich doch zuletzt.)

Aus Gründen der Glaubwürdigkeit gibt es das anthropische Prinzip gleich in zwei Varianten, einer starken und einer schwachen. Das »schwache anthropische Prinzip« möchte sich aus der bestehenden Gleichung so viel Freiheit wie möglich herausnehmen. Zu behaupten, dass intelligentes Leben auf der Erde Ziel der Evolution seit dem Urknall war, liegt ihm fern. Es stellt indessen klar, dass das Universum, sollte es jemals ganz verstanden werden, mit dem Leben auf der Erde übereinstimmen muss. Vielleicht haben die von uns gemessenen Konstanten einen gewissen Spielraum und unser Wissen ist zwar korrekt, aber durch unsere Perspektive verzerrt. Stellen Sie sich eine Biene vor, die nur Pollen von rosa Blüten sammeln kann. Das schwache Bienenprinzip würde nun feststellen, dass es ungeachtet der Evolution der Blumen einen Zusammenhang zwischen rosafarbenen Blüten und Bienen gibt. Der Umstand, dass es viele weitere Blumen in anderen Farben gibt, kann dann immer noch erklärt werden, ohne auf die Bienenfrage einzugehen.

Das »starke anthropische Prinzip« indessen geht weiter und behauptet: ohne Menschen kein Wissen über ein Universum. Die Evolution des Kosmos musste notwendigerweise zu uns führen. Vielen Physikern ist bei so einer Aussage nicht wohl, sie riecht nach Metaphysik. Ein spöttischer Kommentator ging denn auch mit dem »sehr, sehr starken anthropischen Prinzip« noch einen Schritt weiter: »Das Universum gibt es, damit ich, und zwar ich persönlich, von einem Ursache-Wirkungs-Effekt sprechen kann, insbesondere, was diese Webseite betrifft.«

Das mutet wie ein Scherz an, der das starke anthropische Prinzip lächerlich macht. Aber wenn sich das Universum an die Menschen anpassen muss, gibt es keinen Grund, warum dies nicht auch für genau diesen Augenblick gelten sollte. Wenn die Konstanten zum Determinismus führen (der fallen gelassene Ball prallt unweigerlich auf der Erde auf), dann gilt die gleiche Vorbestimmung auch für den Augenblick – Sie dürfen sich einen aussuchen.

Nun sehen Sie, warum der Glaube an das Ursache-Wirkungs-Prinzip in der Post-Quantenära einen Schlag erlitten hat. Der Urknall hat nicht nur zu diesem Augenblick geführt, der Seite, die Sie gerade lesen, dem Schinkensandwich und der Tasse Tee zu Ihrer Rechten oder der Schreibweise Ihres Nachnamens. Eine enge Auslegung des Ursache-Wirkungs-Prinzips würde bedeuten, dass auch Ihr nächster Gedanke oder das nächste von Ihnen formulierte Wort vor 13,7 Milliarden Jahren vorherbestimmt wurde. Diese Schwierigkeit hat die Quantenmechanik abgemildert, indem sie Ursache und Wirkung in Wahrscheinlichkeitsdichten verwandelt hat. »Dann haben wir es mit einer ›weichen‹ Variante von Ursache und Wirkung zu tun«, werden Sie jetzt einwenden. Jedes Ereignis taucht aus einer Menge Wahrscheinlichkeiten auf, hängt aber nicht an einer eisernen Kette.

Doch damit ist das Rätsel des fein abgestimmten Universums nicht etwa gelöst. Mit Wahrscheinlichkeiten lässt sich zwar bestimmen, wann ein Elektron an Punkt A in Raum und Zeit auftaucht. Damit ist jedoch nicht gesagt, wie Elektronen entstanden sind. Hier wieder ein Vergleich: Sie haben einen Freund mit einem Vokabular von 30 000 Worten und Sie wissen ferner, wie oft er jedes Wort verwendet. Nun können Sie berechnen, wie wahrscheinlich es ist, dass sein nächstes Wort »Jazz« sein wird. Vielleicht mag er Jazz nicht, dann ist die Wahrscheinlichkeit sehr gering, etwa 1 : 1 867 054. Das ist schon sehr genau. Dennoch lässt sich so nicht erklären, warum er bei der entsprechenden Gelegenheit gerade dieses Wort gewählt hat. Auf einer erweiterten Ebene können Sie mit Wahrscheinlichkeiten auch nicht bestimmen, warum sich die Sprache vor Hunderten von Jahren in primitiven Gesellschaften entwickelt hat.

Egal, ob das anthropische Prinzip nun schwach oder stark ist, immerhin hat es die Erde davon entbunden, nur ein winziges Stäubchen im kosmischen Ozean zu sein. Doch was fängt man an mit dem Argument, die Naturkonstanten seien eben genau so und nicht anders, damit das Leben entstehen konnte? Wenn Sie jemals Zeit mit dem Bau eines Kartenhauses vertrödelt haben, dann wissen Sie, dass schon eine winzige Bewegung einer Karte alles zusammenbrechen lässt. Stellen Sie sich nun statt des Kartenhauses drei Milliarden Basenpaare vor, die chemischen Stufen entlang der gewundenen Leiter der Doppelhelix.

Sie müssen sich klarmachen, dass die Konstruktion der Doppelhelix 3,7 Milliarden Jahre bis zu den ersten Prototypen des Lebens auf der Erde gedauert hat und dann zehn Milliarden Jahre bis zum fertigen Ergebnis. Wie viele Baumängel mag es dabei wohl gegeben haben? Zu viele, um sie alle zu berechnen. Zwar haben Sie Ihre Gene von Ihren Eltern geerbt, aber bei der Weitervererbung passieren im Schnitt drei Millionen Unregelmäßigkeiten in Form von Mutationen. Diese zufälligen Mutationen zusammen mit Röntgenstrahlen, kosmischer Strahlung und anderen Umweltaspekten lassen an der Vorstellung des zufällig entstandenen Lebens Zweifel aufkommen.

Die Rate der zufälligen Mutationen lässt sich statistisch belegen. Und in der Tat können wir auf diese Weise auch ermitteln, welchen

Weg die menschlichen Gene eingeschlagen haben, nachdem unsere frühen Vorfahren vor 200 000 Jahren Afrika verließen. Die Mutationen ihrer DNA sind eine Art Uhr, mit der wir ihren Weg zurückverfolgen können. Es spricht also durchaus viel für den Zufall. Allerdings kann die Statistik Boden gutmachen, wenn man bedenkt, wie oft die DNA in 3,7 Milliarden Jahren vom Wege abkommen konnte. Doch das ist nicht passiert, und dies trübt dann doch die Wasser des Zufalls als einzig bestimmende Kraft. Das Leben wandelt auf schmalem Grat zwischen Ordnung und Chaos. Die Feinabstimmung unterstreicht auf jeden Fall, wie eng beide miteinander verwoben sind.

DER KOSMISCHE KÖRPER

Immer mehr Physiker sind der Ansicht, dass das Feinabstimmungsproblem nur dadurch zu lösen ist, dass man den Kosmos als eine Entität begreift, die nahtlos mit dem menschlichen Körper interagiert. In gleicher Weise wird auch allgemein anerkannt, dass die Zellen in Herz, Leber oder Gehirn mit dem Körperganzen in Verbindung stehen. Wenn man allerdings bloß die einzelne Zelle ins Visier nimmt, dann geht dieser Bezug zum Ganzen verloren. Alles, was man dann sieht, sind chemische Reaktionen, aus der Zelle hinaus, in sie hinein und in der Zelle selbst. Was man nicht sehen kann, ist, dass dabei zweierlei passiert: Auf der lokalen Ebene wird die Zelle erhalten, auf der globalen der Körper. Eine Zelle, die ausbricht und auf eigene Faust agiert, kann bösartig werden. Da sie nur noch eigene Interessen verfolgt – sich endlos teilen und andere Zellen abtöten, die ihr im Weg sind –, wird sie schließlich zu einem Krebstumor. Doch die Abkehr einer Einzelzelle vom Ganzen erweist sich am Ende als vergeblich. Den Krebs erwartet beim Tod des Körpers ebenfalls Vernichtung. Hat das Universum nun vor Äonen gelernt, seine Zerstörung zu verhindern? Ist die Feinabstimmung ein kosmisches Sicherheitssystem und sollten wir es um unseres Überlebens willen beachten?

Gehen wir dazu noch einmal zu den Schöpfungsmythen und ihrer Sicht auf die Dinge zurück. Seit jeher warnen uns die Mythen, lange bevor Terroristen, Hacker und Umweltzerstörung zu Chaos führten. In der mittelalterlichen Gralssage etwa fungiert der Glaube als unsichtbarer Kitt, der die Welt zusammenhält, Sünde dagegen als das Krebsgeschwür der Zerstörung. Grau und leer war das Land, als sich die Gralsritter aufmachten, um den Kelch mit dem Blut Christi zu finden. Die Natur steht hier für die Sünden der Menschen. Der Gral war ein richtiger Gegenstand, nicht nur ein Symbol der Erlösung. Er sprach Menschen ohne viel Bildung an. In vielerlei Hinsicht stellte der Glaube eine Verbindung mit dem Schöpfer her. Den Gral vor aller Augen hochzuhalten, war gleichbedeutend mit dem Beweis, dass Gott die Menschen nicht verlassen hatte, die natürliche Ordnung Gültigkeit besaß.

So durchzieht ein einzelner Gegenstand eine ganze Religion – ja man möchte sagen: ein ganzes Weltbild. Dazu passt wieder ein Bonmot von Sir Arthur Eddington: »Das Elektron schwingt, das Universum zittert.« Alles im Kosmos ist miteinander verwoben (so jedenfalls sieht es das Gehirn), weil es Teil der gleichen Realität ist. Wenn es »da draußen« außerhalb der menschlichen Wahrnehmung eine andere Wirklichkeit gibt, dann existiert sie praktisch nicht.

Ein Blinder lässt nicht die Farben verschwinden. Dafür gibt es einfach genug Sehende, die ihre Existenz bezeugen. Wären jedoch alle Menschen farbenblind, könnte unser Gehirn Farbe nicht wahrnehmen. Es ist kein Zufall, dass Menschen weder Infrarotlicht noch ultraviolettes Licht sehen, liegen sie doch außerhalb unseres Sehspektrums. Nur mit eigens gefertigten Instrumenten können wir seine Existenz bezeugen. Wenn das »dunkle« Universum kein Licht beziehungsweise keine messbare Strahlung aufweist, dann ist es wie bei einem Radio, an dem wir nur einen Sender einstellen können – nämlich den, den wir als unser Universum betrachten.

Schauen wir wieder auf das frühe Universum, in eine Zeit, als die ersten Atome entstanden. Die Quantentheorie sagt, dass jedes Materieteilchen durch ein Stückchen Antimaterie ausgeglichen wird. Potenziell hätten sich beide gegenseitig vernichten können und aus dem Leben im Kosmos wäre eine sehr kurze Kurzgeschichte geworden.

Aber wie der Zufall will – den kennen Sie ja bereits –, gab es ein winziges bisschen mehr von der Materie, ein Teilchen auf eine Milliarde. Genau dieser Überschuss machte es möglich, dass die ganze sichtbare Materie ihrer Vernichtung entging und das jetzige Universum entstehen konnte.

EIN RÄTSELHAFTER NEBENASPEKT: FLACHHEIT

Wenn die Feinabstimmung auf Konstanten heruntergebrochen wird, dann wirkt sie sehr abstrakt und mathematisch. Doch wie bei anderen kosmischen Rätseln gibt es auch hier sichtbare stoffliche Beweise um uns herum. Ein besonders spektakuläres Beispiel ist als Flachheitsproblem bekannt, gewissermaßen ein Seitenzweig des bedeutsameren Rätsels der Feinabstimmung. Im letzten Kapitel haben wir das Modell der kosmischen Inflation kennengelernt. Mit seiner Hilfe hat man sich dem Beginn des Urknalls immer weiter anzunähern versucht. Entwickelt wurde das Modell von dem theoretischen Physiker Alan Guth 1979 an der Cornell-Universität, veröffentlicht 1981. Guth zufolge hat sich das Universum nicht im gleichen Moment wie der Urknall ausgedehnt, sondern einen winzigen Sekundenbruchteil später.

Für die These, dass sich das Universum mit hoher Geschwindigkeit ausgedehnt hat, gibt es verschiedene Anhaltspunkte. Einer davon ist die Gleichförmigkeit der Strahlung, die bis heute anhält. Ein weiterer die fast völlige Flachheit des Universums. »Flachheit« verweist in der Physik auf die Raumkrümmung und die Verteilung von Materie und Energie darin. Newton hat in seiner Theorie der Gravitation diese als Kraft behandelt – die Schwerkraft. Einstein wiederum hat sie in der Allgemeinen Relativitätstheorie als dreidimensionale Geometrie beschrieben. Dadurch lassen sich stärkere oder schwächere gravitationelle Effekte als Raumkrümmung abbilden. Je mehr Masse und Energie beteiligt sind, desto stärker die Krümmung.

Die Krümmung kann sowohl nach innen verlaufen, dann entsteht eine Kugel wie ein Basketball. Oder nach außen, dann formt sich eine Art Pferdesattel. In der Physik heißen diese Krümmungen positiv und negativ. Ball und Sattel lassen sich als zweidimensionale Oberflächen modellieren, aber die Raumkrümmung ist dreidimensional. Ein Ball zum Beispiel hat ein Innen und ein Außen, was das Universum nicht hat. Mithilfe der Allgemeinen Relativitätstheorie lässt sich berechnen, wie viel Masse-Energie innerhalb eines gegebenen Raums notwendig ist, damit dieser sich in der einen oder anderen Weise krümmt. Jenseits eines bestimmten kritischen Punkts hätte sich das Universum entweder ballartig verformen müssen – woraufhin es geschrumpft und verschwunden wäre – oder es hätte sich unendlich weit abgeflacht. Die durchschnittliche Masse-Energie muss sehr dicht an diesem kritischen Punkt gelegen haben, um ein Universum hervorzubringen, dessen Raum flach ist.

Weil das junge Universum quasi unendlich dicht war, konnte sich seine Dichte nur durch Ausdehnung verringern, etwa so, als rolle man ein Stück Teig dünner aus. Momentan ist die Dichte der Masse-Energie pro Raumeinheit recht niedrig, etwa äquivalent zu sechs Wasserstoffatomen pro Kubikmeter Raum. Im Großen und Ganzen erscheint das Universum recht flach. Aber da gibt es einen Haken: Durch die allgemeine Relativitätstheorie wissen wir, dass selbst eine minimale Schwankung des kritischen Werts im jungen Universum sofort eine sehr starke Wirkung gehabt hätte. Glücklicherweise hat es sich eng an die kritische Grenze gehalten, und so bleibt uns ein kugel- oder sattelförmiges Universum erspart. Berechnungen zeigen jedoch eine Dichte so nah an der kritischen Grenze, dass der Unterschied nicht mehr als einen Teil auf 10^{-62} betrug. Wie ist so viel Genauigkeit möglich?

Alan Guths Lösungsvorschlag – später Teil des Standardmodells – verwendet ein inflationäres Feld mit einer unveränderlichen Dichte, anders als das Universum, das einem Feld entspringt, dessen Dichte mit der Expansion zunimmt. (Das lässt sich grob mit einem Kuchenteig vergleichen, der, noch so breit ausgerollt, immer seine Süße behält.) Letztlich hielt das inflationäre Feld das Universum wie ein Planquadrat auf Kurs, selbst noch unter den extrem chaotischen Bedingungen.

Im Ergebnis haben wir es heute fast überall mit Flachheit zu tun. (In einem Aufsatz aus der gleichen Periode bietet Guth für eine weitere Ungereimtheit ebenfalls eine feldbasierte Lösung an, das sogenannte Horizontproblem. Dieses hat mit der gleichmäßigen Temperatur zu tun, die im Universum vorherrscht. Darauf werden wir aber nicht näher eingehen, denn das Flachheitsproblem illustriert das Feinabstimmungsproblem ohnehin recht gut.)

Sollte es der Physik jemals gelingen, Quantentheorie und Gravitation zu integrieren, dann wird sie eines Tages das ganze Inflationsszenario erklären können. Grundsätzlich wird es dabei darum gehen, dass die Raumfalten im Quantenfeld (oder -vakuum) schließlich das Universum und seine Galaxien formten. Diese Falten oder Wellenkämme könnten durch extreme Schwerkraftverhältnisse Mikrosekunden nach dem Urknall entstanden sein. Was indessen vor der Inflation geschah, ist nicht so klar. Es mit der Planck-Ära zu erklären, erfordert Fortschritte in der Theorie, die im Moment nicht greifbar sind.

WAS, WENN DIE FEINABSTIMMUNG NOTWENDIG IST?

Viele Theorien verweisen heute auf den Zufall. Doch intuitiv fühlt sich das im Lichte all des Schönen und der Komplexität der Schöpfung falsch an. Wie aber kam es dazu, dass die Physik diesen Weg einschlug? Einmal abgesehen davon, dass »Design« für Kosmologen ein Unwort ist, kann man doch nicht umhin, bei der Feinabstimmung an verborgene Muster zu denken und an die Frage, wie diese entstanden sein mögen, wenn doch alles bloßer Zufall ist.

Im letzten Jahrhundert fiel es zuerst Eddington und dem begabten englischen Physiker Paul Dirac auf, dass sich in gewissen dimensionslosen Verhältnissen Koinzidenzen finden lassen. Das heißt, statt lediglich auf sehr große oder sehr kleine Dimensionen zuzutreffen, verbinden diese Verhältnisse mikroskopisch kleine mit makroskopisch großen Mengen. Beispielsweise ist das Verhältnis der elektrischen

Kraft zur Schwerkraft (vermutlich eine Konstante) zahlenmäßig sehr groß (elektrische Kraft geteilt durch Schwerkraft = $E/G \sim 10^{40}$). Auch das Verhältnis zwischen der Größe des Universums, die sich wahrscheinlich verändert, und der Größe eines Elementarteilchens ist riesig und dazu noch ähnlich groß wie die erste Zahl: Größe Universum/Elementarteilchen = $U/EP \sim 10^{40}$. Man kann sich kaum vorstellen, dass zwei so große und unzusammenhängende Zahlen so gleich sind.

Dirac hat damals argumentiert, dass diese fundamentalen Zahlen eine Verbindung haben müssen. Das Problem ist nur, dass sich das Volumen des Universums im Zuge seiner Ausdehnung ändert, während das erstgenannte Verhältnis wahrscheinlich gleich bleibt, weil es zwei Konstanten enthält.

Um es weniger abstrakt zu machen, stellen Sie sich einmal vor, Sie wurden drei Meilen von Ihrer besten Freundin entfernt geboren. Ihr ganzes Leben lang bleiben Sie befreundet – eine Konstante –, und wann immer Sie umziehen, tut es Ihre Freundin gleichermaßen, sodass Ihre Wohnorte immer drei Meilen Abstand haben. Das, was sich ändert, ist also nur der Wohnort. In der menschlichen Welt kann Ihre Freundin (aus unerfindlichen Gründen) entscheiden, dass der Wohnabstand immer drei Meilen beträgt. Aber wie »entscheidet« die Natur bei den von Dirac entdeckten Verhältnissen? Diracs *Large Number Hypothesis* – Hypothese der großen Zahlen – war der mathematische Versuch, Verhältnisse so zu verbinden, dass sie kein bloßer Zufall sein konnten.

Aber hat das anthropische Prinzip nicht dasselbe geleistet? Es verwandte ja keine höhere Mathematik, sondern eine Logik, die auch intuitiv erfasst werden konnte. Ein Marsmensch, der im Yankee Stadium landet, würde die Regeln des Baseballs auch nicht durch bloßes Zuschauen verstehen. Allerdings könnte er ableiten, dass alle Spieler – durch die Spielregeln, die jeden einzelnen Spielzug bestimmen – in Verbindung stehen. Wenn man die Regeln nicht kennt, dann macht es keinen Unterschied, ob ein Schlagmann den Ball leicht abtropfen lässt oder im vollen Schwung ausholt. Das gilt auch für andere Aktionen, etwa ob ein Runner versucht, eine Base zu stehlen oder nicht. Das anthropische Prinzip geht ähnlich vor. Selbst wenn wir wie der Marsmensch auf Besuch die Regeln des Universums nicht direkt erfassen können, verraten uns doch seine genauen Bewegungen, dass eine gewisse Verbindung auch hier spielbestimmend ist.

Auf die beiden Autoren dieses Buches übt das anthropische Prinzip in der Tat eine starke Faszination aus, weil es einen Schritt in Richtung menschliches Universum macht. Einen Haken gibt es allerdings, der unseren Enthusiasmus ein wenig dämpft. Koinzidenzen machen noch keine Wissenschaft, auch die abwegigsten nicht. Sicherlich kommt es ganz selten vor, dass sich zwei Leute auf der Straße oder auf einer Party begegnen und einander sehr ähnlich sehen. Oder dass jemand, weil er Elvis Presley so sehr gleicht, als Elvis-Imitator durchgehen kann. Die Koinzidenz, das Zusammentreffen, ist bemerkenswert, aber es wäre falsch zu behaupten, hier läge ein tieferer Grund vor.

Bei näherer Betrachtung formuliert das anthropische Prinzip nur das Offensichtliche: »Wir sind hier, weil es die richtigen Bedingungen dafür gab, dass wir hier sind.« Das erklärt aber noch nichts. Es ist so, als sagte man: »Flugzeuge fliegen, weil sie vom Boden abheben können.« Allerdings gibt es auch nichts in der Physik, was erklärungsmäßig über das anthropische Prinzip hinausginge.

Um den Schwächen des anthropischen Prinzips zu begegnen, könnte man einwenden, dass sich die Naturkonstanten im Lauf der Evolution verändert haben und dies noch immer tun. Doch das ist nicht so toll. Besser wäre es, von zeitlosen Konstanten auszugehen. Die machen keinen Ärger. Die Gravitationskonstante und die Lichtgeschwindigkeit (c) in der Gleichung $E = mc^2$ sind eine sichere Bank.

Allerdings könnte sich ihre Stabilität als Illusion erweisen. Das klingt nicht gerade beruhigend. Doch wenn man die fixen Konstanten erst einmal losgeworden ist, wie lebt es sich dann? Wie kommt man zur Arbeit oder bekämpft einen Infekt mit Antibiotika oder gleicht das Konto aus, ohne dass man Illusionen akzeptiert? Die Antwort lautet: Wir leben damit besser. Zeitlose Konstanten müssen nicht gleich aus dem Fenster fliegen. Wir sollten sie allerdings durchschauen und uns klarmachen, dass Menschen in einem partizipatorischen Universum, einem Universum der Teilhabe, einen höheren Status haben als Zahlen, ganz gleich, wie fortgeschritten die Mathematik ist. In einem menschlichen Universum verändern sich die Konstanten, damit es uns geben kann, nicht umgekehrt. Dass dies ein ganz schöner Anspruch ist, ist uns klar. Den allerdings wollen wir sofort begründen, nicht ohne uns zuvor jedoch wieder die besten Vorschläge aus der Physik bis dato anzuschauen. Wir werden dabei allerdings auf schier unüberwindliche Probleme stoßen – es sei denn, wir ändern unser Weltbild.

EINEN WEG HINAUS FINDEN

Was dieses Buch angeht, lässt sich das Feinabstimmungsproblem auf genau zwei Optionen herunterbrechen. Auf der einen Seite ist die Feinabstimmung nichts weiter als ein turmhoher Fall von Koinzidenzen und die einzige Erklärung dafür ist, dass die Menschheit rein zufällig in einem passenden Universum lebt. Diesen Standpunkt vertreten zum Beispiel Vertreter des Multiversums (und der M-Theorie), darunter Stephen Hawking und Max Tegmark. Sie akzeptieren unendlich viele Varianten des Universums, die unendlich viele Konstanten-Variationen herunterspulen, darunter auch Abermillionen, die kein Leben hervorbringen können. Eine Konstante aber konnte genau dies, und auf der leben wir. (Dem entspricht der irdische Versuch, 100 Affen so lange auf Schreibmaschinen herumtippen zu lassen, bis die Gesamtausgabe von Shakespeare vorliegt, einschließlich unvorstellbar viel unleserlichen Zeugs.) Der Zufall herrscht und wir leben in einem hochgradig unwahrscheinlichen Universum. Da haben wir wohl Glück gehabt.

Wie glücklich sind wir denn genau? Schätzungen im Zusammenhang mit der Superstringtheorie gehen von einer Wahrscheinlichkeit von $1:10^{500}$ aus. Also eine 1 gefolgt von 500 Nullen, eine Zahl größer als alle Teilchen im Kosmos! Da sind dann die 100 Affen, die sich an Shakespeares Werken versuchen, eine Million Mal wahrscheinlicher und könnten, wo sie schon mal dabei sind, gleich noch die restliche westliche Literatur dazunehmen. Aber es kommt noch toller: Aus der Sicht der sogenannten chaotischen Inflationstheorie ist die Wahrscheinlichkeit, dass wir im richtigen Universum sind, deutlich geringer, und beträgt nur noch $1/(10^{10})10)^{7}$!

Es ist eine Sache, zu behaupten, 100 Affen könnten mit ausreichend Zeit Shakespeare schreiben, doch eine andere, zu behaupten, Shakespeares Werk kann nur so entstanden sein. Dies allerdings tun die M-Theorie und die Hypothese vom Multiversum. (In Wirklichkeit ist die zentrale These des Multiversums noch radikaler, wonach alle möglichen Naturgesetze sich unendlich oft und unendlich lang entwickelten. Doch was bringt eine Wahrscheinlichkeit, wenn die Chancen für und wider beide gleichermaßen gegen unendlich gehen? Alan Guth zufolge sind zweiköpfige Kühe hier auf Erden selten. Allerdings können wir die Wahrscheinlichkeit berechnen, indem wir bestimmten Mutationen Zahlen zuweisen. Im Multiversum jedoch gibt es sowohl ein- wie auch zweiköpfige Kühe unendlich oft – weshalb diese Berechnungen sinnlos sind.)

Nun haben wir oben gesagt, dass es zwei Möglichkeiten gibt. Die zweite Möglichkeit – unser Favorit – besteht darin, dass das Universum selbstorganisierend ist, angetrieben durch seine eigenen Arbeitsprozesse. In einem selbstorganisierenden System muss jede neue Schicht der Schöpfung die alte mitregulieren. Daher ist die neue Generation niemals zufällig, angefangen beim Teilchen über den Stern, die Galaxie bis zum schwarzen Loch. Jede geht aus der vorherigen hervor und auch diese reguliert ihre jeweilige Vorgängerin mit.

So kommt es überall in der Natur vor, auch im menschlichen Körper. Zellen bilden Gewebe, diese bilden wiederum Organe, die Organe bilden ganze Systeme und am Ende ist der Körper entstanden. Jede einzelne Schicht entstammt der gleichen DNA, die verschiedenen Schichten häufen sich an und werden schließlich mit dem Gehirn gekrönt.

Doch so großartig das Gehirn auch im Vergleich zu einer einzelnen Darmzelle ist, in der vielschichtigen Struktur unseres Körpers wird noch die kleinste Einheit gehegt und gepflegt. Die DNA hat sich diese Fähigkeit zur Hierarchiebildung in ihrer langen Lehrzeit im Universum angeeignet. In der Selbstorganisation wird dies Rekursivität genannt. Dieses Strukturprinzip mit seiner Selbstbezüglichkeit bei gleichzeitiger Überwachung einer anderen Ebene kommt überall in der Physik und der Biologie vor.

So produzieren zum Beispiel Ihre Gene Proteine, die das ganze Genom überwachen und regulieren und für Reparaturen sowie Mutationen zuständig sind. Im Gehirn sorgen neuronale Netzwerke für neue Synapsen (die Verbindungsstellen zwischen Gehirnzellen), die wiederum die alten regulieren, aus denen sie selbst hervorgegangen waren. Das Gehirn bündelt neues Wissen, Informationen und sensorische Eindrücke und verbindet es mit dem, was Sie bereits wissen. Ob nun bei Genen, dem Gehirn, bei Sonnensystemen oder Galaxien: Überall gibt es das Prinzip der Selbstorganisation. Alles Lebendige hat mit Ausgewogenheit und Balance zu tun, und diese braucht Feedback. Indem es sich selbst beobachtet, kann ein System Ungleichmäßigkeiten automatisch korrigieren. Jedes kleine Teilchen im Universum, wie klein auch immer es sei, steht mit seinem Vorgänger in einer Rückkopplungsschleife. Stünde es das nicht, wäre es nicht mit dem Ganzen verbunden und wäre – menschlich gesprochen – heimatlos.

Aus dieser Perspektive betrachtet, mutet die Feinabstimmung gar nicht mehr seltsam an, so wie man auch das weiche Schalten in einem Motorgetriebe nicht seltsam finden kann. Gäbe es sie nicht, ein Auto könnte nicht fahren. In gleicher Weise muss auch das Universum, soll es reibungslos funktionieren, gut aufeinander abgestimmt sein. Es stellt sich eher die Frage, warum wir überhaupt vom Gegenteil ausgehen, einer natürlichen Unordnung im Universum. Was tatsächlich natürlich ist in der Natur, das ist der Grad ihrer Selbstorganisation, und zwar auf allen Ebenen. Selbst wenn ein Ereignis nach Zufall aussieht (um hier der Mathematik des Zufalls entgegenzukommen), dann ist doch eine Art Sinn mit im Spiel, angefangen mit dem übergeordneten Ziel der Homöostase, der dynamischen Balance aller Teile in einem Ganzen.

In der Oberstufenbiologie ist das klassische Beispiel für die Homöostase immer die Fähigkeit des menschlichen Körpers, ungeachtet der herrschenden Außentemperaturen eine Temperatur von circa 37 Grad Celsius aufrechtzuerhalten. Nehmen wir einmal an, Sie hielten sich im Herbst ohne Jacke draußen auf und plötzlich fiele die Temperatur ab. Je nachdem, wie lange Sie draußen sind, greift Ihr Körper nun zu einer Reihe taktischer Schritte. Dies macht er, damit Ihre lebenswichtigen

Organe nicht auskühlen. So sorgt er für eine verbesserte Durchblutung des Körperinneren. Auch wird der Stoffwechsel beschleunigt. Unter einem Mikroskop mag sich dies auf Zellebene seltsam und willkürlich ausnehmen, bis klar wird, was der Körper im Ganzen damit bezweckt.

Unserer Ansicht nach zeigt die Feinabstimmung im Universum, wie sensibel die Natur ist. Sie sorgt für ein Gleichgewicht unter Galaxien, indem sie sicherstellt, dass zunächst die subatomaren Teilchen ausgewogen sind.

Selbstorganisation ist eingebettet in das kosmische Gewebe. Sie fungiert *wie* ein Choreograf hinter der Bühne – sollte aber nicht – Achtung: falsche Fährte! – mit dem »intelligenten Design« eines übernatürlichen Gottes im Himmel verwechselt werden. Das reibungslose Funktionieren des Universums wird von Quantenprozessen begleitet, die schnell unsichtbar machen, was sich im Kleinsten mit großer Wirkung auf das normale Leben abspielt.

Sind wir Menschen nun Gewinner in einem kosmischen Roulette? Hatten wir bloß Wahnsinnsglück, das richtige Universum zu finden? Oder gibt es uns, weil wir in einen verborgenen natürlichen Plan passen? Die meisten werden das entsprechend ihrem Weltbild beantworten, vielleicht religiös motiviert, vielleicht wissenschaftlich oder in einer Mischung aus beidem. Eines muss jedoch klar sein: Glauben wir an einen verborgenen Plan oder einen großen Entwurf, dann werden wir ihn »da draußen« auch finden.

Wir nehmen am Universum teil, indem wir Ordnung erkennen und wissen wollen, woher bestimmte Muster kommen. Einstein hat etwas sehr Wahres formuliert, als er sagte: »Ich möchte Gottes Gedanken kennen, der Rest ist Nebensache.« Ersetzen Sie »Sinn und Zweck des Universums« mit den »Gedanken Gottes«, und Sie haben ein wahres Lebensziel gefunden.

WOHER KAM DIE ZEIT?

Eigentlich sollte die Zeit nicht unser Feind sein. Nur dass wir sie selber dazu gemacht haben, mit Aussprüchen wie »Mir läuft die Zeit davon« oder »Die Zeit ist um«. Man könnte denken, wir Menschen seien in einem Zeitgefängnis, aus dem es kein Entkommen gibt. Einstein hatte sich mit der Zeit arrangiert, gesagt, Vergangenheit und Zukunft seien Illusionen, nur die Gegenwart existiere. Es gehört zu den schönsten Augenblicken überhaupt, wenn man feststellt, wie spirituelle Traditionen und hochrangige Wissenschaft übereinkommen. Wer hat wohl Folgendes gesagt – ein Weiser oder ein Physiker? – »Denn das, was ewig und immer besteht, ist nur das Jetzt, ein- und dasselbe *Jetzt;* nur die Gegenwart allein ist unendlich.«

Dieser Ausspruch stammt von Erwin Schrödinger, der, wie viele andere Quantenpioniere auch, die Mystik entdeckte, als er begriff, welche Revolution er mit losgetreten hatte. Da der »mystische« Einfluss auf die Wissenschaft normalerweise kein guter ist, stellt sich die Frage, was passiert, wenn wir Schrödinger einmal bewusst beim Wort nehmen. Dann sind wir wieder bei unserem bereits bekannten Dilemma. Im Alltag bewegt sich die Zeit von der Vergangenheit über die Gegenwart in die Zukunft. Wie kann es dann sein, dass die Zeit stillsteht oder, höchst erstaunlich, von uns Menschen ersonnen wurde?

Denken Sie einmal daran, wie Sie sich als Kind den Himmel vorgestellt haben. Ganz gleich, ob Sie nun Engel sehen, die auf ihrer Wolke

Harfe spielen, oder unschuldige Lämmchen auf grünen Auen herumtollend. Alle Kinder bekommen gesagt, der Himmel sei unendlich – ihn wird es ewig geben. Für ein Kind – und auch noch für Erwachsene – klingt Ewigkeit eher langweilig und monoton. Vielleicht ist sie sogar ein wenig Angst einflößend, sobald Harfenspiel und Lämmer ihren Reiz verloren haben.

Aber die Ewigkeit dauert in Wirklichkeit gar nicht so lange. Sie ist zeitlos, und wenn eine Religion das ewige Leben verspricht, ist zweierlei involviert. Zum einen erspart sie uns die Zumutungen der Zeit, etwa alt zu werden und sterben zu müssen. Das zweite Versprechen ist dagegen abstrakter: Nach dem Tod werden wir selbst zeitlos, dort in der »Zone der Ewigkeit«, wo die Seelen verweilen. Doch warum bis auf das Leben nach dem Tod warten? Wenn die Zeit nur eine Illusion ist, dann sollten wir, wann immer wir wollen, aus ihr herauszutreten in der Lage sein – einfach, indem wir im Augenblick leben. Das ewige Leben im Hier und Jetzt.

Doch so denken Wissenschaftler nicht, jedenfalls die meisten nicht, auch wenn es die Wissenschaft war, die einem neuen Zeitverständnis Tür und Tor geöffnet hat. So wusste zum Beispiel niemand, dass sich die Zeit wie ein Gummiband dehnen kann, bis Einstein darauf hinwies. Spirituelle Lehrer haben schon immer gesagt, Gottes Zeit sei unendlich, und nun kamen die Vertreter des Multiversums und behaupteten dasselbe. Und in der Tat kann die moderne Physik gar nicht genug von der Zeit bekommen. Gäbe es tatsächlich unendlich viel Zeit, könnte es auch unendlich viele Universen geben, und wenn das so ist, dann könnte es auch noch ein Spiegelbild der Erde »da draußen« geben mit Spiegelungen aller heute lebenden Menschen.

Doch all diese Spekulationen – samt der religiösen – sind müßig, solange wir nicht wissen, woher die Zeit kommt. Es ist ja nicht bewiesen, dass der Urknall *überhaupt* Zeit in Anspruch nahm. Das liegt daran, dass im Chaos der Planck-Ära die Zeit nur *ein* Bestandteil der Quantensuppe war. Kein Vorher oder Nachher, weder Ursache noch Wirkung.

DEM GEHEIMNIS AUF DER SPUR

Die genauesten Atomuhren gehen so genau, dass alle paar Jahre eine »Schaltsekunde« eingefügt werden muss – oft begleitet von einer kurzen Notiz in der Zeitung, so zuletzt am 30. Juni 2015. Die Notwendigkeit für diese Extrasekunde hat mit der langsamer werdenden Erdrotation zu tun. Durch den Einschub wird die »koordinierte Weltzeit« (die auf der Uhr gezeigte Zeit) wieder mit der Sonnenzeit (Sonnenauf- und Sonnenuntergang) synchronisiert.

Atomuhren sind technisch in der Lage – sie nutzen die Schwingung von Atomen –, die Zeit in millionstel Bruchteile von Sekunden zu teilen. Man möchte meinen, da bliebe kein Raum mehr für Geheimnisse. Uhren sind nützlich, um uns die Zeit anzuzeigen, aber sie sind auch gemein, weil sie die Wahrheit über die Zeit verbergen. Als man Einstein einmal bat, die Relativität zu erklären, gab er schlagfertig zu: »Eine Stunde mit einem hübschen Mädchen vergeht wie eine Minute, aber eine Minute auf einem heißen Ofen scheint eine Stunde zu dauern.« Die Zeit hat also einen persönlichen Aspekt – und damit stehen wir am Anfang ihres Geheimnisses. Ist jemand glücklich, mag er oder sie denken: »Ach, ich wünschte, es bliebe so.« Ist dieser Wunsch tatsächlich erfüllbar?

Da die Zeit zwei Gesichter hat, einmal die persönliche Erfahrung und dann die wissenschaftlich objektive Beschreibung, ist die Sache verzwickt. Ganz gleich, ob die Zeit im Zahnarztstuhl oder im Verkehrsstau nicht vergehen will, die auf der Uhr angezeigte ist davon unbeeinflusst. Dies kann man nun so oder so sehen: Man kann sagen, die Zeit auf der Uhr ist die reale, die »gefühlte« Zeit sei es nicht. Oder Sie verweisen darauf, dass man den persönlichen Aspekt der Zeit allenfalls in der Theorie ausklammern kann. In der Welt der Erfahrung ist alle Zeit persönlich. Wir neigen der zweiten Position zu, auch wenn diese im Moment noch radikal oder seltsam anmuten mag.

Wenn die Zeit zu etwas ganz Persönlichem wird, dann bemerken wir den menschlichen Faktor, der sich normalerweise gut verbirgt. So ist Shakespeares Macbeth außer sich. Er hat den König getötet und setzt nun sein tragisches Schicksal in Bewegung. Verzweifelt deklamiert er:

»Morgen, und morgen, und dann wieder morgen, / Kriecht so mit kleinem Schritt von Tag zu Tag, / Zur letzten Silb' auf unserm Lebensblatt.«

Hier haben wir es in elementarer Weise mit dem persönlichen Charakter der Zeit zu tun. Ein Tag folgt unausweichlich auf den nächsten, der Tod rückt näher und näher. Doch der »kleine Schritt« der Zeit ist eine Illusion. Im Quantenfeld fließt die Zeit nicht dahin. Dort ist alles Reale reine Möglichkeit. Das Quantenfeld liegt außerhalb unserer normalen Zeitvorstellung, und wenn ein Teilchen aus ihm herausspringt, hat es keine Geschichte. Teilchen sind an einen An-Aus-Schalter gebunden, nicht an die Vergangenheit.

In der Quantenwirklichkeit würde Macbeth sagen: »Jetzt, und jetzt, und dann wieder jetzt. Nichts außer der Gegenwart.« Wenn das Verstreichen der Zeit nicht mehr glaubwürdig ist, dann gibt es nur noch den Moment, das Zeitmaß der »wirklichen« Zeit. Das »Verstreichen« der Zeit mit seiner Kindsgeburt und dem Tod alter Menschen ist eine Illusion. Da liegt der Hase im Pfeffer. Natürlich sehen wir im Lauf der Zeit, wie Babys zur Welt kommen, alte Leute sterben und noch vieles mehr. Keiner kann uns weismachen, dass dies alles illusorisch sei.

Und natürlich ist diese Illusion ziemlich überzeugend, wenn man quicklebendig auf der Welt ist. Für einen Physiker jedoch wird das zeitlose Quantenfeld durch das menschliche Nervensystem gefiltert. Dort wird die Ewigkeit, und das ist gut für uns, in ordentliche, praktische Häppchen zerlegt. »Da draußen« jedoch ist die Zeit völlig losgelöst von menschlichen Belangen. Macbeth hat vielleicht Angst vor dem Sterben, ein Magnet jedoch nicht. Er existiert in einem elektromagnetischen Feld, und das wird aus praktischen Gründen nicht alt. Solange es das Universum gibt, bleibt das elektromagnetische Feld intakt. Eine Glühbirne brennt nach einer gewissen Stundenzahl aus, das Licht aber tut es nicht. Selbst wenn der Kosmos in Milliarden Jahren an sein Ende käme und sich alle Lichtquellen verdunkelten, wäre es doch falsch zu sagen, dass Licht sei gealtert. Es würde sich einfach nur zerstreuen.

Für einen Forscher ist diese Auffassung so evident, dass sie zu hinterfragen gar nicht denkbar ist. Doch wir sehen uns einmal mehr mit dem Henne-oder-Ei-Dilemma konfrontiert: keine Zeit ohne Universum und ohne Universum keine Zeit. Beide bedingen einander und Gleiches gilt auch für die Atome, die erst 300 000 Jahre nach dem Urknall auftauchten. Damals traten Protonen und Elektronen kombiniert auf, während es davor nur ionisierte Materie gab. Ohne Zeit keine Atome, doch ohne Atome kein menschliches Hirn, das die Zeit wahrnehmen kann. Wie sind die beiden in Kontakt gekommen? Man weiß es nicht. Der illusionären Uhrenzeit ist nicht zu trauen, was Zweifel an der objektiven Zeit aufkommen lässt. Durch etwas Unüberwindliches, eine Chinesische Mauer, werden wir davon abgehalten, hinter die Planck-Ära zu schauen und zu sehen, was vor dem Urknall war. Die gleiche Mauer gibt es auch im Hinblick auf die Zeit. Allerdings hat sie die Physiker nicht davon abgehalten zu erklären, wie die Zeit im Universum arbeitet. Zeit bringt Wandel mit sich, Wandel hat mit Bewegung zu tun, was überall sichtbar ist. Doch seltsamerweise heißt Bewegung nicht, dass wir beobachten, wie sich etwas bewegt. Auch das ist womöglich eine Illusion.

Der Umstand, dass sich Atome und Moleküle um uns herumbewegen, ist Teil der Uhrenillusion. So bewegt sich bei einer Verfolgungsjagd im Film nicht das Gesehene. Stattdessen werden Bild-Frames von Einzel-Stills – 24 pro Sekunde – im Projektor abgespult (als diese noch Filme verwandten), um die Illusion der Bewegung zu erzeugen. Auch unser Gehirn arbeitet so, indem es so viele Schnappschüsse – fixe Bilder – aufnimmt und sie so schnell aneinanderreiht, dass wir die Welt in Bewegung sehen.

Auf der Ebene des Quantenfelds ist alle Bewegung trügerisch. Subatomare Teilchen blinken im Qantenvakuum auf und ab, wobei sie jedes Mal an einer anderen Stelle erscheinen. Eigentlich bewegen sie sich gar nicht. Ihre verschiedenen Orte zeigen nur einen Statuswechsel an. Nehmen Sie einen Fernsehbildschirm: Damit der rote Ballon den Bildschirm überqueren kann, muss sich nichts im Fernsehen bewegen.

Stattdessen blinkt Phosphor in der Leuchtschicht (in einem altmodischen Fernseher mit Kathodenstrahlröhre) beziehungsweise die LCD-Lämpchen in einem Digitalfernseher. Dies nun in einer Sequenz (erstes rotes LCD-Licht, zweites rotes LCD-Licht, dann das dritte), und es sieht aus, als schwebe der rote Ballon von links nach rechts, oben und unten ganz nach Belieben über den Bildschirm.

Im Kino sitzend ahnen wir, wie der Trick funktioniert, überlassen uns aber der Illusion. Wenn wir wollen, können wir jederzeit aufstehen und nach draußen in die reale Welt zurück. Aber wie verlässt man diese? Wenn die normale Zeit genauso illusorisch ist wie die Filmzeit, haben wir ein Problem. Unser Nervensystem besteht aus winzigen Uhren, die wiederum andere kleine Uhren körperweit regulieren. Neben den großen Rhythmen (schlafen, wachen, essen, verdauen, Abfallentsorgung) gibt es noch mittellange (Atmung) und kurze (Herzschlag) sowie sehr kurze (chemische Reaktionen innerhalb der Zellen).

Es grenzt an ein Wunder, dass das menschliche Nervensystem all diese Abläufe synchronisieren kann. Da zucken Muskelfasern, werden Hormone ausgeschüttet, teilen sich Zellen mit neuer DNA – alle mit jeweils eigenen Taktgebern. Über die Aktivitäten der DNA werden auch sehr lange Rhythmen gesteuert: von den ersten Zähnen über die erste Menstruation, die Pubertät insgesamt bis zu entfernten Ereignissen wie dem männlichen Kahlwerden, der Menopause und dem Einsetzen chronischer Erkrankungen. Manche von ihnen brauchen mehrere Jahre, um sich zu entwickeln, etwa viele Krebsarten oder die Alzheimererkrankung. Wie die Gene es schaffen, Zeitfenster von der Kürze einer Millisekunde (chemische Reaktionszeit innerhalb einer Zelle) bis zur Länge von 70 Jahren oder mehr zu öffnen, bleibt ein Mysterium.

Wenn Sie ein eher praktischer Mensch sind, dann werden Sie vielleicht jetzt einwerfen: »Das Rätsel der Zeit ist viel zu abstrakt. Solange mein Gehirn alles pünktlich regelt, soll mir das reichen.« Aber das sollte es nicht. Stellen Sie sich einmal vor, wie Sie im Bett liegen und träumen. Im Traum sind Sie ein Soldat auf dem Schlachtfeld. Sie rennen und Ihr Herz schlägt wild. Überall detonieren Bomben. Granaten heulen über Ihren Kopf hinweg. Das Spektakel fesselt Sie trotz seines Schreckens – dann wachen Sie auf. In diesem Augenblick entpuppt sich alles als eine Illusion, insbesondere aber die Zeit. Im Traum meinen wir oft, es vergehe viel Zeit. Doch Neurologen wissen, dass die traumintensiven REM-Schlafphasen (REM steht für die schnellen Augenbewegungen währenddessen) nur ein paar Sekunden oder Minuten dauern.

Mit anderen Worten: Es gibt keine Verbindung zwischen der »Hirnzeit«, messbar anhand der neuronalen Aktivität, und den Trauminhalten. Das Gleiche gilt übrigens auch für den Wachzustand. Sie sitzen im Traum am Fenster und beobachten Menschen und Autos. Beim Aufwachen erfahren Sie von einem Traumforscher, dass Ihr Traum, der gefühlt einen halben Tag gedauert hatte, im Gehirn gerade einmal 23 Sekunden in Anspruch nahm. Sitzen Sie nun aber wach am Fenster und beobachten die Welt draußen, dann wird diese Erfahrung von den gleichen Gehirnzellen gemacht, die auch für die Träume zuständig waren. Das Feuern einiger weniger Neuronen, vielleicht nur wenige Hundertstel Sekunden lang, kann zu einem hellen Blitz in den Augen führen (so etwas passiert oft bei Migräne oder Epilepsie). Nun können Sie es sich aussuchen, ob Sie die Hirnzeit als die wahre ansehen oder Ihre Erfahrung. Das Kino zu verlassen, ist einfach, den Wachtraum zu verlassen, nicht.

Wie aber stellt es das Gehirn an, im Takt zu bleiben? Sehen wir uns die chemischen Vorgänge in den Gehirnzellen an, die, wie alle anderen Zellen auch, kleine Chemiefabriken sind. Genau wie auch die elektrischen Impulse – sie sind es, die im MRT »aufleuchten« – sind sie präzise getaktet. Dabei kommt es zum entscheidenden Austausch von Natrium- und Kaliumionen an der Außenmembran der Gehirnzelle. (Ein Ion ist ein entweder positiv oder negativ geladenes Atom oder Molekül.) Die dafür benötigte Zeit ist unendlich kurz, aber nicht unverzüglich. Nun wissen Sie bereits etwas Wichtiges über Ihre Hirnuhr.

Unglücklicherweise ist diese jedoch nicht an die reale Zeiterfahrung gebunden. Obwohl all die Ionen ständig klicken, kann doch die Zeit machen, was sie will, ob in Träumen, Halluzinationen, während einer Krankheit, in Momenten der Inspiration oder anderen seltenen

Augenblicken, in denen die Zeit stillzustehen scheint. Klickende Ionen verraten uns nichts über das Verhalten der Zeit, und ja, einmal mehr gilt: ohne den Urknall keine Ionen. Wir sind immer noch in der Sackgasse, an der alten Stelle, an der das Rätsel seinen Ausgang nahm. Die kosmische Henne und das kosmische Ei sind weiterhin zu haben.

ODER VIELLEICHT DOCH NICHT …

Die sogenannte Sackgasse hat einen wichtigen Hinweis geliefert. Jedes Mal, wenn ein Neuron im Gehirn feuert, erwacht die Zeit zum Leben. Solange jemand lebt, »erschafft« er oder sie die Zeit. Wir verlieren sie nie. (Der Ausspruch »Mir läuft die Zeit davon« bezieht sich in Wirklichkeit auf das Nichteinhaltenkönnen einer zeitlichen Frist.) Wir brauchen nicht bis zum Urknall zurückzugehen. Die Frage, wo die Zeit herkommt, hat tatsächlich gar nichts mit dem Universum zu tun, sondern mit unseren Erfahrungen im Hier und Jetzt. *Es gibt keine andere Zeit.* Wir müssen das Rätsel der Zeit lösen und herausbekommen, ob wir sie erschaffen haben oder das Bauernopfer der Gehirnaktivität sind. Anscheinend geht es nicht anders. Wenn die Zeit vom Gehirn abhängt und umgekehrt, dann sprechen wir von dem wichtigsten Zugangsweg zum Universum überhaupt. Vor der Entdeckung der Relativität gab es eine Art kosmische Demokratie, die Vorstellung, ein jeder und eine jede mache die gleiche Erfahrung mit der Zeit. Man könnte diesen Zustand die Galilei'sche Demokratie nennen (nach Galileo Galilei, dem großen Wissenschaftler der italienischen Renaissance). Galilei hat ein paar wichtige Dinge über die Alltagswirklichkeit beobachtet. Einmal angenommen, jemand überholt Sie mit dem Auto und wirft dabei einen Ball in die Bewegungsrichtung. Die Geschwindigkeit des Balls lässt sich zuverlässig berechnen, das Ergebnis ist immer gleich. Beispiel: Ein Auto ist mit 96 Stundenkilometern unterwegs und hat einen Major League Pitcher als Fahrgast. Wenn dieser nun einen rekordverdächtigen Wurf von 169 Stundenkilometern macht, so wie 2010 Aroldis Chapman von den Cincinnati Reds, dann beträgt die tatsächliche Ballgeschwindigkeit – Ball- und Autogeschwindigkeit werden addiert – 265 Kilometer in der Stunde.

Die Galilei'sche Demokratie war so lange gut, wie es einen Fixpunkt gab, an dem man sich orientieren konnte. Für den Pitcher im Auto fliegt der Ball nur 169 Kilometer in der Stunde, weil er sich genauso schnell bewegt wie das Auto. Einstein wies aber darauf hin, dass es im Universum bei der Zeitmessung keinen Referenzpunkt gibt. Jeder Beobachter bewegt sich in Relation zu anderen Beobachtern. (Auch kann man nicht mit Sicherheit sagen, wer sich bewegt und wer nicht. Zumindest gilt das für konstante Bewegungen.) Deshalb sind alle Messungen relativ, je nachdem, wie schnell sich zwei Dinge aneinander vorbeibewegen.

Die Relativität hat die Galilei'sche Demokratie zum Einsturz gebracht. Nun gab es keine Wirklichkeit mehr, bei der alle die gleichen Zugangsvoraussetzungen hatten. Wären Sie in einem Raumschiff mit Lichtgeschwindigkeit und schössen mit Ihrer Laserkanone backbord voraus, bewegten sich Ihre Photonen ebenfalls mit Lichtgeschwindigkeit. Anders als der Pitcher im Auto können Sie die Geschwindigkeit des Raumschiffs nicht einfach zu der aus Ihrer Laserkanone hinzuaddieren. Ihre Bewegung in Lichtgeschwindigkeit ist das absolute Limit, und zwar für alle Beobachter in beweglichen Bezugsrahmen. Einstein hat (im Additionstheorem der Geschwindigkeit) gezeigt, dass die Geschwindigkeit vom zugrunde liegenden Referenzrahmen abhängt. Damit war die Annahme, dass jeder die Zeit gleich erfahre, für immer erledigt. Es gibt keine universelle Zeit. Wir sind wie frei flottierende Punkte im Weltraum, auf denen jeweils Lokalzeit gilt.

Aus einer anderen Perspektive betrachtet definiert jeder Beobachter seinen eigenen Zeitrahmen und verändert ihn, indem er sich schneller oder langsamer bewegt, eine schärfere Kurve macht oder sich einem starken Gravitationsfeld annähert. Aus Galileis Demokratie ist Einsteins Demokratie geworden.

Wir haben es tatsächlich mit einer universellen Demokratie und einem Mehr an Freiheit zur Teilhabe zu tun. Die Konstanten sind noch da und die Lichtgeschwindigkeit ist in puncto Geschwindigkeit eines Objekts in Raum und Zeit immer noch das Maß aller Dinge. Die

Konstanten wirken nun allerdings nicht wie ein Gefängnis, das uns einschränkt, sondern wie die Regeln eines Spiels. Solange du dich an die Regeln hältst, kannst du beim Spielen machen, was du willst, ob beim Schach, beim Fußball oder beim Mahjong. Die Wissenschaft übertreibt es allerdings manchmal mit ihrer Regelhörigkeit. Da elektromagnetische Wellen im leeren Raum mit Lichtgeschwindigkeit unterwegs sind, ist die Geschwindigkeit überall konstant. Die Lichtgeschwindigkeit festzulegen war deshalb im Hinblick auf Berechnungen sehr hilfreich. Damit ließ sich die Unzuverlässigkeit der subjektiven Zeit umschiffen.

Die wissenschaftliche Ansicht, wonach das Gehirn an die Geschwindigkeit elektrischer Ströme gebunden ist, ist zunächst einmal genau das: eine Ansicht. In der Einstein'schen Demokratie ist es jedem freigestellt, sich für Regeln oder für Freiheit zu entscheiden. Es gibt keinen bevorzugten Ort. Die konstante Geschwindigkeit elektromagnetischer Wellen ist zwar eine Begrenzung, die unser Gehirn zu respektieren hat, unser Geist aber genießt Gedankenfreiheit. Wir können alle möglichen Gedankenspiele anstellen, denn am Ende sind alle Spiele geistiger Natur. Die Lichtgeschwindigkeit hat keinen begrenzenden Einfluss auf unsere Menschlichkeit, nur auf unsere Neuronen.

Die Relativität hat aber nicht nur die absolute Zeit vom Sockel gestoßen, sondern auch den absoluten Raum. Genau wie die Zeit sieht auch der Raum seltsam aus, wenn er unter verschiedenen beweglichen Bezugsrahmen gemessen wird. Gemäß der Relativitätstheorie sieht ein feststehender Beobachter bei einem Raumschiff, das sich der Lichtgeschwindigkeit annähert, eine Einkürzung seiner Länge, und zwar in der Bewegungsrichtung. Im Alltagsleben allerdings sehen wir solche Effekte in Raum und Zeit nicht, weil die Geschwindigkeiten, mit denen wir es zu tun haben, wesentlich kleiner sind als die Lichtgeschwindigkeit. In Teilchenbeschleunigern jedoch, etwa dem Large Hadron Collider in Genf, wo auch das Higgs-Boson entdeckt wurde, ist es ganz normal, Teilchen bis in die Nähe der Lichtgeschwindigkeit zu beschleunigen. Dies ist tatsächlich ein Ort, an dem relativistische Effekte messbar sind und von allen Beteiligten als vollkommen normale natürliche Gegebenheiten betrachtet werden.

Wie mochte die Zeit vor dem Urknall gewesen sein? Denken Sie nur einmal an ein Pop-up-Bilderbuch. Zuerst liegt es plan wie ein ganz normales Buch, doch wenn man es aufklappt, poppen plötzlich ein Haus auf, Tiere, Landschaften und selbst bewegliche Teile. Aus der Quantenperspektive passiert bei der Schöpfung nichts anderes. Am Anfang ist da nur Flachheit, und dann gibt es plötzlich Objekte in Zeit und Raum. Alles poppt gleichzeitig auf. Deshalb ist das Verhalten einzelner Teilchen auch nicht realitätsbestimmend. Um Bäume, eine Wolke, einen Planeten oder den menschlichen Körper zu schaffen, werden keine Atome und Moleküle wie Backsteine beim Hausbau aufgestapelt. Stattdessen *bringen* die subatomaren Teilchen *Zeit und Raum mit sich.*

Dieser Umstand hat erstaunliche Implikationen. Zum Beispiel mag ein Teilchen, das sich mit annähernder Lichtgeschwindigkeit bewegt, in kurzer Zeit zerfallen, in einer millionstel Sekunde etwa. Es überdauert aber länger, wird es von Physikern in einem Labor gemessen, das – in Relation zu dem sich bewegenden Teilchen – fest steht. Ein Teilchen, das sich genau mit Lichtgeschwindigkeit bewegt, existiert ewig, weil es nicht der Zeit unterliegt. Es scheint stillzustehen. Sofern es das Licht betrifft, gibt es keine Zeit. Aus unserer Perspektive jedoch, in einer Welt abgeschirmt von der Lichtgeschwindigkeit, währt die Lebensspanne eines Photons unendlich. Photonen, die Lichtteilchen, haben eine Masse von null. Hat ein Teilchen (egal welches) indessen eine finite Masse, kann es niemals Lichtgeschwindigkeit erreichen.

Nun haben wir den Beweis für eine der vermeintlich unmöglichen Ideen am Anfang des Kapitels: Die Ewigkeit beginnt an unserer Türschwelle. Das Licht, selber zeitlos, ließ das Leben auf der Erde entstehen und sorgt für sein Fortbestehen.

Deshalb lautet nun die eigentliche Frage, wie sich die beiden Gegensätze Zeit und Zeitlosigkeit zueinander verhalten. Zeit, Raum und Materie springen auf einmal aus der Flachheit, und wenn Objekte in die Einstein-Demokratie geraten, werden sie relativ. Nach der Relativitätstheorie ist die Masse eines Objekts nicht gleichbleibend. Materie wird dauernd in Energie verwandelt und umgekehrt: $E = mc^2$ hat es bewiesen. Aber an diesem Punkt geraten wir an die Grenzen unserer Vorstellungskraft. Die Langsamkeit unseres Gehirns begrenzt uns einfach; schließlich ist es aus Materie gemacht. Die elektrischen Impulse im Gehirn arbeiten mit hohem Tempo, doch die Gedanken, die sie anstoßen, werden quasi »gedrosselt«, ganz so wie die hohen Voltzahlen einer Stromtrasse für den Hausgebrauch heruntertransformiert werden. Die einzigen Teilchen, die genau mit Lichtgeschwindigkeit unterwegs sind, sind die Photonen und andere Teilchen, die null Masse haben wie die Neutrinos (wenn sie überhaupt null Masse haben). Könnte man mittels Zauberei die Lichtgeschwindigkeit überbieten, die Zeit würde rückwärts gehen. Ein theoretisches Schlupfloch hin zurück zum Anbeginn der Zeit.

Einstein hatte noch angenommen, dass dies in einem klassischen Setting nicht möglich wäre, selbst nicht in einem solchen mit relativistischen Effekten. In einer Quantenwelt allerdings schon. Die ganzen Permutationen der Zeit sind Quantenmöglichkeiten, womit wir einen weiteren Schlüssel hätten. Wenn die Zeit in einer Quantendomäne stehen bleiben, rückwärts laufen oder dem Zeitpfeil von der Vergangenheit über die Gegenwart in die Zukunft folgen darf, gibt es keinen Grund, warum es beim Urknall nicht auch so gewesen sein kann. Zu fragen, warum wir in der »Uhrzeit« leben, ist ein bisschen so wie die Frage danach, warum das Universum so gut aufeinander abgestimmt ist. Die Uhrzeit gibt es zum Wohle der Menschen, genau wie das fein abgestimmte Universum.

Wie alles Lebendige gehorchen auch die Menschen dem Ablauf von Geburt und Tod, Schöpfung und Verfall. Das sind die Gaben der Uhrzeit. Und obwohl Sterne und Galaxien ebenfalls Geburt und Tod unterliegen, gehorcht ihr Lebenszyklus den kosmischen Spielzügen mit Materie und Energie. Die menschliche Situation hingegen ist weitaus komplexer, weil wir mit einem Geist ausgestattet sind, der unendlich viele Ideen hervorbringen kann. Das Geheimnis der Zeit muss daher etwas mit der Art und Weise zu tun haben, wie dieser Geist funktioniert. Schauen wir also, ob die Quantenrevolution Zeit und Geist einander näherbringt.

HABEN WIR DIE QUANTEN AUF DEM SCHIRM?

Dass etwas noch schneller ist als Licht, wäre eine ziemliche Blamage für die Relativitätstheorie, doch nun ist genau das eingetroffen. Kürzlich ist es experimentell gelungen, zwei Photonen von Position A nach Position B zu bewegen, ohne über den Raum dazwischen zu gehen – das erste Beispiel für echte Teleportation. Da die Photonen ihre Position augenblicklich wechseln, vergeht keine Zeit dabei. Damit wird die Lichtgeschwindigkeit zwar noch nicht überboten, allerdings irrelevant. Man könnte eher sagen, dass die Zeit umgangen wird. Teleportation macht das schöne Pop-up-Bild aus Raum, Zeit und Materie zunichte.

Teleportierte Photonen haben weitreichende Konsequenzen. Wir hatten gesehen, dass Einsteins Denken in der klassischen Welt verankert war, einer Welt innerhalb der Grenzen der Lichtgeschwindigkeit. Wie Pferde aus dem Stall auf die Weide springen, gehen Quantenobjekte über die Lichtgeschwindigkeit hinaus – und zwar nicht, indem sie noch schneller sind, sondern unmittelbarer. Damit eröffnet sich wirklich eine neue unbekannte Welt.

Sie hat vor allem mit der Frage zu tun, wie viele Dimensionen es tatsächlich gibt. Die Zeit der Uhren ist eindimensional. Hier bewegt sich die Zeit geradewegs von A nach B. Aber in der Quantentheorie gibt es für die Menge der Dimensionen kein Limit. Das sind ohnehin mathematische Konstrukte. Zum Beispiel erfordern einige Quantentheoreme, dass wir die Schwerkraft, die Gravitation, hin zur Supergravitation überwinden. Diese nimmt elf Dimensionen ein. Der Zustand vor dem Urknall jedoch könnte ebenso auch dimensionslos gewesen sein (nulldimensional, mathematisch gesprochen) oder unendlich viele Dimensionen gehabt haben. Die Menge der Möglichkeiten macht einen schwindeln, so weit weg ist sie von der Alltagsrealität.

Unser dreidimensionales Universum werden wir wohl auf dem Haufen entzauberter Gewissheiten entsorgen müssen und die Zeit, als vierte Dimension, könnte es auch treffen. Mathematisch gesehen hat sie das ohnehin schon. So ist es mittlerweile Konsens, dass jedes Teilchen, das im Hier und Jetzt entsteht, dem nulldimensionalen Raum, namentlich dem Quantenvakuum, entstammt. Manche Physiker gehen sogar so weit zu behaupten, die einzig realistischen Zahlen seien die Null und unendlich. Bei der Null gibt es den Trick, dass aus nichts etwas wird. Unendlichkeit hat mit der absoluten Menge der Möglichkeiten zu tun. Alles dazwischen verhält sich im Grunde wie Schall und Rauch.

Null Dimensionen lassen sich allerdings nicht abbilden und selbst die zugehörigen Berechnungen nehmen sich schnell aus wie ein Taschenspielertrick, weil viele Variablen entweder unbekannt oder pure Spekulation sind. Dennoch existieren wir, weil das Zeitlose – das, was weder Anfang noch Ende hat – sich in der Zeitlichkeit des Augenblicks zum Ausdruck bringt. Das ist zwar nicht logisch, sollte uns aber an diesem Punkt schon nicht mehr überraschen.

Wenn wir ohnehin die Quantenwelt nicht auf »unserer Uhr haben«, warum nicht auch der Wahrheit ins Auge sehen, dass die Zeit geschmeidig ist? Hat man sich erst einmal zu dieser Sichtweise durchgerungen, ist es auch kein großer Schritt mehr, alle zeitlichen Varianten als künstlich zu betrachten. Noch einmal in verständlicheren Worten: Was wir brauchen, ist ein alltagstauglicher Basisbegriff in der Quantenphysik, nämlich den *Zustand*. Erblicken Sie einen Baum, dann ist dieser im Zustand eines realen raumzeitlichen Objekts und lässt sich von Ihnen sinnlich erfahren. Eine Wolke dagegen ist durchlässig und flüchtiger als ein Baum, befindet sich aber im gleichen physikalischen Zustand.

Im Hinblick auf die Quantendomäne bekommt die Physik es nun mit einem virtuellen Zustand zu tun. Unsichtbar und überhaupt schwer zu fassen, ist dieser aber dennoch real. Im Grunde gelangen wir oft in den virtuellen Zustand. Denken Sie nur mal an ein Wort, egal welches. Nehmen wir »Avocado«. Wenn Sie an das Wort denken oder es aussprechen, erwacht es als mentales Objekt zum Leben. Doch wo war es, bevor Sie das Wort gedacht oder es ausgesprochen haben? Worte werden nicht auf Vorrat stofflich im Kopf gespeichert. Sie sind zwar nicht sichtbar, aber doch jederzeit verfügbar – eben virtuell. Sie können sie willentlich hervorholen, eine Fähigkeit, die im Alter oder durch Verletzungen verloren geht. Ein kaputtes Radio empfängt keine

Radiowellen mehr; ohne einen funktionierenden Empfänger existieren die Radiosignale aber trotzdem überall um uns herum.

In gleicher Weise fungiert das Gehirn als Empfänger unserer Worte, doch nicht nur das. Auch die Regeln unserer Sprache sind in der virtuellen Domäne. Wenn Sie an den Satz geraten »Brauchen Haus Wind?«, dann wissen Sie sofort, dass hier alle Sprachregeln missachtet wurden. Um Sinnvolles von Nichtsinnvollem zu unterscheiden, muss das Gehirn keine Extraenergie aufwenden. Die Regeln sind an einem Ort eingebettet, den man mit Fug und Recht als nicht körperlich bezeichnen kann. Auch subatomare Teilchen kommen von solch einem Ort. Und es gibt keinen Grund zu der Annahme, dass der Ort, von dem Sie das Wort »Rose« hervorholen, nicht auch der Ort ist, von dem Galaxien entspringen.

Der virtuelle Zustand liegt außerhalb des Kreatürlichen. Wird eine Welle zum Teilchen – das ist der elementare Schritt, mit dem Photonen, Elektronen und so weiter Teil unserer Welt werden –, dann lässt sie den virtuellen Zustand hinter sich. Der virtuelle Zustand ist auch der Grund dafür, warum die Physik errechnet hat, dass der leere Raum auf der Quantenebene randvoll mit virtueller Energie ist.

Nun können alle Dinge im Universum ihren Zustand ändern. Man kennt es aus dem Alltag: Wasser wird zu Eis oder zu Dampf, beides lediglich andere Zustände von H_2O. Auf der Quantenebene allerdings geraten Zustandswechsel schnell zur Frage von Existenz oder Nichtexistenz. So transitiert ein Küchentisch Tausende Male pro Sekunde vom Virtuellen zum Realen, und das viel zu schnell, als dass wir es sehen könnten. Hier haben wir wieder das oben genannte Aufblinken, den An-Aus-Schalter. Ein Quantenwechsel des Zustands ist im Grunde *der* Schöpfungsakt schlechthin. Warum das Multiversum so populär wurde, ist der Umstand, dass ein zum Leben erwachendes Universum im Grunde kein größeres Ereignis ist als ein zum Leben erwachendes – aufblinkendes – Elektron. In beiden Fällen waren die gleichen Fluktuationen im Quantenfeld am Werk. Mit bloßem Auge sieht das Universum unheimlich groß aus, ein Elektron sieht dagegen sehr, sehr klein aus. Aber schöpfungstechnisch gesehen ist dieser Unterschied unbedeutend.

Ein Quantum, das zum Leben erwacht, kommt nicht von »irgendwoher« und es geht auch nirgends hin. Es wechselt nur seinen Zustand. Deshalb könnte man statt der Zeit als Maßeinheit des Wandels eher von einem Wechsel des Zustands sprechen. Denken Sie an einen Volleyball, der an einer Stange befestigt ist. Werfen Sie ihn, kreist er um die Stange, verliert ab einem bestimmten Punkt an Energie, nähert sich der Stange, um schließlich zur Ruhe zu kommen. (Planeten, die um die Sonne kreisen, würden bei Energie- und Momentumsverlust ebenfalls fallen. Allerdings bewegen sie sich im Vakuum des Weltraums. Anders als der Volleyball haben sie es nicht mit Luftwiderstand zu tun und können sich deshalb viele Äonen lang weiter und weiter drehen.)

Nun stellen Sie sich einmal vor, wie ein Elektron um einen Atomkern kreist, ein Bild, das dem Volleyball an der Stange recht ähnlich ist. Bei Atomen nennt man die Umlaufbahn Schale, wobei Elektronen in der ihnen zugewiesenen Schale bleiben, bis ein Quantenereignis geschieht und sie eine Schale weiter nach außen oder innen springen. Den Begriff »Quantum« hat man gewählt, weil sich dieses als Energie-»Paket« von einem bestimmten Zustand zu einem anderen bewegt und dabei seine Energie behält. Weder rutschen Elektronen von einem Ort zum anderen noch verlangsamen sie sich. Sie springen aus einem Orbit heraus und tauchen in einem anderen wieder auf.

Wenn Sie sich die Bedeutung des »Zustands« erst einmal klargemacht haben, dann verstehen Sie auch, warum Quanten nicht im Rahmen der Uhrzeit auftauchen. Die Uhrzeit ist wie ein Lochstreifen, der sich kontinuierlich aus einer Lochstreifenmaschine herauswindet. In der Quantendomäne dagegen haben wir es mit Sprüngen, plötzlichen Zustandswechseln, Gleichzeitigkeiten, Umkehr von Ursache und Wirkung zu tun. Wenn die Basis der Schöpfung also das Quantum ist, wie konnten dann stoffliche Objekte an die Zeit der Uhren geraten? Die einfachste Antwort lautet, dass die Zeit der Uhren auch nur ein Zustand ist. Als das Universum heranreifte, Milliarden Jahre nach dem Urknall, befanden sich alle großen Objekte (solche größer als ein Atom) im gleichen Zustand der Manifestation. Mittels einer fortgeschrittenen Wahrscheinlichkeitsrechnung ließe sich ausrechnen, wie wahrscheinlich (oder unwahrscheinlich) das völlige Verschwinden eines

Küchentischs in der Quantendomäne und sein Wiederauftauchen einen Meter weiter ist. Aber das ist ohne praktische Bedeutung. In der Manifestation gefangen, sind große Objekte zuverlässig in Raum und Zeit verankert. Auch wenn Quanten im Zuge ihres Zum-Leben-Erwachens und Wieder-Abtauchens entwischen, bleiben Küchentische uns noch eine ganze Weile erhalten.

Die eigentliche Frage ist also, wie sich der Wechsel des Zustands vollzieht. Der Urknall war so ein Zustandswechsel, der sich allerdings nicht an einem bestimmten Ort oder zu einer bestimmten Zeit zutrug. Während der Planck-Ära war überall und nirgends das Gleiche, genauso wie früher oder später. Obwohl uns die Chinesische Mauer die Sicht auf die Planck-Ära verstellt, können wir von einem Phasenwechsel sprechen, wobei ein Zustand in den anderen überging und das Virtuelle manifest wurde. Es mutet seltsam an, doch man begreift hier, wo Uhren ticken, dass die gesamte Schöpfung vor 14 Milliarden Jahren letztlich nichts anderes tat als ein Elektron, das in eine neue Schale springt. Dass wir uns dies vorstellen können, zeigt, dass das Riesenhafte und das Winzige – Kosmos und Elektron – miteinander verbunden sind. Da beide nichts mit der Zeit auf der Uhr zu tun haben, müssen wir ganz neu denken.

DIE PSYCHOLOGIE KOMMT INS SPIEL

Nun sind wir so weit und holen Sie ganz persönlich aus dem Gefängnis der Zeit. Da auch der Körper beständig seinen Zustand wechselt, ist er Teil des Universums. Nehmen wir einmal an, eines Tages klopft ein Fremder an Ihrer Tür. Sie öffnen und er stellt sich vor. Wenn der Fremde sagt: »Ich bin dein verlorener Bruder und habe Jahre damit zugebracht, dich zu finden«, dann geraten Sie in einen anderen Zustand, als wenn er sagt: »Ich bin der Gerichtsvollzieher und wir werden Ihr Haus konfiszieren.« In beiden Fällen kommt es zu einer starken körperlichen Reaktion. Allein durch das, was Sie gehört haben, ändern sich Ihr Herzschlag, Blutdruck und die Gehirnchemie umgehend.

Beim Menschen ist die Veränderung des Zustands eine komplexe Angelegenheit. Wie ein Elektron geraten Sie in einen anderen Anregungs- beziehungsweise Erregungszustand. Ein Fremder könnte allein durch sein Sich-Vorstellen Ihr Leben auf den Kopf stellen. Allerdings ist es unmöglich, selbst einen noch so dramatischen Wechsel des Zustands auf der Zellebene zu beobachten. Zwar wird das jeweils emotional beteiligte Hirnareal – Freude oder Leid – im MRT aufleuchten, aber subjektiv erfahren wir nur das Ergebnis, nicht den Vorgang dahinter.

Doch etwas sticht ins Auge: Das auslösende Ereignis – der Fremde an der Tür – führt zum Wechsel des Zustands, nicht das Quantum – auch wenn es als Baustein der Natur gilt. In der Tat läuft die Befehlskette von oben nach unten: Erst der Fremde an der Tür, dann die Worte, Ihre psychische Reaktion, dann die stoffliche Veränderung. Kurzum, der Geist kommt vor der Materie. In der menschlichen Sphäre ist das ganz klar zu sehen. Da können die Materialisten maulen und alles, selbst noch das Geistige dem Materiellen und seiner Verwandlung in Energie zuschreiben. Worte sind vor allem geistige Ereignisse, weil es hier auf den Austausch von Bedeutung ankommt, nicht den von stofflicher Energie. Wenn jemand sagt: »Ich liebe dich«, dann reagiert die Physis anders als bei den Worten »Ich möchte die Scheidung«.

Dieser Umstand war selbst einigen Quantenphysikern nicht entgangen, darunter der brillante ungarisch-amerikanische Theoretiker John von Neumann. Von Neumann war so frei zu behaupten, dass Quantendomäne und Wirklichkeit eine psychologische Komponente hätten. Die Natur sei dualistisch, sowohl subjektiv als auch objektiv. Das sei auch der Grund, warum Menschen Dinge aus verschiedener Perspektive sehen. Bei dem Fremden an der Tür können Sie die Körpergröße, das Gewicht, die Haarfarbe etc. bestimmen (objektiv) sowie auch das Gesagte (subjektiv). Augenzeugenberichte bei Gericht sind allerdings berüchtigt für ihre Unzuverlässigkeit. Ständig vermischen Menschen beide Ebenen. So gerät eine Person, die uns bedroht, in der Vorstellung größer, was eine objektive Größenwiedergabe erschwert.

Von Neumann ging mit der dualen Natur der Realität ziemlich weit, ja bis zu dem Punkt, wo es um die Arbeitsweise der Natur selbst geht. In seiner Realität treffen Quantenpartikel Entscheidungen und verändert der Beobachter das Beobachtete. Nun wird die Physik seit mehr als 100 Jahren mit der Macht des subjektiven Faktors geradezu überschüttet. Das liegt vor allem an der Heisenberg'schen Unschärferelation, die besagt, dass man nicht alle Eigenschaften eines Quantums kennen kann. Der Beobachter wählt eine aus, und plötzlich zeigt das Quantum sie. Gleichzeitig entgleiten seine anderen Eigenschaften oder werden im Zuge der Beobachtung einfach verändert.

Dies ist ziemlich abstrakt, deshalb ein Beispiel: Sie stehen am Strand von Oahu in Hawaii. Der Ort ist berühmt für seine Riesenwellen und ein Mekka für risikofreudige Surfer. Während eine dieser Wellen hereinrollt, machen Sie ein Foto für die Freunde. Das Foto friert die Bewegung der Welle ein, was bedeutet, dass Sie zwar sehen können, wie groß sie war, nicht aber, wie schnell sie sich bewegt hat. Sie haben also nur eine Eigenschaft ausgesucht. Genauso macht ein Physiker eine Momentaufnahme, wenn er ein subatomares Teilchen beobachtet. Er nimmt eine bestimmte Eigenschaft ins Visier und klammert eine andere aus. Dieser Blick auf die Wirklichkeit ist nicht zufriedenstellend, ist sie doch weitaus komplexer. Um das Verschwinden der anderen Eigenschaften bei der Beobachtung zu kompensieren, werden diese deshalb als Wahrscheinlichkeiten berechnet.

In unserem einfachen Beispiel zeigen Sie also Ihr Bild von der Riesenwelle in Oahu und werden gefragt: »Wie schnell hat sie sich bewegt?« Sie antworten vage: »Ziemlich schnell.« Als man Sie bittet, genauer zu werden, machen Sie sich zunächst klar, dass sie schneller war als eine Schlange, aber langsamer als ein Flugzeug. Wahrscheinlich liegt ihre Geschwindigkeit zwischen 30 und 100 Kilometern pro Stunde. Da die Welle schon längst verebbt ist, versuchen Sie es mit Näherungswerten. So ähnlich ergeht es auch der Quantenphysik, wobei eine wichtige Frage bleibt: Inwieweit verändert der Beobachter die »harten« Fakten?

Von Neumann hat es nicht bei einer Vermutung belassen, sondern seinen Durchbruch mit der These gehabt, dass die Wirklichkeit eine elementare psychologische Komponente hat (das geistige Verhalten von subatomaren Teilchen). Auch andere Physiker wie Schrödinger haben der psychologischen Komponente eine große Bedeutung zugesprochen. Schrödinger sah es als »absolut entscheidend« an, »die Vorstellung einer real existierenden äußeren Welt aufzugeben, auch wenn das dem normalen Denken seltsam vorkommen mag«. Aber der Materialismus, der alles der äußeren Welt zuschreibt, gibt nicht auf. Entweder negiert er die psychologische Komponente oder nimmt sie aus der Gleichung heraus.

Inwiefern aber beeinflusst die psychologische Komponente die Zeit? So ist etwa bekannt, dass traumatische Erlebnisse diese langsamer vergehen lassen. Betroffene berichten, dass im Gefecht oder bei einem Autounfall sich alles in Zeitlupe zu bewegen scheint. Im Sport gibt es das Konzept des »Flow«, ein veränderter geistiger Zustand, bei dem alles richtig ist, an seinem Platz, es still wird und die Zeit stehen bleibt. Viele Athleten berichten von diesem traumartigen Zustand jenseits der normalen Realität.

Wie man dieser subjektiven Komponente Herr werden kann, ist schwer zu sagen. Es gibt aber Experimente in einer kontrollierten Umgebung. In einer Studie machten Probanden in einem Freizeitpark von einem Turm aus eine Sprungübung, wobei sie sich zunächst im freien Fall befanden, bevor sich ein Fallschirm öffnete und sie sanft auf dem Boden landeten. Daraufhin befragt, wie lange sie wohl im freien Fall waren, schätzten die Probanden, wie es für Menschen in traumatischen Situationen üblich ist, die Zeit wesentlich länger ein. Da man die Zeit im freien Fall gemessen hatte, konnte man das subjektive Element gut herausrechnen.

Doch reicht das? Wenn von Neumann recht hat, lässt sich die psychologische Komponente grundsätzlich nicht – aus keiner Erfahrung – herausrechnen. Vielleicht harrt die »wahre« Realität da draußen also noch ihrer Entdeckung durch einen wirklich Kundigen. Für Materialisten – die eigentlich lieber Physikalisten genannt werden wollen, weil sie sich auch mit Energie beschäftigen – spielt die Psychologie keine Rolle, auch wenn die Geschichte der Quantenphysik in eine andere Richtung weist. Schrödinger, als Mystiker verkannt, wusste aufgrund seiner empirischen Erfahrungen recht gut, dass sich ein subatomares Teilchen am Ende nicht wie ein kleiner Planet verhält, sondern wie ein Fleck aus Möglichkeiten. Der Beobachter legt fest, welche

Möglichkeit ihren Zustand wechseln wird und sich als quantifizierbares Objekt zeigt.

Die beste Antwort auf die Frage »Woher kommt die Zeit?« wird letztlich eine menschliche sein. Dass wir beim Urknall nicht dabei waren, heißt nicht, dass er nicht auch eine psychologische Komponente hatte. Wie auch immer der Urknall verlaufen sein mag, erzählt wird dieser in Form einer Geschichte von Menschen mit Geist und Hirn. Auch jetzt wird Realität erschaffen, exakt in diesem Moment. Das Mysterium der Zeit entfaltet sich vor unseren Augen. Ohne den menschlichen Faktor wird sie auf ewig rätselhaft bleiben.

In diesem Kapitel haben wir Ihnen einen Ausblick auf die Vorzüge eines menschlichen Universums gegeben, in dem die Zeit auf Ihrer Seite ist, weil Sie sie erschaffen. Im Moment jedoch versucht die Physik alles, um die objektive Zeit wissenschaftlich als die »einzig reale« zu erhalten. Doch was, wenn die einzig reale Zeit dieser Augenblick ist? Dann würde die Trennwand umstürzen, die objektive und persönliche Zeit voneinander trennt. Gibt es sie nicht mehr, wird das normale Leben zum ewigen Leben, und zwar sofort.

Das Geheimnis der Zeit ist für jeden relevant. Wir haben ein jeder ein besonderes Verhältnis zur Zeit, und doch ist unser Ursprung zeitlos. Ohne die Illusion der Uhr hat das Rennen gegen die Zeit und die Angst vor dem Tod ein für alle Mal ein Ende.

WORAUS BESTEHT DAS UNIVERSUM?

Seit ewigen Zeiten führt das Universum eine Art Schleiertanz auf. Ein Schleier nach dem anderen ist gefallen und hat die Wahrheit über die Natur ans Licht gebracht. Am Anfang war der Tanz quälend langweilig, das Publikum musste Jahrhunderte warten, bis der erste Schleier fiel – die Vorstellung eines festen Atoms. Das Atom ist eine uralte Idee, die bis auf Demokrit und seine Anhänger zurückgeht. Die alten Griechen konnten das Atom nicht sehen – genau wie wir über 2000 Jahre später –, aber sie dachten sich, wenn man einen Gegenstand lange genug beschneiden würde, käme man irgendwann zu etwas Unteilbarem. Das Wort »Atom« bedeutet denn auch auf Griechisch »nicht« und »schneiden«.

Das mit dem Schleiertanz wäre schneller gegangen, hätte nur jemand den Beweis für die Existenz von Atomen geliefert. Aber das war nicht der Fall. Auf die Frage, woraus das Universum bestehe, bekam man damals jede Menge Theorien zu hören, aber nichts Praktisches. Fest stand lediglich, dass es eine kleinste Einheit geben musste. Dann aber kam Bewegung in die Schleier: Mit dem 18. Jahrhundert fing das Experimentieren an und das Verhalten chemischer Reaktionen lieferte die ersten Hinweise, dass einzelne Atome miteinander reagierten. Im 20. Jahrhundert schließlich – wir haben vorgespult – sollte es Belege für Elektronen, Strahlung, den Atomkern, subatomare Teilchen und dergleichen geben. Nach und nach wurden die Bestandteile des

Atoms entdeckt. Das Universum konnte sich nun nicht länger verstecken.

Als der letzte Schleier fiel, war das Publikum geschockt. Keine Tänzerin! Wenn man ein Brot in immer kleinere Einheiten schneidet, verschwindet das Atom im Quantenvakuum. Etwas wird zu nichts, wie wir bereits gesehen haben. Aber diese Entschleierung hat etwas Subversives: Wenn die Tänzerin verschwindet, bleibt uns nur noch das Nachdenken über das Universum, weil wir es nicht sehen. So sind wir wohl wieder bei den alten Griechen gelandet und müssen mit Logik und Spekulation statt beweisbaren Fakten vorliebnehmen.

Im Moment jedenfalls tobt abseits der öffentlichen Wahrnehmung eine »Schlacht um die Seele der Physik«, um aus der berühmten Fachzeitschrift *Nature* zu zitieren. 2014 schrieben darin zwei hoch angesehene Physiker, George Ellis und Joe Silk, einen Artikel, in dem sie genau dieses Thema ansprachen: wie das reine Denken Daten und Fakten ersetzt. Kann man bloßes Denken noch als Naturwissenschaft bezeichnen, wo diese doch seit 500 Jahren versucht, der Wahrheit durch Messungen und Experimente auf die Schliche zu kommen? Hat man sich jedoch erst einmal zum Nichts vorgearbeitet, zum Nullpunkt des Universums, dann ist die Möglichkeit der Experimente ausgeschöpft. Muss uns das Sorgen machen?

Hier hilft wieder ein Vergleich mit dem realen Leben. Sie sind an einer belebten Kreuzung dabei, die Straße zu überqueren, vor Ihnen die Fußgängerampel. Fortwährend fahren Autos auf die Kreuzung zu, manche biegen bei Rot rechts ab. Ihr Ziel ist, die Straße zu überqueren, ohne dabei überfahren zu werden. Um das Ganze zu erschweren, tragen Sie Scheuklappen nach Art der Pferde. Was also machen Sie, damit Sie nicht überfahren werden? Ihr Gesichtsfeld ist sehr eng und Sie sind letztlich auf Anhaltspunkte angewiesen.

Genau so geht es einem Physiker, der versucht, in ein schwarzes Loch zu schauen oder in die Zeit vor dem Urknall oder in ein Quantenvakuum. Die Anhaltspunkte sind sogar sehr nützlich: Sie können qua Gehör auf Autos lauschen, Sie können sehen, wann die Fußgängerampel umspringt, dann gibt es noch andere Fußgänger, deren Beispiel Sie folgen können. Dadurch wissen Sie ziemlich genau, wann es sicher genug ist, um über die Straße zu gehen. Aber ganz sicher wissen Sie es nicht. Zwar ist die Wahrscheinlichkeit hoch, dass Sie nicht von einem Auto überfahren werden. Aber mehr können Sie nicht sagen.

Wenn Sie wissen wollen, was in einem schwarzen Loch ist, dann können Sie das nicht so ohne Weiteres. Ihnen bleiben nur Annäherungen aufgrund von Anhaltspunkten. Und das gilt auch für die anderen Rätsel, denen wir in diesem Buch auf der Spur sind. Die Naturwissenschaft ist an einen Punkt gekommen, wo gewisse Dinge selbst für die stärksten Instrumente entweder zu klein, zu groß, zu weit weg oder zu unzugänglich sind. Nehmen Sie nur einmal die kleinsten subatomaren Teilchen, die die größten milliardenschweren Beschleuniger aus dem Quantenfeld heraus produzieren können, dann sind die kleinsten davon immer noch zehn Millionen Milliarden Mal kleiner, als ein Teilchenbeschleuniger beobachten kann.

Womit wir an einer Wegkreuzung angekommen sind, an der zwei Schilder stehen. Das eine besagt »Nicht mehr in dieser Richtung denken«, das andere »Sackgasse«. Die Wissenschaft hasst Sackgassen, mit dem Erfolg, dass sie sich noch tiefer in das Denken eingräbt. Die eine Gruppe beruft sich auf die lang erprobten Experimente und fordert leistungsstärkere Beschleuniger – auch wenn diese so groß sind, dass sie Berechnungen zufolge alle Elektrizität der Welt bräuchten. Die anderen dagegen widmen sich dem reinen Denken – die alte griechische Schule – in der Hoffnung, die Natur selbst liefere eines Tages neue Beweismittel.

Nun haben Sherlock Holmes und Albert Einstein eines gemeinsam: ihren Glauben an die Logik. Einstein vertraute auf die Logik hinter der Relativitätstheorie. Einmal sagte er halb im Scherz, wenn sich seine Theorie als falsch herausstelle: »… tut es mir leid für den lieben Gott.« Es ist schon seltsam, dass, wenn man einen Laib Brot in der Hand hält und fragt: »Woraus besteht er?«, die ultimative Antwort lautet: »Aus nichts, aber dazu haben wir viele gute Ideen.« Nicht anders ergeht es uns mit der Frage nach dem Universum. Es muss einen besseren Weg geben.

Wo die wissenschaftliche Beweislage schwierig ist, spricht man in der Wissenschaft von einem Blackbox-Problem. Stellen Sie sich Neuwagen vor, die mit geschlossener Motorhaube vom Band rollen. Zwar ist der Motorblock nicht zu sehen – er ist in einer Blackbox –, doch man kann immer noch eine Menge über sein Fahrverhalten sagen. Stück für Stück kommen die Fakten zusammen. Hält das Auto etwa plötzlich an, weiß man, dass es Benzin braucht. Da das Armaturenbrett beleuchtet ist, schließt man daraus, dass der Motor in irgendeiner Form auch Elektrizität erzeugt.

Blackboxes sind amüsant und frustrierend zugleich, in der Regel sind Wissenschaftler von ihnen recht angetan. Doch solange man die Motorhaube nicht aufbekommt, wird man nicht wissen, wie der Motor funktioniert. Umso schlimmer ist die Erkenntnis, dass es sich beim Universum um die ultimative Blackbox handelt. Wenn ein Physiker also begreifen will, woraus das Universum besteht, scheint der Fall zunächst klar. Die Naturgesetze sind bekannt genau wie die Eigenschaften von Materie und Energie. Das Standardmodell der Quantenfeldtheorie umfasst alle Kräfte außer der Gravitation. Doch selbst bei diesem störrischen Vertreter gibt es letztlich Fortschritte zu verzeichnen. (Im Moment heißen die beiden rivalisierenden hochgradig esoterischen Theorien *Loop Quantum Gravity* und *Superstring Quantum Gravity*.) Wobei alle Beteiligten auf das stete Wasser verweisen, das am Ende den Stein höhlt.

Doch es kann auch alles in einer Sackgasse enden. Das junge Universum wurde an einem Ort gebraut, der uns unzugänglich ist, und nicht einmal seine Grundzutaten sind bekannt. Für die angesehene Wissenschaftsphilosophin Ruth Kastner ist das materielle Universum wie die Grinsekatze in *Alice im Wunderland:* körperlich verblasst, doch ihr Grinsen ist noch etwas zu sehen. Die Physik studiert nun genau dieses Grinsen, in dem Versuch, die Katze ganz zu beschreiben. Ein vergebliches Unterfangen? Die Metapher der Grinsekatze stammt von dem Physiker John Archibald Wheeler, der damit den Kollaps von schwarzer Materie in ein schwarzes Loch beschrieb. Einstein hat dies geistreich so formuliert: »Vor meiner Theorie dachte man, dass leerer Raum übrig bliebe, wenn alle Materie aus dem Universum entfernt würde. Meine Theorie besagt, dass auch der Raum verschwindet, wenn man alle Materie entfernt.« Wenn man bedenkt, dass ein schwarzes Loch buchstäblich alles Stoffliche verschlingt, dann fällt es leichter, einen wirbelnden Galaxiehaufen als nichts viel anderes als das Grinsen der Katze zu sehen.

Physiker wollen die Realität in einem Stück erklären. Aber man kommt über die Straßenkreuzung nicht hinaus. Der eine Weg führt in ein Universum, wo die Materie substanziell, verlässlich und erklärbar ist. Allerdings ist die Quantenphysik von diesem Weg der Realitätserklärung abgekommen, obwohl viele Forscher ihn immer noch beschreiten. Dafür haben sie ihre Gründe, mit denen wir uns später noch beschäftigen werden. Der andere Weg führt zu einem völligen Neudenken, weil die Materie ohnehin illusorisch ist. Das Dilemma ist in etwa so wie Robert Frosts berühmtes Gedicht, das mit folgenden Zeilen beginnt:

Zwei Straßen gingen ab im gelben Wald,
Und leider konnte ich nicht beide reisen …

Die ungelösten Probleme der Quantentheorie drehen sich zumeist um die Frage des Wegs: reines Denken oder neue Daten? Doch genau wie bei Frost weiß man im Vorhinein nicht, was auf dem je anderen Weg passiert wäre.

DIE BLACKBOX AUFBRECHEN

Für Kosmologen ist unstrittig, dass das sichtbare Universum nur einen Bruchteil der Materie und Energie enthält, die beim Urknall frei wurde. Das allermeiste verschwand noch während des Schöpfungsgeschehens, nicht aber dunkle Materie und Energie. So ist der leere Raum keineswegs leer, sondern enthält große Mengen ungenutzter

Energie auf Quantenebene. Man hat versucht, diese Menge zu berechnen. Doch vor dem Hintergrund der tatsächlichen Expansionsgeschwindigkeit des Universums liegen die Zahlen weit daneben. Da subatome Teilchen aus dem Vakuum »aufschäumen«, wird sehr, sehr viel Energie benötigt. Die Energiedichte von einem Kubikzentimeter leeren Raum wird als Zahl angegeben, die man kosmologische Konstante nennt.

Unglücklicherweise ist diese ungenau, und zwar um die Größenordnung 120 (eine Zehn mit 120 Nullen). Der leere Raum ist weitaus leerer, als sich die Quantentheorie das vorstellt. So nimmt man denn an, dass sich alle im Vakuum aufgerührten Kräfte gegenseitig annullieren. So mancher Physiker findet das »zauberhaft«. Im besten Falle hat alles mit dunkler Energie und ihrer Wirkung auf die Galaxien zu tun, wobei dunkle Energie ziemlich weit oben auf der Liste der Dinge steht, die man (zumindest im Moment) nicht nachweisen kann.

Sollte sich herausstellen, dass es die verborgene Seite der Schöpfung ist, die die Expansion des Universums kontrolliert, dann stellt das die anerkannten Naturgesetze (das Standardmodell) infrage. Kurz gesagt, wenn die tragfähige und solide Materie verschwinden würde, dann wäre es auch um die Idee der Materie geschehen. Das aber hätte weitreichende Folgen. Denn alles, was wir an stofflichen Objekten als gegeben hinnehmen – die Schwere von Felsen, die Süße des Zuckers oder das Funkeln eines Diamanten –, wäre dann eine Schöpfung des Geistes – und damit letztlich auch das Universum. Aber an diesem Punkt sind wir noch nicht.

Wir haben es mit einer Diskrepanz zu tun, die damit anfängt, dass man nicht eigentlich weiß, warum das Universum überhaupt existiert. Im Feuersturm des Urknalls war die Energie sehr aktiv und führte zu einem »shake-up«, einem Ummodeln der Raumzeit. Mittels physikalischer Berechnungen lässt sich nicht sagen, warum es die Materie dabei nicht völlig zerriss. Wenn die ursprüngliche Materie tatsächlich so stark aufgewühlt wurde, wie es laut den Berechnungen gewesen sein muss, dann hätte es eigentlich aufgrund der kondensierten Schwerkraft zum Kollaps des jungen Universums kommen müssen (ganz wie in einem schwarzen Loch). Ansonsten hätte das fortbestehende Universum aus nichts als Energie bestanden. Offensichtlich kam aber die Materie ins Spiel, weshalb nun die Gleichungen so lange bearbeitet werden müssen, bis sie auf die Gegebenheiten passen. Dieses Bearbeiten sieht stark nach frisierten Zahlen aus.

Die Realität ist also offensichtlich mehr als reine Physis, doch Quanten-»Zeug« in eine Kiste zu stopfen, das kann es nicht sein. Allerdings wollen die Physiker nicht von der Physis lassen – sie ist doch zu sehr Teil ihrer wissenschaftlichen DNA. Man verweist auf den Erfolg des Standardmodells und verspricht, alsbald alle Wissenslücken zu beheben. Ein »Bald haben wir es geschafft« soll Optimismus verbreiten. Nicht physikalische Erklärungsmodelle hingegen gehen zurück auf »Los«, denn schließlich ist »Materie« ein alter Hut. Vor die Wahl gestellt zwischen »Wir haben es fast geschafft« und »Wir haben kaum begonnen«, entscheiden sich die meisten Physiker zweifellos für die erste Aussage.

WAS WIR SEHEN

Bevor wir die physikalistische Position nun radikal herausfordern, wollen wir zunächst das von ihr gesammelte Wissen würdigen. Es ist ein beeindruckendes Vermächtnis basierend auf der Maxime »Seeing is believing«, und zu sehen gibt es wirklich einiges. Innerhalb von 14 Milliarden Lichtjahren (das gegenwärtige Universum ist vielleicht viel größer) gibt es wohl 80 Milliarden Galaxien, die Astronomen als groß und klein, spiralförmig und elliptisch bezeichnen, als unregelmäßig in der Form, als »normal« (keine besondere Aktivität im Zentrum) oder »aktiv« (Explosionen großer Energie- und Materiemengen im Zentrum).

In einer typischen Galaxie wie unserer Milchstraße, vom Typ groß und spiralförmig, gibt es 200 bis 400 Milliarden Sterne. Die meisten davon nennt man rote Zwerge. Sie sind klein, blass, rot und überdauern mehr als zehn Milliarden Jahre. Die Sterne, die wir am Nachthimmel sehen, sind viel größer und weißlich oder bläulich. Diese hellen

Sterne lassen sich noch aus großer Entfernung erkennen, jedoch entspricht das, was wir sehen, nicht ihrer tatsächlichen Verteilung. Ein großer Prozentsatz der Sterne, die nicht zu den roten Zwergen gehören, sind wie unsere Sonne und bei vielen zeigt sich, dass sie von Planeten umgeben sind. Wenn nur ein paar Prozent davon über gute Bedingungen verfügen, dann sind, wie wir gesehen haben, die Verteidiger des Zufallsprinzips – »Das Leben auf der Erde ist einzigartig« – gegenüber den Anthropoisten klar im Vorteil.[2]

Insgesamt hat das Universum so viele Sterne wie eine 1 gefolgt von 23 Nullen oder 100 Sextillionen, eine atemberaubende Zahl. Doch es geht noch weiter. Da gibt es leuchtende Materie in Form von Sternen, die die Galaxien erhellt. Obwohl es mehr Sterne gibt als Sandkörner auf der Erde, machen sie nur 10 Prozent der Masse des sichtbaren Universums insgesamt aus. Alle Protonen und Elektronen zusammengenommen bilden die atomare Masse und ergeben damit eine 1 mit 80 Nullen oder 100 Tausend Trillionen Sextillionen Sextillionen Sextillionen Atome! Das entspricht 25 Millionen Sextillionen Erden.

Hier verliert sich der physikalistische Pfad, weil all die leuchtende Materie nur etwa 4 Prozent des »Zeugs« im Universum ausmacht. Das meiste davon, also etwa 96 Prozent, ist »dunkel«, nicht sichtbar und unbekannt. Immerhin sind wir im Besitz eines glaubwürdigen Inventars des Kosmos, und zwar dank der Wilkinson Microwave Probe (WMAP) der NASA. Die Raumsonde hat gemessen: 4,6 Prozent reguläre Materie, 24 Prozent dunkle Materie und 71,4 Prozent dunkle Energie. Das meiste im Universum ist also recht exotisch und damit einer Blackbox würdig.

---

[2] Bis heute hat das Weltraumteleskop Kepler der NASA zur Erkundung anderen Lebens 1000 mögliche Erden in den Weiten des Alls ausgemacht. Während wir dieses Buch schrieben, wurde ein weiterer Kandidat, Kepler 452b, mit auf die Liste gesetzt. Kepler 452b ist 1400 Lichtjahre entfernt und gehört damit schon zur engeren Wahl. Seine Größe und der Abstand zu Nachbarsternen fallen in die wohltemperierte »Goldilocks«-Zone, in deren Temperaturspanne Ozeane entstehen und Leben möglich ist.

Wie die Dinge liegen, handelt es sich bei der dunklen Materie und der dunklen Energie um Vermutungen, allerdings akribisch berechnet. Das ist Lichtjahre entfernt vom alten »Seeing is believing«. Skeptiker sehen denn auch den Schulterschluss von Physik und Fantasie. Stellen Sie sich vor, Sie schauen sich im Tierreich um und sehen dabei Pferde über die Prärie galoppieren. Dann sehen Sie noch einen einhörnigen Meeressäuger, Narwal genannt. Lassen diese Sichtungen nun den Schluss zu, dass es Einhörner gibt mit Pferdekörper und Narwalhorn? Unsere moderne Antwort lautet Nein, während es im Mittelalter keine so strikte Trennung zwischen Wirklichem und Unwirklichem gegeben hat. Mittlerweile unterhält die Kosmologie eine ganze Menagerie voller mythischer Wesen – von Quarks über die Superstrings zum Multiversum. Alle entstanden aus mathematischen Schlussfolgerungen.

Dunkle Materie ist ein hervorragendes Beispiel der real existierenden Inferenz. Zunächst einmal wird durch die beschleunigte Rotation von Sternen in einer Galaxie auf dunkle Materie geschlossen. Dabei werden die Sterne von irgendeiner Masse außen angezogen, die so schnell ist, dass sie sich physikalisch nicht berechnen lässt. (In ähnlicher Weise verwendet die NASA Gravitation, wenn sie eine Probe in der Nähe eines Planeten wie Jupiter oder Saturn nimmt. Dabei dient die Anziehung des Planeten als Schleuder. Sie beschleunigt die Probe, während diese vorbeizischt.) Normalerweise haben weder eine Galaxie noch das bekannte Universum genug Masse, um eine derartige Rotation zu erzeugen.

Zweitens befinden sich die meisten Galaxien in unterschiedlich großen Clustern. Manche sind klein und weisen nur wenige Galaxien auf, andere dagegen sind riesig, enthalten Zehntausende Galaxien und strahlen große Mengen Röntgenstrahlen ab. Diese Riesencluster haben anscheinend mehr Masse als berechnet, entweder durch ihre Sterne oder das gasförmige Material im Innern des Haufens, das sich nur anhand der Röntgenstrahlen beobachten lässt. In der Schlussfolgerung – Inferenz – nimmt man an, dass sich im Inneren mehr Materie befindet. Schließlich gibt es den Fall, dass man weit entfernte Galaxien im Hintergrund beobachten kann, weil ihr Licht durch näher gelegene Galaxienhaufen fällt (etwa das Kugelcluster). Die dabei entstehende Lichtbrechung (bedingt durch die Anziehung des näher gelegenen Clusters) fungiert wie eine gravitationsmäßige Linse und zeigt, dass im Innern des Clusters viel mehr dunkle Materie steckt. In allen drei Punkten gibt es hier dank der Schwerkraft eine Übereinstimmung. Die Schlussfolgerungen sind zwar tragfähig, ausreichend sind sie aber nicht.

Um das Ganze zu veranschaulichen, stellen Sie sich vor, sie befänden sich in einem fensterlosen Raum, der wie ein Stern rotiert. Sie spüren die Zentrifugalkräfte, weil sie an die Wand gedrückt werden, auch können Sie ableiten, dass etwas von außen am Raum zieht. Das ist ein weitreichender Schluss, aber Sie sind sich seiner Grenzen, was die Quelle der Kraft angeht, bewusst. (Ist es vielleicht ein Tornado, ein wütender Elefant oder ein Riese, der mit seinem Spielzeug hantiert?) Auf der Grundlage dieser Schlussfolgerung lässt sich eigentlich nichts Substanzielles sagen, obwohl die Berechnungen im Rauminnern ziemlich genau waren, was die Stärke der Kraft angeht.

WO DUNKELHEIT REGIERT

Die Dunkelheit ist also eher die Regel denn die Ausnahme, weshalb man auf der Suche nach den Bausteinen des Universums am besten gleich bei ihr ansetzt, nur um sogleich wieder ausgebremst zu werden. Die meisten Kosmologen gehen im Moment davon aus, dass dunkle Materie »kalt« ist. Das impliziert, dass sich ihre Teilchen in der ersten Zeit nach dem Urknall sehr viel langsamer bewegt haben als die Lichtgeschwindigkeit. (Wie zu erwarten, sind diese Teilchen im Moment nur Mutmaßung.) Materie, so der Vorschlag, gibt es in dreierlei Zuständen: heiß, warm und kalt. So gelten die subatomaren Neutrinos als heiße dunkle Materie, womit sie der normalen Materie recht ähnlich sind. Aus warmer dunkler Materie bestehen »braune Zwerge«, kleine Objekte, die nicht durch thermonukleare Reaktionen wie andere Sterne aufleuchten.

Etwas besser unterfüttert ist der allgemeine Konsens, wonach kalte dunkle Materie aus schwach wechselwirkenden massereichen Teilchen besteht. (Die englische Abkürzung WIMP für »weakly interacting massive particles« bedeutet – nicht ganz unpassend gewählt – »Schwächling«.) WIMPs interagieren nur über die Schwerkraft und die schwache Kernkraft. Eigentlich müssten sie gänzlich verborgen sein, doch sie tauchen überall auf; ihr Anteil an der gesamten Masse ist hoch, was sie zu einer starken Gravitationskraft macht.

Dunkle Energie dagegen ist viel exotischer und anscheinend stärker präsent. Während dunkle Materie, obwohl unsichtbar, das Universum mittels Schwerkraft beeinflusst, verhält sich dunkle Energie als Antigravitation und zieht das Universum extrem weit auseinander (das heißt weiter, als Galaxien und Galaxienhaufen groß sind). Wie dies tatsächlich geschieht und was möglicherweise dahintersteckt, ist kein kleines Geheimnis. Allein um seine Existenz festzustellen, bedarf es sehr präziser Messungen, wie schnell die Galaxien untereinander beschleunigen. Je nachdem, wie viel Sterne man hier zugrunde legt – die Schlüsselfiguren sind sehr weit entfernte Supernovas –, variiert der Wert für die dunkle Energie erheblich. Manche Skeptiker bezweifeln, dass Galaxien überhaupt beschleunigen, was der dunklen Energie das Wasser abgraben würde.

Aber kalte dunkle Materie wird zusammen mit der dunklen Energie momentan als das Standardmodell der Kosmologie gehandelt. Danach bewohnen wir ein flaches Universum, das von dunkler Energie dominiert und von etwas weniger dunkler Materie sowie noch etwas weniger leuchtender oder normaler Materie ergänzt wird.

Anders betrachtet ist die Dunkelheit vielleicht einfach eine Frage der Perspektive und nicht so sehr eine Frage, wie das Universum tatsächlich beschaffen ist. Die größten Teilchenbeschleuniger arbeiten im Milliardstel-Meter- und Milliardstel-Sekunden-Bereich. Ist diese Art der kleinteiligen Beobachtung kompatibel mit den riesigen, Milliarden Lichtjahre großen Skaleneffekten der dunklen Materie? Bevor sich hier jemand mit einem Ja oder Nein hervortut, stellt sich die Frage, ob das, was wir heute sehen, auch dasselbe ist wie das vor langer Zeit. Wohl kaum. Die Beschleunigung der Galaxien mit ihren Fliehkräften kam erst spät ins Spiel, nämlich vor circa fünf Milliarden Jahren. Davor, so nehmen Kosmologen an, hat sich die Beschleunigung sogar abgeschwächt. Das hat damit zu tun, dass sich dunkle Materie und dunkle Energie in einem expandierenden Universum unterschiedlich entwickelten. Als sich das frühe Universum in seinem Volumen verdoppelte, halbierte sich die Dichte der dunklen Materie, während die Dichte der dunklen Energie konstant blieb (und bleibt). Erst als sich das Gleichgewicht zugunsten der dunklen Energie verschob, wurde aus einer Verlangsamung eine Beschleunigung.

Das »Wir-haben-noch-nicht-einmal-angefangen«-Lager bekommt durch Lücken im Standardmodell Auftrieb. Doch wie soll das neue Denken Fuß fassen? Alles fing an mit der psychologischen Komponente bei von Neumann. Unterstützung bekam er dabei von wichtigen Physikern zu Beginn der Quantenrevolution. Max Planck etwa war sich ganz sicher, dass die Realität grundsätzlich das Bewusstsein involviert. So sagte er: »Es gibt keine *Materie* an sich. Alle *Materie* entsteht und besteht nur durch eine *Kraft. … So müssen wir hinter dieser Kraft bewussten, intelligenten Geist annehmen.*«

Das heißt, dass Materie »da draußen« nicht wie Schnee vom Himmel fällt und auf dem Mantelkragen landet. Materie ist in der gleichen Matrix aufgehoben wie auch Ihre Gedanken und Träume. Planck glaubte, dass das Bewusstsein noch entscheidender ist als die Materie. So sagte er mit aller Deutlichkeit: »Ich betrachte das Bewusstsein als von grundlegender Bedeutung. Ich betrachte die Materie als einen Abkömmling des Bewusstseins. Wir können nicht hinter das Bewusstsein gelangen. Alles, worüber wir reden, alles, was wir als existierend betrachten, ist als Bewusstsein zu postulieren.«

Das neue Denken ist also schon da. Was bislang gefehlt hat, war seine Akzeptanz. Sorgen wir dafür, dass sie mehr wird.

Pioniere gelten gemeinhin als furchtlos. Was aber hat Planck dazu veranlasst, sich Schrödingers Auffassung anzuschließen, wonach das Universum Bewusstsein hat? Es hat mit etwas zu tun, was fast schon zu banal ist, um es zu nennen: Alles, was wir erleben, ist Erfahrung. Sagt uns das etwas? Sich die Zunge am heißen Kaffee zu verbrennen, ist zweifellos eine Erfahrung. Ebenfalls eine Erfahrung ist der Bau der Raumsonde New Horizons, die – von einer großen Rakete abgeschossen – mit 36 000 Meilen pro Stunde durch den Weltraum flog, bei der Umrundung des Jupiters noch einmal auf 47 000 Meilen pro Stunde an Fahrt zulegte und insgesamt neun Jahre für die sechs Milliarden Meilen weite Reise zu Pluto benötigte. Auch eine Erfahrung ist der Jubel unter Astronomen, als sie endlich die ersten Nahaufnahmen des letzten großen Himmelskörpers unseres Sonnensystems zu sehen bekamen.

Sich die Zunge zu verbrennen und Pluto zu fotografieren sind als Erfahrungen gleichrangig. Wissenschaft insgesamt ist eine Erfahrung. Planck hat also nichts anderes gemacht, als diesen Umstand immer wieder ins Gedächtnis zu rufen. Wenn man so unterschiedliche Dinge auf einen Nenner bringen kann wie den Duft einer Rose, einen Vulkanausbruch, ein Shakespeare-Sonett oder eine Weltraumsonde, dann ist die »Matrix« des Realen nicht länger stofflicher Natur. Dies bietet einen enormen Vorteil, wenn man ohnehin in der Sackgasse des Stofflichen gelandet ist. Nun ist der Schritt zu einem neuen Paradigma leicht: Die Dunkelheit ist nicht mehr fremd. Für die Matrix stellt es ohnehin kein Problem dar, sie zu enthalten, denn alles, aus dem das Universum besteht, ist zu Bausteinen des Bewusstseins geworden.

An diesem Punkt mischen sich natürlich die Physikalisten ein. Solide Objekte verschwinden zu lassen ist ein Kinderspiel im Vergleich mit dem, sie wieder zurückzubringen. Wie kann der Geist, der weder Masse noch Energie hat, es hinbekommen, beide zu erschaffen? Die Matrix, die Planck Bewusstsein nennt, so der Einwand der Physikalisten, ist nichts weiter als das Universum mit seinen ungelösten Rätseln. Immerfort von »Bewusstsein« zu sprechen kann nicht die Lösung sein.

(Diese Haltung wurde in das schöne – leider nur auf Englisch funktionierende – Wortspiel gefasst »What is matter? Never mind. What is mind? Doesn't matter.«)

Fairerweise muss man sagen, dass sich beide Lager mit konträren, aber gleichermaßen schwierigen Problemen herumschlagen. Die einen müssen zeigen, wie das materielle Universum das Phänomen des Geistes hervorbringen konnte, die anderen, wie der kosmische Geist Materie erschaffen hat. Auf den ersten Blick fischen wir wieder im Trüben der Theologie, die allerdings weder für das eine noch für das andere Problem eine Lösung gefunden hat.

DAS BEOBACHTERPROBLEM RECKT SEINEN KOPF IN DIE HÖHE

John von Neumann steht womöglich jeweils mit einem Bein in beiden Lagern, weil er das psychologische Moment in seine Fassung der Quantenmechanik aufgenommen hat. Aber ein sicherer Stand ist das nicht. Nehmen wir einmal an, er hat recht und die Wirklichkeit lässt sich nicht von der persönlichen Erfahrung trennen. Das erklärt aber noch nicht, wie Letztere in die Quantenebene hineinragt. Zweifellos kommt der Subjektivität eine starke wirklichkeitsverändernde Kraft zu. Wie sagt der Comedian Garrison Keillor in seiner bekannten Radiosendung *Prairie Home Companion*? »Und nun wieder die News aus Lake Wobegon, wo die Frauen stark, die Männer chic und die Kinder hochbegabt sind.« Da überlagert die Subjektivität die Realität schon sehr. Aber etwas ganz anderes ist es zu behaupten, dass die Subjektivität die Wirklichkeit hervorbringt.

Das Problem wird einfacher, sobald wir Subjektivität und Objektivität nicht mehr so strikt voneinander trennen. In Wahrheit nämlich sind sie miteinander verwoben. Das wissen wir, weil sich die subjektive Seite einer Erfahrung nicht herausrechnen lässt. Mit anderen Worten: Wenn alles Erfahrung ist – und das ist es –, dann gibt es immer auch Subjektivität.

Natürlich gehen die Physikalisten hier nicht mit: Seit 100 Jahren ist dieser Streitpunkt als »Beobachterproblem« bekannt. Vor der Messung kommt in der Wissenschaft die Beobachtung. In der klassischen Zeit war das auch kein Problem. Man beobachtete Kaulquappen, die Ringe des Saturn oder das Licht, wie es durch ein Prisma gebrochen wird. Ein Feldbeobachter konnte den Raum verlassen und die Beobachtung ging weiter, egal, wer den Platz übernahm.

Der Beobachter wird jedoch dann zum Problem, wenn der Akt des Beobachtens eine Verwandlung am Beobachteten hervorruft. Das erleben wir in der Menschenwelt andauernd. Ob man Sie liebevoll ansieht, gleichgültig oder feindselig: Immer macht das etwas mit Ihnen, bis hin zu körperlichen Veränderungen. Vielleicht erröten Sie oder Ihr Herz schlägt schneller, immer aber reagiert Ihre Chemie auf einen einfachen Blick. Was das Beobachterproblem in der Quantenphysik so besonders macht, ist, dass allein durch den Vorgang des Beobachtens Teilchen in Raum und Zeit entstehen. Technisch ist dieser Umstand als Zusammenbruch der Wellenfunktion bekannt. Dabei verändert die Wahrscheinlichkeitswelle, die sich unsichtbar und unendlich in alle Richtungen ausdehnt, ihren Zustand – und plötzlich ist ein Teilchen zu sehen.

Eine der Grundlagen der Quantenmechanik ist, dass ein Quantum (zum Beispiel ein Photon oder Elektron) sich entweder als Welle oder als Teilchen verhält. Das ist Konsens. Strittig indessen ist, ob der bloße Akt des Beobachtens zum Kollaps der Wellenfunktion führt. Für Physikalisten ist die Sache klar: Dinge sind Dinge, Punkt. Zu behaupten, dass durch Beobachtung ein Teilchen aus dem Quantenfeld auftaucht, sei reiner Mystizismus. In der allgemein akzeptierten Kopenhagener Deutung der Quantentheorie – benannt nach dem dänischen Physiker Niels Bohr und dem Kopenhagener Institut – nimmt der Beobachter denn auch eine Zwischenstellung zwischen Welle und Teilchen ein.

Offen bleibt dabei aber, wie genau der Akt des Beobachtens stoffliche Materie beeinflusst. Man könnte meinen, da passiert irgendwas unter dem Tisch. Beobachterin A sieht Objekt B an mit dem Ziel, es zu vermessen. Zum Beispiel Masse, Position, Bewegung und so weiter. In dem Moment, wenn dieser Vorsatz spezifiziert wird, gibt das Objekt nach – das ist der Teil unter dem Tisch. Bislang gibt es dafür keine richtige Erklärung. Heisenberg ist hier ganz dezidiert: »Was wir beobachten, ist nicht die Natur selbst, sondern die Natur, die unserer Methode der Befragung ausgesetzt ist.« Der Beobachter lässt sich nicht vom Beobachteten trennen, weil die Natur uns gibt, wonach wir suchen. Das ganze Universum ist wie Lake Wobegon, so scheint es.

Lassen Sie uns das Beobachterproblem – der Beobachtereffekt gemäß der Kopenhagener Deutung – mit dem Rätsel der Beschaffenheit des Universums verbinden. Wenn »Atome und Elementarteilchen«, wie Heisenberg sagt, »nicht ebenso wirklich sind«, ist auch die Frage, woraus das Universum besteht, falsch gestellt. Das Universum besteht aus dem, *was wir wollen, dass es uns zeigt.* Natürlich verdrehen Physiker bei so etwas die Augen, aber die Fakten sprechen für sich. Niemand hat jemals gesehen, wie die Wellenfunktion kollabiert ist. Sie lässt sich nämlich gar nicht beobachten. Die Berechnung des Verhaltens der Materie mithilfe von Unsicherheiten und Wahrscheinlichkeiten dagegen ist äußerst erfolgreich. Quantenobjekte verweigern sich der allgemeinen Logik von Ursache und Wirkung.

Zählen Sie eins und eins zusammen, dann kommt kein Kosmos »voll mit Zeug« heraus, sondern ein Kosmos voller Möglichkeiten, die sich auf geheimnisvolle Weise in »Zeug« verwandeln – dabei ist die Verwandlung realer als die stoffliche Erscheinung. Eine bessere Antwort gibt es aktuell nicht auf die Frage »Woraus besteht das Universum?«. Selbst ein murrender Physiker muss eingestehen, dass der Kollaps der Wellenfunktion eine Wandlung ist. Ein Kaninchen aus dem Hut zu ziehen, ist eine Illusion, ein Photon aus dem Feld dagegen real.

Für die Kopenhagener Deutung (und für die moderne Physik insgesamt, ungeachtet, welche Richtung man bevorzugt) ist hier der Weg zu Ende. So mag ein Beobachter im Labor das Verhalten eines Photons beeinflussen, doch das ist Lichtjahre von dem entfernt, was im normalen Leben abläuft. Kann man das Universum, seine Sterne und Galaxien, kann man Bäume, Wolken oder Berge tatsächlich durch Beobachtung allein verändern? Es mag ein bisschen voreilig klingen, aber genau das ist die Grundidee des menschlichen Universums. Doch so weit sind wir noch nicht. Um weiter zu kommen, müssen wir beweisen, dass der Geist nicht nur ein Faktor unter vielen im Kosmos ist, sondern zentral. Das ist eine stattliche Aufgabe, und deshalb müssen wir nun Schritt für Schritt der Reihe nach vorgehen.

GIBT ES EINEN KOSMISCHEN BAUPLAN?

Liegt unserem Universum ein Schöpfungsgedanke zugrunde? Das war lange Zeit die Preisfrage, bevor die Sache mit dem »intelligenten Design« in der Wissenschaft für erhitzte Gemüter sorgte. Das intelligente Design beruft sich auf das Buch Genesis. Lockert man jedoch die Kriterien und fragt: »Spielt Gott eine Rolle bei der Schöpfung?«, erntet man nicht weniger Entrüstung. In der Wissenschaft ist mit dem Schöpfungsgedanken nichts zu holen, verwahrt sich doch die Wissenschaft gegen Einmischungen jeder Art: durch die Religion (hat nichts im Labor verloren), durch die Politik (die Kirchen sollen in die Regierungsfinanzierung nicht reinreden) und die Vernunft (es gibt keine Daten, die eine göttliche Schöpfung belegen).

Ein zufälliges Universum verbietet im Übrigen den Gedanken einer bewussten Schöpfung. Wenn alles Zufall ist – vom Elementarteilchen bis zum Urknall –, dann braucht es keinen Schöpfer, der seine Entwicklung begleitet. Was gibt es also überhaupt zu rätseln? Die Sache ist: Unser Bewusstsein ist zwischen zwei Weltauffassungen gefangen, ganz so, als stecke man mit dem Fahrstuhl zwischen zwei Stockwerken fest. Denken Sie nur an die berühmte Geschichte von Rudyard Kipling *Wie der Leopard zu seinen Flecken kam*. Die Flecken hatte ein äthiopischer Jäger gemalt, sodass sie sich bestens in die »streifigen, fleckigen, schlüpfrigen, hüpfrigen Schatten« einfügen würden. Da kann die moderne Wissenschaft nur zustimmen. Großkatzen, die nachts oder in einem schattigen Wald jagen, haben eher Flecken oder Streifen, weil sie die Jagd erleichtern. Katzen, die im Offenen jagen, haben eher ein schlichtes, ungemustertes Fell. (Natürlich gibt es Ausnahmen von der Regel, wir haben den Gepard, der seine Opfer in der offenen Fläche verfolgt und dennoch gepunktet ist.)

Man könnte annehmen, dass Kipling und ein Evolutionsbiologe zu den gleichen Schlüssen kommen, doch das tun sie nicht. Setzen Sie einmal statt des »Äthiopiers« das Wort »Gott« ein, »Mutter Natur« oder welchen »Designer« Sie wollen – und Kiplings Fabel bleibt dieselbe. In seiner skurrilen Kindergeschichte bekommt der Leopard seine Flecken nämlich *nicht ohne Grund*, und dieser Grund ist schon im Vorfeld bekannt – Tarnung. Dafür braucht es nicht unbedingt einen Gott, nur eine schöpferische Absicht, dass Leoparden gefleckt sein sollten. Aus diesem Grund hat der Jäger den Leoparden auch nicht knallorange angemalt, denn das hätte die Absicht hintertrieben.

Die Wissenschaft betrachtet die begründete Absicht als nachrangig, als Effekt, nicht als Ursache. Leoparden haben ihre Flecken zufällig aufgrund des Zusammenspiels zweier Substanzen – den Morphogenen – bekommen. Diese Substanzen sind für Muster insgesamt verantwortlich, einschließlich der Rillen, die sich mit der Zunge am Gaumen ertasten lassen. Durch eine zufällige Mutation der Morphogene haben sich bei Großkatzen vor ewigen Zeiten Flecken gebildet, die, wie sich herausstellte, der Tarnung förderlich waren. Das Tier jedoch weiß weder, dass es getarnt ist, noch weiß es überhaupt etwas über sein Aussehen. Das Einzige, was beim Darwinismus zählt, ist das Überleben und eine Großkatze mit Flecken überlebt eher, weil sie im Halbschatten besser jagen kann. (Die Fellmuster von Wildkatzen sind ebenfalls zufällig. Mittels eines Computermodells konnte Alan Turing, ein bekannter Codeknacker im Zweiten Weltkrieg, ihr Muster entschlüsseln.)

Warum aber sitzen wir mit unseren zwei Weltbildern zwischen den Stockwerken fest? Einerseits wollen wir genau wie Kipling einen Grund haben, warum Leoparden Flecken haben. Andererseits finden wir auch die wissenschaftliche Erklärung akzeptabel. Das menschliche Bewusstsein gewöhnt sich nur schwer an den Gedanken, dass wirklich alles in der Natur bedeutungslos sein soll. Doch genau darum geht es beim Darwinismus, dem Urknall, der kosmischen Inflation, der Entstehung des Sonnensystems und dem Kollaps der Wellenfunktion – der Schöpfung die menschliche Vorstellung von Sinn und Zweck auszutreiben.

Naturwissenschaftler hassen den Begriff »Design«, für sie ist er wie ein Angriff aus dem Hinterhalt, einer Zeit entstammend, die man längst überwunden glaubte. Aber wenn man die Sache nüchtern betrachtet, dann sind Design, Muster, Struktur und Form synonym. Es gibt keinen vernünftigen Grund, warum »Design« des Teufels sein soll.

Aber wir müssen realistisch sein. Begriffe haben eine Geschichte und »Design« stößt vielen Naturwissenschaftlern deshalb so negativ auf, weil es mit dem Kreationismus verbunden ist. Die Kreationisten wollen das Buch Genesis beim Wort nehmen, indem sie behaupten, die Wissenschaft erkenne ebenfalls einen Schöpfungswillen. Panikmacher auf der gegnerischen Seite wittern hier natürlich einen Angriff auf die Wissenschaft. In Wahrheit war die Sache mit dem intelligenten Design vor allem etwas für die Frommen und die Medien, die ja eine gute Geschichte auf Anhieb erkennen.

Die Gerichte haben in den USA alle Versuche der Kreationisten abgeschmettert, im Unterricht die gleiche Zeit zu bekommen wie die naturwissenschaftliche Lehre (auch wenn unglücklicherweise noch ein paar Ausnahmen anhängig sind). Dieses Feld also noch einmal zu beackern, ist sinnlos. Aber: Der stecken gebliebene Fahrstuhl rührt sich nicht vom Fleck. Wenn man sich in der Natur ein wenig umschaut, dann sieht man überall Gestaltungswillen. Ist denn das bloß eine Sinnestäuschung? Auch hat man noch nie Bären oder Frösche gesichtet, die sich fragen, wie es zu einem Regenbogen kommt. Sie kennen keinen wunderschön schillernden Bogen, ja nicht mal ein Muster. Doch das mit der Schönheit des Regenbogens ist vielleicht nur ein Ablenkungsmanöver. Vielleicht sollten wir einfach kaltblütig fragen, ob überhaupt *irgendetwas* im Universum einen Schöpfungswillen erkennen lässt?

Auch wenn sie an den Zufall glauben, verweisen Naturwissenschaftler doch immer gern auf die Struktur des Atoms. Spiralnebel formen in der Tat ein erkennbares Muster, das man in aller Naivität ein »Design« nennen könnte. Das im Hinterkopf, kann man das ganze Durcheinander von Gestaltung, Muster, Form und Struktur so ordnen: Das Universum existiert, weil aus dem Chaos Ordnung entstanden ist. Das Ringen zwischen Form und Formlosigkeit ist allgegenwärtig. Die moderne Physik ist auf rein zufällige Prozesse ohne Sinn und Zweck bezogen. (Wir fragen nicht, was die Gravitation auf dem Jupiter *bedeutet.*) Und doch hat das menschliche Leben, einschließlich der wissenschaftlichen Neugier, Sinn und Ziel. Nur: Woher kommen diese?

Zweifellos spricht die Sprache der Mathematik von einem Willen zum Schöpferischen: Da gibt es Ausgewogenheit, Harmonie, Symmetrie, ja manche würden sogar von Schönheit sprechen. In der chinesischen Kalligrafie gilt ein in einem Pinselschwung gemalter Kreis als Zeichen der Meisterschaft. Elektronen kreisen (zumindest in den unteren Umlaufbahnen) in perfekten Kreisen um den Atomkern. Warum gilt das nicht als Ausdruck von Schönheit? In der Natur kommen Spiralmuster häufig vor. So in der Nautilus-Muschel, in der Anordnung der Samen bei der Sonnenblume oder der DNA. Wo kommt hier ein Gestaltungswille zum Ausdruck – einmal, immer, niemals?

Eine Wissenschaft, die alles mit Zufall erklären will, ist ungenügend. Deshalb gibt es innerhalb der rationalen Sphäre immer noch Redebedarf, denn Schönheit und Gestaltungswille sind im gleichen Garnknäuel unseres geheimnisvollen Universums verwoben. Ohne einen ausgefeilten Plan im Hinterkopf wollen wir nun das Knäuel entwirren, wobei wir sicherlich das eine oder andere ungeschriebene Gesetz entdecken werden.

Heisenbergs und Bohrs Erkenntnis, wonach die Natur just jene vom Beobachter gesuchten Eigenschaften an den Tag legt, ist brillant. Das hat sicherlich auch mit der Designfrage zu tun. Nichts an einer Rose – weder das Purpurrot noch die samtige Oberfläche, weder die spitzen Dornen noch der wunderbare Duft – gibt es ohne einen Beobachter.

Sie können eine Rose in voller Blüte genießen, weil das menschliche Gehirn in der Lage ist, Rohdaten in Ansicht, Klang, Haptik, Geschmack und Geruch zu übersetzen. Es gibt kein Licht der Welt ohne jemanden, der es sieht, denn Photonen leuchten nicht von sich aus. Tief drinnen in den stockdunklen Falten des visuellen Kortex unseres Gehirns werden rein chemisch-elektrische Impulse am optischen Nerv in Licht verwandelt.

Allein den Umstand, dass das Gehirn total dunkel ist, während die Welt voller Licht ist, könnte man schon für das Rätsel aller Rätsel halten, aber so weit sind wir noch nicht. Im Moment verweilen wir noch bei dem Band, das den Beobachter an das Beobachtete bindet. Wenn es also das Gehirn braucht, um aus den Rohzutaten der Natur eine wunderschöne Rose zu machen, ist es dann auch das Gehirn, was die Schöpfung hervorbringt? Die Antwort ist eindeutig Ja. Eine Raupe kann eine Rose in kürzester Zeit kaputt machen, doch die Schönheit, die sie nimmt, ist eine vom Menschen erdachte. Für ein Insekt, das von Pflanzen lebt, ist eine Blume lediglich Nahrung.

In Wirklichkeit schafft nicht das Gehirn die Schönheit, sondern das Bewusstsein. Jemand mit einer Rosenallergie findet Rosen eher unangenehm als schön. So jemand mag vielleicht die gleichen Gehirnstrukturen wie Pierre-Joseph Redouté haben, ein berühmter Rosenmaler aus der napoleonischen Zeit, nicht aber dessen Bewusstsein. Wenn also Rosen nur deshalb schön sind, weil Menschen es so finden, gilt das dann auch für das Universum? Eine vermeintlich unschuldige Frage, die aber Sprengstoff in sich birgt.

Ein Lager, das hier regelmäßig in Wallung gerät, ist das der naiven Realisten. Sie sind in der wissenschaftlichen Diskussion die großen Verteidiger des gesunden Menschenverstands und nehmen die Realität, wie sie ist. (»Naiv« ist denn auch nicht herablassend gemeint, sondern bezieht sich auf ihren Verzicht auf übermäßiges Denken.)

Hier zwei Gegebenheiten das menschliche Gehirn betreffend:

> Jeder Gedanke wird vom Feuern der Neuronen begleitet.
> Viele Gedanken enthalten Informationen wie 1 + 1 = 2.

Keiner wird hier Einwände haben. Doch für die Naiven ist etwa die in der Bildgebung gemessene Hirnaktivität für die Feststellung ausreichend, dass das Bewusstsein im Hirn entsteht. Für sie ist das Gehirn im Grunde »ein Computer aus Fleisch«, um es einmal im Jargon der KI-Gemeinde (KI = künstliche Intelligenz) zu formulieren, und alle seine Wunder sind seiner Struktur und Arbeitsweise geschuldet.

Schätzungsweise 90 Prozent aller Neurowissenschaftler und fast alle Forscher im Bereich der künstlichen Intelligenz würden dem zustimmen. Daran sehen Sie die Macht des naiven Realismus. Doch die KI unterliegt noch einem weiteren Irrtum. Lassen Sie Ihren Computer eine Seite deutschen Text ins Englische übersetzen. Ein Übersetzungsprogramm erledigt das im Nu. Heißt das nun, dass Ihr Computer Deutsch kann? Natürlich nicht. Die künstliche Imitation des Denkens ist nicht das Wahre. Das Übersetzerprogramm arbeitet, indem es Worte und Sätze mit einem Wörterbuch abgleicht. Nur: So arbeitet jemand, der Deutsch kann, nicht. Denken erfordert Bewusstsein. Punkt. Obwohl die zwei oben genannten Fakten bezüglich des Hirns wahr sind, bedeutet das nicht automatisch, dass auch die Aussagen, das Gehirn schaffe das Bewusstsein und Computer und Hirn seien das Gleiche, ebenfalls wahr sind. Das sind lediglich Annahmen und der naive Realismus wartet mit noch mehr in dieser Richtung auf, alles verbreitete, doch ungeprüfte Thesen. Dies aber macht es noch schwerer, dem »Design«-Aspekt des Universums auf die Spur zu kommen. Es gibt diese Annahmen, auch wenn sie unter den Teppich gekehrt werden. Da der naive Realismus die Wirklichkeit als gegeben hinnimmt, spielt er auch die Rolle des Bewusstseins herunter. Ein Übersetzungsprogramm, das »guten Morgen« in »good morning« verwandelt, ist in den Augen vieler KI-Experten das Äquivalent einer geistigen Aktivität, womit die Ähnlichkeit zum menschlichen Bewusstsein bewiesen wäre. Doch wenn das Bewusstsein im Universum der Spielführer ist, dann liegt der naive Realismus neben der Spur, ganz gleich, wie viele Wissenschaftler sich ihm verschrieben haben.

Der These von dem bewusstseinsähnlichen Verhalten des Kosmos sind wir nun schon mehrfach begegnet. Nun aber sind wir bereit, uns seinem größten Widersacher zu stellen – dem Zufall. Zufall bedeutet

»weder Sinn noch Zweck zu haben«. Doch beides ist mitnichten das Gleiche, was wir am Beispiel der Quantenaktivität zeigen werden. Wenn das Universum nichts als Zufall ist und keinem Zweck dient, dann wird auch die Suche nach einem Gestaltungsprinzip scheitern. Auf der anderen Seite würde eine Aussöhnung mit dem Zufall, so wie es die Quantentheorie versucht, die Möglichkeit eröffnen, dass der Kosmos doch wie ein Bewusstsein agiert – und mehr noch: wie ein menschliches. Wenn Sie auf dem Sofa sitzend Ihre Füße baumeln lassen, bewegen sich diese mehr oder weniger wahllos. Wenn Sie dann aufstehen, um sich am Kühlschrank zu bedienen, bewegen sie sich zielgerichtet. Dies ist ein einfacher, aber sehr sachdienlicher Hinweis: Zufall und Absicht kooperieren miteinander, in der Natur, im Körper, in Gedanken. Mal sehen, ob diese Erkenntnis ausreicht, um den Würgegriff des reinen Zufalls zu lockern, in dem sich die Naturwissenschaft befindet.

DEN ZUFALL RISKIEREN

Auch der große Gott des Zufalls fing einmal klein an, als Physiker sich daranmachten, auch einfache Dinge zu erklären, etwa das Verhalten von Gasmolekülen. Beobachtet man Staubteilchen im Gegenlicht, dann sieht man, dass ihre Bewegung zufällig ist – ein wissenschaftliches Problem. Wie kann man wissen, wo sich ein Staubteilchen zukünftig aufhält? Lässt sich das vorhersagen oder nicht? Im Hinblick auf Gase nahm man an, dass sich das grundsätzliche Verhalten von Gasmolekülen – die übrigens viel mehr sind als Staubpartikelchen – verstehen lässt, wenn man den Zufall für die Bewegung eines einzelnen Gasmoleküls zugrunde legt. Dadurch wird seine spezifische Position im Raum unbestimmbar. (Was für alle großen Ansammlungen von Teilchen gilt.)

Auch wenn die mikroskopischen Eigenschaften einzelner Moleküle unbekannt sind, lassen sich doch die makroskopischen Eigenschaften aller Moleküle zusammen definieren. Dazu rechnet man einfach die durchschnittliche Bewegung aller Moleküle zusammen. Die Eigenschaften tanzender Gasmoleküle gehören zum Fachgebiet der Thermodynamik. Das hat damit zu tun, dass sich bei Wärme der thermische Zustand von Gas verändert. Je höher die Temperatur, desto schneller bewegen sich die Gasmoleküle. (Deshalb blubbert kochendes Wasser. Durch die Hitze verwandeln sich die Wassermoleküle in Dampf, was ein vergleichsweise unruhiger Zustand ist.) Die durchschnittliche Bewegung lässt sich exakt bestimmen, auch wenn die Bewegung des einzelnen Moleküls nicht bekannt ist. Durch die Nutzung nur eines Parameters, hier der Temperatur, lässt sich der Zufall ganz praktisch handhaben.

Doch wie weit kann man es mit dieser Art der Durchschnittsbildung treiben? Das ist die Frage, die gar nicht oft genug gestellt werden kann. Mittels Durchschnittsbildung lässt sich Wissen generieren, aber auch wieder verlieren. Im Hubschrauber über einer Autobahn kreisend können Sie nicht vorhersagen, welche Autobahnabfahrt ein bestimmtes Auto nehmen wird. Durch die Ermittlung des statistischen Durchschnitts erhält man eine verlässliche Zahl, die sich jedoch auf den gesamten Verkehr dort unten bezieht. Doch das Allerwichtigste bleibt hier außer Acht: Der Zufall ist hier illusorisch. Jeder Fahrer weiß genau, wohin er will, und nimmt daher die passende Ausfahrt. Fahrer treffen keine wahllosen Entscheidungen. Das impliziert mehreres zugleich: Sie können den nächsten Gedanken, der Ihnen in den Sinn kommen wird, nicht vorhersagen. Doch daraus zu schließen, dass alle Gedanken zufällig sind, ist völlig abwegig.

Wenn Sie sich überlegen, was Sie heute Abend essen wollen, dann stellen Sie nicht den gedanklichen Zufallsgenerator an, sondern verfolgen ein Ziel. Sicherlich, wir alle träumen während des Tages und Gedankenfetzen segeln wie Fusseln durch unser Bewusstsein. Das sagt uns allerdings auch, dass der Friedensschluss mit dem Zufallsprinzip kein Gedankenspiel ist. Sicherlich kann der Zufall uns in vielerlei Hinsicht hinters Licht führen. Das hängt davon ab, wer wen beobachtet. Stellen Sie sich vor, wie eine Ameise über die Palette eines Malers bei der Arbeit krabbelt. Die Ameise krabbelt mal hier- und mal dorthin – sie weiß nicht, welche Farbe als Nächstes dran ist, während die Pinselspitze zufällig ins Rot, Blau oder Grün tupft. Aus der Sicht des Künstlers ist es natürlich kein Zufall, im Gegenteil, denn jeder Pinselstrich erfüllt einen Zweck im künstlerischen Werk.

Der bloße Zufall ist also nicht das allein Seligmachende, außer man hat sich ihm total verschrieben. Naive Realisten mit ihren Staubkörnchen und sich voneinander abstoßenden Gasmolekülen überschätzen Beobachtung. Sehenden Auges weisen sie die Möglichkeit von sich, dass die Natur, wie Heisenberg so klug feststellte, jedem nur das gibt, wonach er sucht.

Während die Trennung von Chaos und Ordnung in der klassischen Physik noch relativ leicht war, war es in der Quantenära damit vorbei, als das zufällige Verhalten von Teilchen zum *Prinzip* erhoben wurde. Nun ist es wenig praktikabel, die Position von jedem Luftmolekül in einem Raum zu bestimmen. Aber in der klassischen Physik hätte man es mit einem entsprechenden Computer – Rechengeschwindigkeit und Arbeitsspeicher unendlich – gekonnt. Man hätte die Position jedes Teilchens berechnet und auch noch, wo es sich eine Stunde später befunden hätte.

Das gilt im Quantenuniversum nicht mehr. Die Heisenberg'sche Unschärferelation lehrt uns, dass Elementarteilchen keine exakte Position und Bewegungsrichtung haben, sondern nur wahrscheinliche. Wie hoch ist die Wahrscheinlichkeit, dass sich alle Sauerstoffatome im Raum in einer Ecke versammeln? Die Wahrscheinlichkeit liegt praktisch bei null. Doch ein schöner Rechenweg – bekannt als Schrödingergleichung – kann die genaue Wahrscheinlichkeit eines solchen Ereignisses auf viele Stellen nach dem Komma angeben. Durchschnittsbildung ist also nicht mehr nötig. Der Zufall lässt sich viel genauer und eleganter beziffern.

Aber dieser Erfolg heißt nicht, dass es auch bei der Sache mit Ordnung und Chaos einen »Quantensprung« gegeben hätte. Wie das eine ins andere übergeht, ist nicht klar. Selbst die genauesten Vorhersagen haben ihre Tücken. Stellen Sie sich eine Autowerkstatt vor, in der man Ihr Reifenprofil misst und auf 500 Meter genau angibt, wann der Reifen den Geist aufgeben wird. Das wäre was, aber die Vorhersage sagt noch nichts aus über die Straße, auf der Sie dann unterwegs sind, warum Sie gerade dort entlangfahren und was Ihr Ziel ist. Der Mechaniker zuckt mit den Achseln und sagt: »Dazu kann ich nichts sagen. Das liegt außerhalb meines Einflusses.« Und Sie müssen ihm recht geben. Aber den Weg der Moleküle, Atome und Elementarteilchen kann man nicht so einfach aufgeben. Ob ein Cholesterinmolekül in Ihrem Kreislauf eine Herzarterie verengt oder ganz harmlos wieder aus dem Körper verschwindet, kann eine Frage von Leben und Tod sein.

Aus Gründen der physikalischen Tradition halten sich viele Naturwissenschaften an die Durchschnittsbildung, als ob dies der beste (und einzige) Weg wäre, mit dem Zufall zu verfahren. Ein markantes Beispiel ist die Evolution. Ein Elefant hat einen schlangenähnlichen Rüssel und Ohren wie Segel. Elefant, Ohren und Rüssel haben sich zusammen entwickelt. Geht es nach Darwin, boten genau jener Rüssel und genau jene Ohren den ersten Elefanten einen Überlebensvorteil. Adaptionen fangen immer auf der genetischen Ebene mit einer Mutation an. Für die Standardevolutionslehre entstehen Mutationen zufällig, und um dauerhaft zu werden, müssen sie von einer Generation an die andere weitergegeben werden. Ob es vor Millionen Jahren einen einzelnen rosa Elefanten gegeben hat, werden wir niemals in Erfahrung bringen. Die genetische Mutation wurde einfach nicht weitergegeben.

Doch wie bekam der erste Elefant mit langem Rüssel seinen Überlebensvorteil? Das lässt sich unmöglich sagen. Es ist nicht einmal klar, ob der erste Elefant einen Vorteil bekam, aber die Art insgesamt bekam ihn vielleicht. In Unkenntnis der Lage des einzelnen Elefanten ermittelt man nun eine Art Durchschnitt, indem man alle Elefanten in Betracht zieht. Mit anderen Worten: Evolutionstheoretiker betrachten lebendige Kreaturen wie einen Haufen Gasmoleküle. Das sieht auf den ersten Blick nach Datenglättung aus, und das, obwohl auch ein Tierleben von gewissen Zwängen bestimmt ist (Dürre oder Krankheit), besonderen Ereignissen und Herausforderungen aller Art. Immer wieder müssen Löwen, Schimpansen und Otter Entscheidungen treffen.

Wenn man all das aus der Rechnung ausklammert, damit man eine gute Approximation – Annäherung – an die Stichprobe erhält, erzählt man nicht die ganze Wahrheit, vielleicht überhaupt nicht die Wahrheit. So lässt sich das Überleben des Stärkeren (ein Ausdruck, den Darwin im Übrigen niemals verwendet hat) wahrscheinlich auf zwei Komponenten reduzieren: erfolgreiche Nahrungssicherung und erfolgreiche Sicherung von Paarungsrechten durch Vertreibung von Nebenbuhlern. So werden Genmutationen weitergereicht. Aber die Vorstellung des permanenten Wettkampfs übersieht den Umstand, dass es in der Natur mindestens genauso oft zu kooperativem Verhalten kommt. Das lässt sich an Vogel- und Fischschwärmen beobachten, die durch Zusammenarbeit sicherer leben. Auch versammeln sich bei vielen Meeresarten während der Paarungszeit alle Männchen und Weibchen an einem Punkt und entlassen Wolken aus Eiern und Spermien ins Wasser. Dabei verhalten sie sich wie ein einziges gattungswilliges Paar, ohne dass jemand ausgeschlossen ist. Nicht zuletzt deshalb haben ein paar Evolutionstheoretiker das Darwin'sche Modell auch um das Element der Kooperation erweitert. Den Anteil von Wettkampf und Kooperationsverhalten zu bestimmen, erweist sich allerdings als sehr kompliziert und ist entsprechend kontrovers.

DER ZUFALL WIRD ENTTHRONT

Der Kult um den Zufall ist angeschlagen, so viel steht fest: Ein alter Gott steht vor dem Fall. Doch wie soll man mit Chaos und Ordnung umgehen? Wenn die Natur heimlich kreative Entscheidungen fällt, dann sind zufällige Ereignisse aus der Sicht einer Ameise wie ein auftreffender Pinsel. Und das ist nicht bloß eine blumige Metapher, sondern belegt. Nun haben wir schon mehrfach gesagt, dass die Physik sich auf die Mathematik stützt. Mit dem gleichfalls erwähnten Feinabstimmungsproblem hat sich eine Kluft aufgetan: Das Universum ist eine einzige Spielwiese unzähliger Koinzidenzen. Dann gibt es auch noch Zahlenverhältnisse in der Natur, die immer wieder auftauchen, und zwar in den kleinsten und größten Dimensionen.

Nur ein Gestaltungsprinzip bleibt von alldem unberührt, und das ist mathematischer Natur. Wir haben schon im Zusammenhang mit dem Feinabstimmungsproblem erörtert, wie die Naturkonstanten immer wieder verdächtig gut zueinanderpassen. Auch erinnern Sie sich noch an Paul Diracs Vermutung, dass so viele Übereinstimmungen kein bloßer Zufall sein können. Dirac suchte nach einer Gleichung, die ein verborgenes Gestaltungsprinzip – ein Design – aufdecken und den Zufall in Beweisnot bringen würde.

Aufgrund der mathematischen Gesetze sind auch Physiker bereit, Struktur und Form im Kosmos zu erkennen. Ein in diesem Zusammenhang von der Geschichte Vergessener ist Euklid, der Erfinder der Geometrie und bedeutendster Mathematiker der Antike. Der Grieche lebte im 4. Jahrhundert v. Chr. in Alexandria unter Ptolemäus I. Eine Biografie von ihm ist nicht überliefert. Doch gibt es Geschichten, wonach er Kreise, Quadrate und andere geometrische Figuren in den Sand gezeichnet haben soll, deren erstes Verständnis wir letztlich ihm verdanken. Auch wenn die Überlieferung womöglich fiktiv ist, so ist doch das Erstaunliche an Euklid wie an den griechischen Mathematikern überhaupt der Impuls, die Natur auf ordentliche geometrische Muster zu reduzieren.

Angetrieben von der Vorstellung einer natürlichen Harmonie haben Wissenschaftler in der Folge über Jahrhunderte hinweg immer wieder nach geraden Linien, Kreisen und regelmäßigen Kurven Ausschau gehalten, obwohl die Muster in der Natur eher grob und nur annähernd genau sind. Sosehr ein Baumstamm aus der Entfernung auch wie eine griechische Säule aussehen mag, von Nahem betrachtet weist seine Borke Unregelmäßigkeiten auf. Der steil nach oben geschossene Ball wird irgendwann durch Wind, Luftwiderstand und Schwerkraft in seiner Flugbahn weggebogen. Und selbst eine gerade abgeschossene Kugel nimmt, aus einer erweiterten Perspektive betrachtet, einen komplexen Lauf, zeigen das Ruckeln der Erdrotation sowie die geneigte Flugbahn der Erde um die Sonne herum Wirkung. Nach Erfindung der Relativitätstheorie wurde die Geometrie vierdimensional und damit waren Euklids ordentliche zweidimensionale Formen vom Tisch. Dann kam die Quantenrevolution und mit ihr eine ganz neue exotische Mathematik, die bis jetzt noch nicht mit der Allgemeinen Relativitätstheorie vereint wurde.

Nichts von alldem steht im Widerspruch zu einem kosmischen Gestaltungsprinzip. Was indessen auf der Strecke bleibt, ist das simple geometrische Design, sind die perfekten Kreise, Quadrate und Dreiecke, die angeblich der natürlichen Harmonie zugrunde liegen. Gleichwohl ist die DNA immer noch eine wunderschöne Doppelhelix, beschreiben Regenbogen den perfekten Halbkreis (und aus der Sicht von Piloten einen ganzen Kreis), gleichwohl können (und sollten) Pitcher beim Baseball berechnen, welche Kurve der Ball auf dem Weg zur Home Plate nehmen wird. Wenn nun aber die Natur Tag für Tag solche Muster zur Schau stellt, in der Entstehung all dessen aber nichts als der reine Zufall regiert haben soll, dann haben wir ein Problem.

Eine Lösungsmöglichkeit bietet uns Roger Penrose. Geht es nach ihm, gibt es Gestaltung in einer Sphäre der reinen Mathematik jenseits der beiden Welten. Hier finden wir die unsterblichen Eigenschaften, die der reinen »Form« Platons ähneln und Schönheit, Wahrheit und Liebe begründen. Die Vorstellung, dass die reine göttliche Liebe die Quelle aller Liebe sei, war immer schon attraktiv und, indem sie das Göttliche und das Menschliche verband, in traditionellen Kulturen nicht ungewöhnlich. Nun war Penrose sicherlich nicht auf der Suche nach der göttlichen Quelle des Kosmos, die Mathematik indessen ist für ihn rein (die meisten Mathematiker würden ihm zustimmen). Und mehr noch, Mathematik steht über allen geschaffenen Dingen, sie verleiht den Naturkonstanten Halt und verankert die Realität an einem Ort, der unberührt von Chaos, Grobheit und Unordnung der Natur ist.

Penroses platonische Formen in der Mathematik fanden nicht wirklich breiten Anklang, zumal er sie in objektiven Begriffen beschrieb, weit entfernt von Liebe, Wahrheit und Schönheit. So schreibt er: »Platonische Existenz, wie ich sie verstehe, verweist auf einen objektiven von außen kommenden Standard. Sie ist unabhängig von persönlichen Meinungen oder einer bestimmten Kultur.« Penroses Wirklichkeit gründet auf unveränderlicher Perfektion. Auch wenn sein Lebenswerk der Mathematik gewidmet ist, sieht er doch eine tiefere Verwandtschaft zu Platon. Dieser glaubte, dass alle Dinge des Lebens – Eichen, gefleckte Katzen, Wasser – eine perfekte Form haben.

Penrose hat nichts dagegen, seine Theorie auch auf Bereiche außerhalb der Mathematik auszuweiten. »So eine ›Existenz‹ könnte sich auch auf Dinge außerhalb der Mathematik beziehen, wie Moral oder Ästhetik. Platon selbst hätte auf zwei weitere wichtige absolute Ideale verwiesen, namentlich das Schöne und das Göttliche. Ich habe überhaupt nichts gegen solche Ideale.« Dieses offene Eingeständnis arbeitet gegen ihn, besonders vonseiten einer Wissenschaft, die allenfalls Zahlen den Ewigkeitsstatus zubilligt. Der Mathematik einen Sinn für Ordnung und Maß zuzusprechen ist jedoch von einer höheren Warte betrachtet auch nicht viel anders, als sie schön und harmonisch zu nennen.

SCHÖNHEIT ÜBERWINDET DIE RAUE WIRKLICHKEIT

Der Nobelpreisträger Frank Wilczek ist noch einen Schritt weiter gegangen und hat die Schönheit im Geiste der Physik verteidigt, als menschliches Ideal, das durchaus in der Wirklichkeit »da draußen« verankert sei. 2015 schrieb er ein herausragendes Buch mit dem Titel »A Beautiful Question«, dessen knackiger Untertitel in der Übersetzung »Auf der Suche nach dem inneren Bauplan der Natur« lautet. Seine Leitfrage ist immer noch die gleiche, die auch schon Platon vor 2000 Jahren stellte: Verkörpert die Welt die Idee des Schönen? Für Platon war der Begriff »Idee« gleichbedeutend mit »Form«. (Wer sich daher als Idealist betrachtet, kann seine Wurzeln bis zu den alten Griechen zurückverfolgen.) Mathematisch gesehen beruft sich Wilczek auf Pythagoras, der auch von einer natürlichen perfekten Geometrie träumte.

Diese Vorstellung hat sich für eine sehr, sehr lange Zeit gehalten, doch am Ende wurde sie doch aufgegeben. Warum nun sollte ein einflussreicher Physiker sie wieder aufgreifen? In der Version Wilczeks hat die Quantenphysik eine »Tiefenrealität« freigelegt. Diese nennt er den Kern. Dass die Naturgesetze und physikalischen Gesetze zusammen diesen Kern ausmachen, ist hinreichend belegt. Zwar habe nicht das klassische Bild der harmonisch kreisenden Planeten überdauert, so Wilczek, dafür aber wurden in der Quantenära »die kühnsten Träume von Pythagoras und Platon, was Bauplan, Ordnung und Harmonie angeht, von der Schöpfung bei Weitem übertroffen.« Nun denken Sie vielleicht, dies sei die Harmonie eines höheren Mathematikers und viel zu abstrakt, um sich in der Schönheit der Welt wiederzufinden. Und wir bleiben mal wieder im klaffenden Spalt zwischen Quantenwelt und normalem Leben zurück. Doch genau diese Kluft war es ursprünglich, die Physiker zur Suche nach dem Bauplan angetrieben hat.

Wilczek kann sich so ausdrücken, dass es jeder versteht: »Es gibt sie wirklich, die Sphärenmusik in den Atomen und dem Vakuum, und sie ist der normalen Musik nicht einmal unähnlich.« *Harmonia Mundi*, »die Sphärenmusik« zu finden, war eines der Ziele klassischer Astronomen, auch das Ziel Johannes Keplers. Seine berühmte Entdeckung der Planetenbewegung war denn auch für ihn nur »Beifang« auf dem Weg, die Harmonie der Welt und den Gesang der Engel zu beweisen.

Die Anpassung der Wirklichkeit an ihre Theorien gelingt Penrose und Wilczek nur mit einigem Hin und Her. Penrose macht gar keinen Hehl aus seinem Argwohn gegenüber dem individuellen Bewusstsein. Er folgt dem alten Misstrauen gegenüber allem Subjektiven und möchte mathematischen Strukturen lieber eine eigene Realität zusprechen: »Unser individuelles Bewusstsein ist bekanntlich ungenau, unzuverlässig und schwankend im Urteil. Die Präzision, Verlässlichkeit und Konsistenz wissenschaftlicher Theorie erfordert jedoch weit mehr.«

Wilczek ist da schon mehr am Menschen orientiert. Er bewundert Schönheit und möchte das antike Ideal vom Menschen als Maß aller Dinge retten. Eine der wichtigsten Abbildungen in seinem Buch zeigt Leonardos berühmten vitruvianischen Menschen, dessen Arme und Beine jeweils in zwei Positionen zu sehen sind. In der ersten passen beide in einen exakten Kreis, in der zweiten passen sie genau in ein Quadrat. Leonardos Bild bezieht sich auf ein altes mathematisches Rätsel, die Quadratur des Kreises. In der Antike nutzte man zur Darstellung von Dreiecken oder Quadraten, also Figuren mit geraden

Linien, einfache Instrumente wie Zirkel und Lineal, und das wollte man auch für den Kreis erreichen. Die Aufgabe bestand nun darin, mit so wenigen Schritten wie möglich aus einem Kreis ein Quadrat mit gleichem Flächeninhalt zu machen.

Die Aufgabe wurde nie gelöst, aber Leonardos Zeichnung ist wie ein Fingerzeig auf den menschlichen Körper. Wilczek findet diesen Denkweg sehr sympathisch: »Seine Zeichnung verweist auf die elementare Verbundenheit zwischen Geometrie und »idealen« menschlichen Proportionen.« Diese Vorstellung geht im Übrigen auf die noch ältere Überzeugung zurück, dass sich das Universum im menschlichen Körper widerspiegele: »Eigentlich ist es traurig, dass wir Menschen samt unserem Körper im heutigen naturwissenschaftlichen Weltbild kaum noch von Bedeutung sind.«

Da sie sich als Realisten betrachten, betrachten die meisten Forscher den Begriff »ideal« genauso misstrauisch wie »Design« oder »Bauplan«. Wilczek und Penrose haben also noch einiges vor sich. Erinnern Sie sich noch an das anthropische Prinzip und den privilegierten Platz des Menschen im Universum? Penroses ewige Mathematik passt da nicht und auch Wilczek macht (genau wie wir) verschiedene Einwände geltend, die das ganze Prinzip zur Disposition stellen. Doch fraglich oder nicht, die Wege trennen sich ohnehin oft, sobald man versucht, Mensch und Kosmos in puncto Bauplan zu versöhnen. So sind wir an das Universum als unser Zuhause gebunden, doch diese Bindung als Teil eines kosmischen Bauplans anzusehen, ist nicht mehrheitsfähig.

Wird sie das je sein? Die irdische Biosphäre ist ein Ort der negativen Entropie und ihre wissenschaftliche Daseinsberechtigung erschöpft sich allein in ihrer Existenz. Das Gleiche gilt auch für den kosmischen Bauplan. Womöglich wird es niemals eine physikalische Weltformel geben, die aus Chaos Ordnung macht. Trotzdem ist die Natur voller Muster, Struktur und Form. Im Großen und Ganzen ist für die moderne Physik der Kernbestand, die »tiefer gehende Realität«, den vereinten Naturkonstanten unterworfen. Es ist sicherlich nicht übertrieben zu sagen, dass für die meisten Naturwissenschaftler die Mathematik über allem steht. Die Wahrheit der Zahlen gilt es zu entdecken, doch ganz gleich, ob das geschieht, ändert das nichts an ihrer Existenz.

Beides ist nun für sich gesehen ein bisschen dünn, um darauf das menschliche Universum zu bauen. Wie lässt sich die Kluft überwinden? Einerseits bringt es nichts, so zu tun, als seien wir zufällige Häuflein im kalten Nichts, wo allein der Zufall regiert. Auch wenn viele Physiker zu dieser Ansicht tendieren, so gilt doch auch, dass die Menschen in den Stoff der Schöpfung eingewoben sind. Ja mehr noch, vielleicht sind wir sogar Mitschöpfer des Kosmos. Der hätte dann mit dem menschlichen Bewusstsein angefangen und nicht mit dem Urknall. Womöglich ist dieser Gedanke im Lichte der Fakten alternativlos – und richtige Fakten sind das, worum es in der Wissenschaft eigentlich geht.

IST DIE WELT DER QUANTEN MIT DEM ALLTÄGLICHEN LEBEN VERBUNDEN?

Die Geschichte hat mehr als genug Monster hervorgebracht und je länger man über sie nachdenkt, desto mehr wundert man sich, wie die es mit sich selbst ausgehalten haben. Die Todesopfer von Hitler, Stalin und Mao gehen nicht in die Millionen, sondern in die Zigmillionen. Man fröstelt beim Anblick Hitlers im trauten Kreise, im Spiel mit kleinen Kindern, bei dem er sichtlich entspannt den lachenden Onkel gibt.

Warum kamen da keine Schuldgefühle auf? Ein Teil der Erklärung hat sicherlich mit der menschlichen Psyche und der Spaltung zu tun, die sich häufig beobachten lässt. Zur Spaltung kommt es, wenn jemand nicht in der Lage ist, positive und negative Persönlichkeitsanteile in Beziehung zu setzen. Wir alle neigen in gewissem Maß dazu, weil wir, das, was andere nicht sehen sollen, unter Verschluss halten. Doch Spaltung treibt diese Neigung auf die Spitze: Jemand kann Monster und freundlich zugleich sein, ohne dass sich die beiden Persönlichkeitsaspekte je berühren. Das mag auch der Grund sein, warum die Nachbarn von Serienmördern diese immer als nett und normal beschreiben. Um mit einem schweren Verbrechen leben zu können, ist eine strikte Trennung der Persönlichkeitsaspekte nötig, das ist der Preis.

Spaltung gibt es metaphorisch betrachtet auch in der Naturwissenschaft. Ein paarmal schon haben wir gesehen, dass Einsteins Relativitätstheorie, was die Schwerkraft und das Verhalten großer Objekte in Raum und Zeit angeht, sehr genau ist. Die Quantentheorie dagegen beschreibt das Verhalten der anderen drei Kräfte sowie der kleinsten Objekte. Die Bedeutung dieser Spaltung erscheint abstrakt. Wenn man weiß, wie sich alles verhält, also große und kleine Objekte, hat man dann nicht alles durchschaut?

Das Problem ist im Grunde einfach und betrifft uns alle: Es gibt nur eine Wirklichkeit, nicht zwei. Ein Mensch, der seine monströsen Anteile abgespalten hat, ist immer noch für seine Taten verantwortlich. Vor Gericht wird auch nicht die gute Seite entlassen, während die böse ins Gefängnis kommt.

Die Physik lebt mit ihrer Spaltung nun schon mehr als 100 Jahre, versucht, ihre Wirklichkeit zu retten, allerdings mit bescheidenem Erfolg. Nun sollten vielleicht einmal die einfachen Leute ihr Glück probieren, denn wie wir leben, hängt davon ab, was wir als wirklich betrachten. Im Mittelalter etwa wäre ein Leben ohne Gott nicht denkbar gewesen. Damals war der Glaube so wichtig, dass Gott über allem stand. Ihn auszuschließen war gleichbedeutend mit Wahnsinn, eine Sünde wider die Natur und zog die ewige Verdammnis nach sich.

Heute tun wir so, als ob es die Quantenwelt nicht gäbe, und keiner wird der Häresie bezichtigt. Das Ausblenden eines sehr fundamentalen Teils der Realität gilt als harmlos. In diesem Buch jedoch behaupten wir, dass die Realität vor allem eine vom Menschen gemachte ist, und das wiederum kann man nicht behaupten, wenn man die Quantenwelt ausblendet. Denn vor allem das Verhalten von Quanten zählt hier.

Hier ein gutes Beispiel: Beim Scrabble schauen Sie auf die Spielsteine in Ihrem Besitz und sehen nur A-O-R-S-S-S-U-U. Da ist wenig zu holen. Dann bekommen Sie mit, wie eine Mitspielerin das Wort ALL legt. Mit einem kleinen Triumphschrei und verschmitztem Lächeln legen Sie nun auf einen Schlag ALLOSAURUS aus und bekommen dafür noch die Zusatzpunkte gutgeschrieben. Auf den ersten Blick hat dieser kleine Sieg nichts mit der Spaltung zwischen Relativität und Quantenmechanik zu tun. Doch in Wahrheit waren Sie die ganze Zeit über beim Scrabble-Spiel in beiden Welten unterwegs. Buchstaben hin und her zu schieben, um daraus Worte zu formen, gleicht der Aktivität eines »großen Objekts«. Erst die richtige Anordnung der einzelnen Buchstaben ergibt Sinn. Doch Ihr Gehirn geht, wenn Sie im Geiste eine Auswahl treffen, ganz anders vor. Im Geiste nehmen Sie ein Wort und Ihr Gehirn liefert es, eine umständliche Suche im Alphabet braucht es nicht. Bei allen Wörtern Ihres Vokabulars werden Schreibweise, Bedeutung und Klang auf einmal ausgegeben und nicht erst umständlich aus verschiedenen Teilen zusammengesetzt.

Normalerweise bilden sich im Gehirn Milliarden Neuronenverbindungen, oftmals zwischen weit entfernten Hirnregionen. Ungeklärt ist, wie diese Verbindungen noch im selben Moment und ohne sichtbare Kommunikation zustande kommen. Sicherlich lässt sich die Durchleitgeschwindigkeit von Neuronen messen. Aber woher »wissen« verstreute Neuronenhaufen, wann sie sich zusammentun müssen, weil Teamarbeit gefragt ist, oder wann lediglich ein einfaches Signal die Befehlskette heruntergegeben werden muss? Die verschiedenen Muster, die für die Koordination von Bewegung, Sprache und Entscheidungsfindung nötig sind, ergeben sich automatisch. Wenn Sie also das Gesicht Ihrer Mutter sehen, dann erscheint es in Ihrem Bewusstsein als erinnertes Gesicht und nicht als Muster irgendwelcher Nasen, Augen und Ohren, die erst nacheinander gesichtet werden müssen. Das ist Quantenverhalten pur: schneller als das Licht und unter Umgehung von Ursache und Wirkung. Würde Ihr Bewusstsein dem Ursache-Wirkungs-Prinzip sowie der Lichtgeschwindigkeit als zulässiger Höchstgeschwindigkeit folgen, dann würde sich im Gehirn wohl folgender Ablauf beim Erkennen des Gesichts Ihrer Mutter ergeben:

Anrufer 1: Hi, zerebraler Kortex, hier ist der visuelle Kortex. Haben Sie eine Nachricht hinterlassen?
Anruferin 2: Hallo, ich möchte das Gesicht meiner Mutter sehen. Ist das möglich?
Anrufer 1: Sicher, einen Augenblick bitte. So, ich hab hier mal ein paar passende Augen hervorgeholt. Damit fangen wir am besten an. Die Augen sind das, woran sich die meisten am besten bei ihren Müttern erinnern. Nach den Augen machen wir dann die anderen Teile.
Anruferin 2: Okay. Sagen Sie, wie lange wird das dauern? Ich habe noch Termine.

Der Dialog klingt in dieser Verzögerung natürlich seltsam. Doch auch der Zusammenbau aller Teile des mütterlichen Gesichts in Lichtgeschwindigkeit wäre keine Sache des Augenblicks und nicht umfassend. Das Gehirn aber tut genau das: Es erschafft die dreidimensionale Welt augenblicklich und vollständig, genauso wie die Quantenwelt große Objekte hervorbringt – Berge, Bäume und Mütter.

Die Quantenwelt aus unserer Wirklichkeit auszuklammern, das ist so, als klammere man das Gehirn aus. Keiner würde so etwas tun, klar, dafür ist das Gehirn viel zu wichtig. Doch im Hinblick auf die Quantenwelt machen wir genau das – mit kosmischen Folgen. Vor zig Jahren kursierte einmal ein Wortspiel von Sir Arthur Eddington: »Das Universum ist nicht nur seltsamer, als wir es uns vorstellen, sondern als wir es uns vorstellen können.« Wie sich rausgestellt hat, stimmt das allerdings nicht. Das Universum kann sehr wohl unserer Vorstellungskraft entsprechen. Dann sind nicht Teilchen, Atome und Moleküle bewusstseinsähnlich, sondern das universelle Bewusstsein zeigt sich als Materie und verhält sich entsprechend. Hier stehen wir also vor einem weiteren Mysterium: Ist die Quantenwelt mit dem alltäglichen Leben verbunden?

DEM GEHEIMNIS AUF DER SPUR

Zweifellos sind Quanten Teil der normalen Welt. Bei der Umwandlung von Sonnenlicht in chemische Energie durch Pflanzen etwa kommt ein Photon zum Einsatz. Quantenaktivität vermutet man auch beim Vogelflug, bei dem sich alle Vögel am Magnetfeld der Erde orientieren. Der Verarbeitung von elektromagnetischen Impulsen in ihrem Nervensystem wäre gleichfalls ein Quanteneffekt. Allerdings ist die Unterscheidung zwischen Quantenverhalten und normalen physikalischen Vorgängen wesentlich. Die rote Linie zwischen den beiden Bereichen nennt man den Heisenbergschnitt. Der stammt nicht von Heisenberg selbst, sondern bekam später ehrenhalber diese Bezeichnung. Heisenberg hat wiederholt darauf verwiesen, dass es eine (theoretische) Trennlinie gibt zwischen dem Verhalten von Quanten an sich – nämlich als Wellen – und dem unter menschlicher Beobachtung. Dazu muss man wissen, dass Heisenberg hier mathematisch gesprochen hat. Auch wenn die Wellenfunktion ein Kernelement der Quantenmechanik ist, haben wir hier schon öfter darauf hingewiesen, dass diese elegante Konstruktion in der Natur noch nie gesichtet wurde. Man kann lediglich auf sie schließen.

Der Heisenbergschnitt dient also weniger der Aufteilung der realen Welt, sondern der mathematischen Unterscheidung dessen, was diesseits und jenseits der Linie passiert. Man kann sich das wie eine Sprachgrenze vorstellen, wo auf der einen Seite Französisch, auf der anderen Englisch gesprochen wird. Bleibt aber immer noch die Frage, ob die Quantenrealität wirklich so anders ist als das reale Leben. Vielleicht machen Quanten alles Mögliche möglich, nur wir merken es nicht. Oder das Ganze ist noch anders: Dann ist Quantenverhalten im alltäglichen Leben normal und wir haben es nur zufällig zuerst im Bereich der Wellen und Teilchen entdeckt.

Nicht alle Theorien über das Universum benötigen den Heisenbergschnitt (die Theorie vom Multiversum beispielsweise nicht), Quanten liegen aber zweifellos am Horizont unserer Sinne. Wir können sie nicht sichtbar machen und konfrontiert mit schwarzer Materie und Energie haben wir womöglich die Grenzen unseres Denkens erreicht. Was hinter dem Horizont liegt, kann alles oder nichts sein. Alles, weil die virtuelle Quantendomäne alles Vergangene und Zukünftige umfasst, nichts, weil Materie, Energie, Zeit, Raum und selbst wir aus dem Unvorstellbaren hervorgegangen sind. Die Dualität von allem und nichts zu versöhnen, um den Schöpfungsvorgang zu beschreiben, ist schon eine seltsame Sache.

DAS SELTSAME VERHALTEN DES LICHTS

Um zu verstehen, was die Implikationen für das alltägliche Leben sind, schauen wir uns das zentrale Experiment der Quantenmechanik an, das berühmte Doppelspalt-Experiment. Seit 1801 wurde es immer wieder durchgeführt, denn die ersten Beobachter wollten zum Beispiel wissen, ob Lichtwellen das gleiche Verhalten an den Tag legen wie Wasserwellen.

Wenn Sie einen Kieselstein in einen stillen See werfen, dann erzeugt sein Aufprall kreisförmige Wellen. Werfen Sie zwei Kiesel in 30 Zentimeter Abstand, macht jeder seine eigenen Ringe. Wo diese sich kreuzen, gibt es ein Interferenzmuster, das von den sich überlappenden Ringen abweicht. In der Quantenphysik hat dieses Grundlagenwissen über Interferenz quasi Kultstatus. Im klassischen Doppelspalt-Experiment wird ein Strom von Photonen (Lichtteilchen) auf eine Leinwand geworfen, die zweifach eingeschnitten ist. Die Photonen, die durch die Spalten wandern, werden dann auf einer weiteren Leinwand im Hintergrund erkannt (eine fotografische Platte diente damals als Lichtmesser). Jedes Photon kann angeblich nur durch einen Spalt wandern. Wird es auf der zweiten Leinwand gemessen, erscheint ein Punkt – ganz so, wie eine Erbse, aus einer Erbsenpistole abgeschossen, ebenfalls einen Punkt beim Aufschlag hinterlässt.

Schießt man jedoch sehr viele Photonen durch den Doppelspalt, gibt es beim Aufprall auf dem Detektor ein balkenförmiges Muster, wie es für das Interferenzmuster bei Wellen typisch ist. Das ist erstaunlich und normalerweise untypisch. Es ist ganz so, als ströme ein Auditorium durch zwei verschiedene Saaltüren, nur um drinnen festzustellen, dass immer abwechselnd Demokraten und Republikaner auf den Stühlen sitzen, obwohl keiner aufgefordert worden war, seine politische Neigung bekannt zu geben. Photonen, die einzeln durch einen Spalt schlüpfen, haben zuvor keine Verbindungen zu anderen Photonen, dennoch formieren sie sich auf der anderen Seite in einem Wellenmuster und nicht etwa zufällig durcheinander wie ein Haufen hingeworfener Kugeln. Es sieht so aus, als ob jedes Quantum, das jeweils einzeln den Spalt passiert, mit dem anderen Quantum interferiert, auch wenn dieses »später« dran ist.

Das Doppelspalt-Experiment ist der klassische Beleg für die Wellen-Teilchen-Dualität von Quanten. Die große Frage ist, warum zwei gegensätzliche Verhaltensweisen überhaupt zusammen vorkommen. In der Physik nennen wir so etwas *komplementär*, weil das akkurater ist als *gegensätzlich*, denn das Photon zeigt sowohl das eine wie das andere Verhalten. Behalten Sie den Begriff »Komplementarität« im Hinterkopf, denn es geht noch weiter. In einem Universum, in dem A nicht länger B bedingt, sind A und B womöglich die beiden Seiten der gleichen Medaille. Hier ein Beispiel aus der Natur. In Afrika teilen sich Löwen und Gazellen die gleichen Wasserlöcher. Zwar ernähren sich Löwen von Gazellen und diese ergreifen üblicherweise die Flucht vor den Raubtieren, doch im Falle der Wasserlöcher kommt es zur Koexistenz. Die Löwen können die Gazellen nicht ganz am Trinken hindern, denn sonst würde ihre Beute vor Durst umkommen. Umgekehrt können die Gazellen nicht immer nur weglaufen, denn sonst kämen sie nie ans Wasser. Im Zuge der Jahrmillionen währenden Evolution haben die beiden Arten zur Komplementarität gefunden, als Kompromis in ihren ansonsten gegensätzlichen Rollen als Jäger und Gejagte.

Mit der Zeit wurde das Doppelspalt-Experiment komplizierter und noch interessanter. Wie wir gesehen haben, braucht Quantenphysik Messung und Beobachtung wie ein Lebenselixier. Wie nie zuvor lässt sich hier die wissenschaftliche Rechnung nicht ohne den Beobachter machen. Das geht so weit, dass von Neumann bei der Quantenrealität von einer psychologischen Komponente ausging. Wird das Ergebnis des Doppelspalt-Experiments durch die Beobachtung verändert? Nun lassen sich die beiden Seiten der Komplementarität – Welle und Teilchen – nicht gleichzeitig beobachten. (Was die technische Seite des Versuchsaufbaus angeht, ist die Beobachtung von Photonen sehr schwierig. Sowie ein Photon auf dem Detektor auftrifft, wird es von ihm absorbiert. Aber das Doppelspalt-Experiment funktioniert bekanntermaßen auch mit anderen Teilchen, etwa Elektronen. Man hat sogar schwere Moleküle mit 81 Atomen verwandt.)

WIE TREFFEN PHOTONEN ENTSCHEIDUNGEN?

Richtiggehend nervös werden Physikalisten, wenn man auf die Entscheidungsfähigkeit von Photonen zu sprechen kommt oder darauf, dass sie abhängig von der Beobachtungsform ihre Eigenschaften ändern. Schon in den späten Siebzigerjahren hat John Archibald Wheeler eine Reihe von Gedankenexperimenten entwickelt, um diese wichtige Frage zu untersuchen. Physikalisch umsetzbar waren sie allerdings nicht, deshalb blieb es bei der Gedankenform. Ändern Photonen ihr Verhalten aufgrund der Fragestellung oder der Absicht des Beobachters? Alternativ wäre möglich, dass sie es einfach aufgrund rein physikalischer Gegebenheiten tun, zum Beispiel, weil sie mit dem Messgerät interagieren.

In Wheelers Gedankenexperiment ging es um das Verhalten eines Photons im Flug. Machen Sie sich noch einmal klar, dass man ein Photon im Flug nicht sehen kann, sondern nur im Moment der Messung. Wenn der Detektor nun rechts vom Spalt steht, zeigt er in Echtzeit den Durchgang des Photons durch den Spalt an genauso wie bei einer Kugel. »Was passiert nun, wenn man den Detektor hinter dem Spalt aufbaut?«, fragte Wheeler. Dann – so stellte sich heraus – kann das Photon seine Entscheidung, ob es sich wie eine Welle oder ein Teilchen verhält, aufschieben, bis es den Spalt passiert. Das ist seltsam. Doch nicht weniger seltsam ist es anzunehmen, ein Photon würde durch beide Spalten zugleich durchtreten.

Wenn man noch einen Schritt weiter geht, kann man fragen, ob ein Photon seine Entscheidung treffen und später wieder zurücknehmen kann. Das ist in Wheelers Gedankenexperiment möglich. Zum Beispiel kann man zwei verbundene Polarisatoren am Doppelspalt installieren, um wellenartige Interferenzen auszuschalten. Wenn man nun die Photonen durch einen dritten Polarisator schickt, der diesen Effekt überlagert, gelangen die Photonen wieder zurück in ihren Ursprungszustand und verhalten sich wie Wellen samt zugehörigem Interferenzmuster. Diese untrennbaren Phänomene – das »Delayed choice«-Experiment und der »Quantenradierer« – machen eine streng physikalistische Erklärung unglaubwürdig. Der Beobachtungsfaktor scheint doch von entscheidender Bedeutung zu sein. Doch es gab noch andere Kniffe.

US-Physiker Richard Feynman schlug vor, dass das wellenförmige Interferenzmuster verschwinden würde, sobald man den Detektor zwischen die beiden Schlitze stellte. Wheelers und Feynmans Experimente fanden allgemein Zuspruch, auch wenn es sehr schwer ist, ihre Versuchsanordnungen real umzusetzen. Doch haben sie wirklich herausgefunden, was der Beobachter tun muss, damit es zu einem bestimmten Quantenverhalten kommt? Der Beobachtereffekt ist wie eine Fata Morgana, er ist ungreifbar.

Wir glauben, dass Wheeler mit seiner These recht hatte, wonach ein Teilchen unmöglich zugleich Teilchen- und Welleneigenschaften haben kann. »Tatsächlich sind Quantenphänomene von sich aus weder das eine noch das andere, bis zu dem Augenblick, in dem sie gemessen werden. In gewisser Weise hatte der Philosoph und Bischof George Berkeley recht, als er vor 200 Jahren sagte: ›Sein heißt wahrgenommen werden.‹«

Mit anderen Worten: Es gibt weder einen Beobachter-»Effekt« noch ein -»Problem«. Der Beobachter stolpert nicht wie ein Eindringling in der Natur herum und stört ihre Privatsphäre, indem er sich ausgiebig umschaut. Stattdessen gibt es die Dinge, weil sie wahrgenommen werden. Diese Einsicht Wheelers ist auch der Grund, warum er immer wieder auf ein Universum der Teilhabe verweist. Der Beobachter ist mit dem Stoff der Natur unmittelbar verwoben. Plötzlich scheint das Universum der Teilhabe gar nicht mehr so weit hergeholt oder abseitig.

Mittlerweile ist die Quantenrevolution mehr als 100 Jahre alt. Doch warum ist das bewusstseinsartige Verhalten des Universums nicht allgemein bekannt? Warum wird es nicht an Schulen unterrichtet? Tatsächlich scheint das Universum heute noch unübersichtlicher als in den ersten 25 oder 30 Jahren der Quantenära. Das hat sicher vor allem mit dem Heisenbergschnitt zu tun. Eine strikte Trennung zwischen der Welt der Quanten und der Welt der klassischen Physik mag mathematisch aufgehen, doch in der Realität ist die Trennlinie durchlässig, verwischt und vielleicht nur eine Chimäre. Wenn ein Beobachter in der klassischen Welt nötig ist, um ein Photon, das fest in der Quantenwelt verwurzelt ist, zu einer Entscheidung zu bringen, wie fremd können sich die beiden Bereiche noch sein?

Also ändern wir den Schwerpunkt und fragen, warum wir im Alltag keine Quanteneffekte wahrnehmen. Quanten sind zunächst einmal sehr klein, doch das sind Viren auch. Und die üben einen ganz schönen Einfluss aus, weil sie Krankheiten hervorrufen. Ein Erkältungs- oder Grippevirus kommt und geht, doch Quanten beeinflussen Sie in jedem Moment. Heben Sie einmal die Hand und schauen Sie sie an. Allein mit dieser einfachen Geste haben Sie schon eine Quantenaktivität vollzogen, denn Sehen fängt mit Photonen, also Quanten, an, die auf Ihre Netzhaut treffen. Betrachten Sie den Garten und die Bäume darin. Photonen des Sonnenlichts lassen ihn wachsen. Ihre Winzigkeit ist also nicht das Problem. Wir sind durchaus dazu imstande, sie wahrzunehmen.

KANN MAN DEM GEHIRN VERTRAUEN?

Nichts ist wirklich, bis wir es wahrnehmen. Da trifft es sich gut, dass das Gehirn perfekt für die Wahrnehmung gemacht ist. Es ist so empfindsam wie der beste Photonendetektor – wobei der visuelle Kortex im Grunde auch nichts anderes ist. Gleichzeitig weiß das Gehirn nichts von seinen eigenen Abläufen. Es gibt keine inneren Bilder feuernder Neuronen im Gehirn. Ein lauter Knall lässt Sie unweigerlich zusammenzucken, weil der automatische Mechanismus des Gehirns diese Reaktion auslöst. Sie können sie weder beobachten noch die Ausschüttung der Stresshormone wie Adrenalin zügeln. Das Gehirn ist für seine eigenen Aktivitäten blind, und das ist der Hauptgrund, warum wir von Lebensabschnitten wie der Pubertät oder dem Altern so überrascht sind.

Ein großer Nachteil des naiven Realismus ist zu glauben, das Gehirn würde die Wirklichkeit abbilden, was es in Wahrheit gar nicht tut. Es liefert lediglich ein sinnvolles dreidimensionales Bild, nicht mehr als eine Wahrnehmung. Denken Sie nur einmal an das Doppelspaltexperiment. Problematisch ist doch vor allem, dass die Photonen im Flug unsichtbar sind und nur sichtbar werden, sobald sie verschwinden.

Wenn Licht also zunächst unsichtbar ist, dann gibt es nur einen Weg, es sichtbar zu machen, und das ist der über das Nervensystem. Ist dies vollbracht, dann haben wir es beim Licht nicht mit etwas Natürlichem zu tun, sondern mit einer Schöpfung des Nervensystems.

Verändern Sie das Nervensystem, wird sich das Licht gleichfalls ändern. Die Nachtsicht der Eule, die Fähigkeit des Adlers, eine Maus aus großer Höhe zu sichten, die Unterwassersicht der Delfine sowie die »Sicht« der Fledermaus durch Orientierung mittels Schallwellen, all das weicht ganz klar vom menschlichen Sehvorgang ab. Die Annahme, dass wir das »echte« Licht sehen, ist deshalb unbegründet. An Photonen ist in der Tat nichts, was sie zwingend sichtbar macht. Milliarden Sterne und Galaxien sind ebenfalls unsichtbar, bis ein Nervensystem sie aufleuchten lässt.

Die Wahrnehmung ist trügerisch, weil es keine zwei Menschen gibt, die die Welt genau gleich sehen. Das steht schon einmal fest. Doch das Verhältnis von Hirn und Wirklichkeit ist in vielerlei Hinsicht unklar. Der polnisch-amerikanische Mathematiker Alfred Korzybski hat sich seinerzeit darangemacht, genau auszurechnen, was das Gehirn tut, wenn es Rohdaten weiterverarbeitet. Zunächst einmal nimmt das Gehirn gar nicht alles auf, sondern selektiert durch Filter. Manche davon sind physiologischer Natur, kurzum, die biochemische Ausstattung im Hirn kann nicht alle Signale aufnehmen, die ihm dargeboten werden.

Milliarden Datenbits bombardieren Tag für Tag unsere fünf Sinne. Von denen gelangt nur ein kleiner Teil durch den Filtermechanismus des Gehirns. Wenn Menschen sagen: »Du hörst mir nicht zu«, oder: »Du siehst nur, was du sehen willst«, dann sprechen sie eine Wahrheit aus, die Korzybski versucht hat, mathematisch zu fassen.

Es gibt jedoch auch psychologische Filter. So manches hören oder sehen wir nicht, weil wir es nicht wollen. Auch kann die Wahrnehmung durch Stress oder starke Emotionen beeinflusst werden. Sind Sie zum Beispiel nachts allein zu Hause und hören plötzlich ein Knarzen, dann werden Sie in einen Alarmzustand versetzt, weil Ihre niederen Gehirnfunktionen – der Hirnstamm – im Falle einer Gefahr kurze Signalwege nutzen. Bei den höheren Hirnfunktionen wie dem zerebralen Kortex, dem Kleinhirn, dauert es länger, bis sie unsere Aufmerksamkeit bekommen. Die höheren Funktionen entscheiden, ob das Knarzen durch einen potenziellen Eindringling oder die Holzdielen verursacht wurde. Sobald Sie eine rationale Einschätzung vorgenommen haben, kommt das Gehirn zu einer angemessenen Antwort, die auf einer klaren Bewertung der Situation beruht.

Geraten die niederen Gehirnfunktionen – hier ist der Überlebensinstinkt eingebettet – langfristig unter Stress, weil sie beständig aktiviert sind, etwa bei Soldaten unter konstantem Artilleriebeschuss, verliert das Gehirn sein Gleichgewicht. Unweigerlich wird auch der tapferste Soldat irgendwann von einer Kriegsneurose erfasst, weil das Gehirn schlichtweg überlastet ist. Die Wahrnehmung ist dann nicht mehr verlässlich.

Die Begrenztheit des Gehirns hat nicht immer nur etwas mit dem Herausfiltern, sondern auch mit den Sinnesorganen zu tun, etwa unserem Unvermögen, Ultraschall zu hören oder ultraviolettes Licht zu erkennen. Eine verzerrte Realitätswahrnehmung aber hat vor allem mit Erwartungen, Erinnerung, Voreingenommenheit, Ängsten oder Mutwilligkeit zu tun. Der Spruch »Komm mir bloß nicht mit Fakten, mein Kopf ist dicht« ist nicht lustig, sondern wahr. Anstatt mit Filtern haben wir es eher mit selbst ernannten Zensoren und mentalen Wachhunden zu tun, die Unliebsames wegbeißen. Wer würde schon mit jemandem ausgehen, der Hitler oder Stalin zum Verwechseln ähnlich sieht? Würde man Ihnen auf einer Party erzählen, dass Sie gleich einen Hollywoodstar treffen werden, hätten Sie eine andere Erwartung als bei einem auf Bewährung Verurteilten. Korzybski hat gezeigt: All diese Auswahlmechanismen zusammen machen das Gehirn äußerst fehleranfällig, was seine Wahrnehmung angeht.

Aber das ist noch nicht alles. Das Gehirn ist lernfähig, was jeder bereits erfahren hat, und es akzeptiert nur die Art von Wirklichkeit, die es gelernt hat. Deshalb wird auch das Weltbild eines religiösen Fundamentalisten nicht von wissenschaftlichen Fakten erschüttert. Auch Ihre Wirklichkeitsauffassung in diesem Moment ist mit den Synapsen und neuronalen Netzwerken Ihres Gehirns verschaltet. Stellen Sie sich einen schlampig angezogenen Mann vor, der die Straße hinuntergeht. Alle Passanten nehmen die gleiche visuelle Information auf, doch für manchen ist er unsichtbar, für andere ein Objekt des Mitgefühls, für wieder andere eine Schande oder schlicht Abschaum. Manche fühlen sich daran erinnert, einmal wieder ihre Großeltern anzurufen. Der gleiche Mann ruft also eine Vielzahl von Assoziationen bei den Beobachtern hervor und selbst bei ein und derselben Person kann es passieren, dass sich die Assoziationen je nach Zeit, Stimmung, eigenen Erinnerungen … ändern.

Wir glauben, dass wir unsere Reaktionen unter Kontrolle haben, aber das ist nicht der Fall. Wenn zwei Leute das Gleiche sehen und komplett anders darauf reagieren, dann heißt das, dass sie von ihren Reaktionen kontrolliert werden – und nicht umgekehrt.

Die Wissenschaft rühmt sich gemeinhin für ihre Rationalität, doch gleichwohl gibt es eine Reihe unwiderlegbarer Fakten, die ein anderes Bild zeichnen. Ein Gehirn hat zunächst lernen müssen, die Welt wahrzunehmen, daraus gibt es kein Entkommen, ganz egal, wie rational jemand ist. Wenn man Ihnen gesagt hat, dass 1 000 Ihnen Unbekannte sterben müssen, wenn Sie nicht Selbstmord begehen, dann wäre Rationalität keine gute Motivation: Ihr Gehirn ist schließlich auf Überleben geeicht. Dennoch sind Soldaten bereit, sich im Kampf für einen Kameraden zu opfern, weil Mut und Altruismus zum Soldatentum gehören und den Überlebensinstinkt sozusagen überschreiben.

Verhaltensmodelle sind sehr einflussreich. Dennoch sollte man sich klarmachen, dass die Wirklichkeit alle Modelle übersteigt. John von Neumann soll gesagt haben, dass das einzig wirkliche Modell eines Neurons ein Neuron sei. Mit anderen Worten sind Modelle kein Ersatz für die Komplexität und Fülle dessen, was natürlicherweise geschieht. So formulierte Korzybski: »Die Karte ist nicht das Gebiet.« Selbst die beste Karte einer Stadt mit 3-D-Bildern in Echtzeit aus einem Super-GPS könnte nie mit der wirklichen Stadt verwechselt werden.

Alle Modelle haben einen Haken: Sie verwerfen, was nicht passt. Subjektivität passt nicht zur wissenschaftlichen Methode und wird deshalb von den meisten Wissenschaftlern verworfen. Physikalisten wiederum verwerfen das Bewusstsein als Kraft in der Natur. Atheisten alles Spirituelle. Durch diesen eingebauten Fehler stimmen Modelle im Hinblick auf das, was sie beinhalten, aber nicht für das, was sie ausschließen. Fragen Sie nie einen Physikalisten nach dem Bewusstsein oder einen Atheisten nach Gott.

Das aber zwingt uns zu einer verblüffenden Schlussfolgerung: Niemand kann von sich behaupten zu wissen, was »wirklich« wahr ist, solange ein Gehirn das Fenster zum Universum ist. Sie können Ihr Nervensystem nicht abstreifen, genauso wenig, wie Ihr Gehirn die Raumzeit hinter sich lassen kann. Was also außerhalb von Zeit und Raum geschieht, ist von vornherein nicht wahrnehmbar. Die ungefilterte Wirklichkeit würde wahrscheinlich die Hirnleitungen sprengen und zu einer Art Blackout führen.

All das scheint zu belegen, dass wir auf der klassischen Seite des Heisenbergschnitts leben. Aber halt, das ist falsch: Alles, was wir sagen, denken und tun, ist mit der Quantenwelt verbunden. Da wir darin eingebettet sind, müssen wir auch irgendwie mit ihr kommunizieren. Dabei ist das Quantensystem nicht weniger zugänglich als die alltägliche Welt. Sich in die Quantenwelt zu begeben heißt denn auch nicht, dass alle soliden Objekte zu einer Illusion werden und alle Freunde imaginär. Es bedeutet nur, dass Sie eine andere Perspektive eingenommen haben und Ihr Leben als eine Vielzahl multidimensionaler Quantenereignisse wahrnehmen. Darauf läuft es hinaus.

ANPASSUNG ANS QUANTUM

Auch Sie haben einen quantenmechanischen Körper, das Gehirn eingeschlossen, und das bedeutet, dass das Selbst – Sie nennen es »Ich« –, eine Quantenschöpfung ist. Für die Welt gilt das genauso. Die Quantentheorie ist immer noch der beste Ratgeber, wenn es darum geht, wie die Natur tatsächlich funktioniert. Auch wenn die Strenggläubigen in Sachen Heisenbergschnitt meinen, dass die klassische Welt und die Quantenwelt nicht ineinander übergehen, tun sie es doch. Aber heißt das auch, dass Sie sich wie ein Photon benehmen und umgekehrt? Ja, das heißt es. Ein gutes Beispiel ist die Nichtvorhersagbarkeit. In der klassischen Physik ging es vor allem darum, die Unordnung der Natur in den Griff zu bekommen und Ereignisse »da draußen« Regeln, Konstanten und Naturgesetzen zu unterwerfen. Dieses Unterfangen war auch äußerst erfolgreich, bis mit der Quantenmechanik die Karten neu gemischt wurden. Von nun an war Nichtvorhersagbarkeit ein Faktum, genau wie beim menschlichen Verhalten zu beobachten.

Jeder radioaktive Atomkern hat eine bestimmte Zerfallsrate, auch Halbwertszeit genannt. Die Halbwertszeit von $Uran^{238}$ beträgt circa 4,5 Milliarden Jahre. Normalerweise ist der radioaktive Abbau sehr langsam, was der Grund dafür ist, dass radioaktiv verseuchte Flächen noch lange gefährlich sind. Auch ist der radioaktive Zerfall ein nichtvorhersehbarer Prozess in der Weise, dass ein Physiker nicht sagen kann, wie lange ein bestimmter Atomkern zum Zerfall braucht. Deshalb behilft man sich mit Wahrscheinlichkeiten, eine Anpassung an die Wirklichkeit der Quanten. Man setzt Unsicherheit schlicht als gegeben voraus.

Um das Ganze zu veranschaulichen, nehmen wir an, ein Atomkern habe eine Halbwertszeit von einem Tag, was bedeutet, dass die Wahrscheinlichkeit 50 Prozent beträgt, dass er an einem Tag halb zerfällt, eine 75-prozentige Wahrscheinlichkeit, dass er innerhalb von zwei Tagen zerfällt. Die Quantenmechanik, besonders die Schrödingergleichung, ist, was die Vorgänge in einem Atomkern betrifft, ganz genau. Hier gibt es jedoch ein Problem. Alle Wahrscheinlichkeiten beziehen sich auf etwas, das in der Zukunft passiert – ob das ein nuklearer Zerfallsprozess ist oder der Gewinner des Kentucky Derbys. Wenn das Ereignis jedoch erst einmal eingetroffen ist, dann schnellt das Ergebnis auf 100 Prozent hoch (der Zerfall fand statt, American Pharoah hat das Derby gewonnen) oder fällt auf null Prozent ab (ein Zerfall fand nicht statt, ein anderes Pferd hat gewonnen). Die Wahrscheinlichkeiten in der Realität springen also ab einem bestimmten Punkt entweder auf null oder auf 100 Prozent, sobald das Ergebnis feststeht. Ansonsten sind sie ohne Belang.

In der Schrödingergleichung wird nun die »Überlebenswahrscheinlichkeit« eines Atomkerns (das heißt die Wahrscheinlichkeit seines Nichtzerfalls) berechnet. Sie beginnt bei 100 Prozent, fällt dann kontinuierlich ab, erreicht nach einer Halbwertszeit 50 Prozent, nach zwei Halbwertszeiten 25 Prozent und immer so weiter – geht aber niemals gegen null. (Das ist natürlich für langsame Rennpferde ganz prima, weil sie unendlich nah an die Ziellinie kommen, diese aber niemals überschreiten und damit auch nicht Letzte werden können.)

So spektakulär und geschätzt die Schrödingergleichung auch ist, beschreibt sie kein *tatsächliches Ereignis!* Hätte es tatsächlich einen Zerfall gegeben, würde die Überlebenswahrscheinlichkeit zu einer Gewissheit und stiege an diesem Punkt auf 100 Prozent. Immerhin haben wir die Gewissheit, dass der Zerfall geschieht, weil wir ihn beobachtet haben. Dieser Bruch zwischen Mathematik und Wirklichkeit hat als das Paradox von Schrödingers Katze Berühmtheit erlangt, ein Gedankenexperiment des Meisters von 1935. Seitdem harrt es einer Auflösung, auch wenn jeder theoretische Physiker seine Lieblingsfassung hat.

SCHRÖDINGERS KATZE – EIN PARADOX

In Schrödingers Experiment befindet sich eine Katze in einer verschlossenen Metallkiste; darüber hinaus ein wenig radioaktives Material, ein Geigerzähler und ein Giftfläschchen. Angenommen wird, dass das radioaktive Element innerhalb der nächsten Stunde zerfällt. Die Wahrscheinlichkeit, so Schrödinger, beträgt 50 : 50. Kommt es nun zu einem Zerfall, wird der Geigerzähler dies bemerken und über einen Mechanismus ein Hämmerchen auslösen, das die Giftflasche zerbricht und die unglückliche Katze tötet. Wenn es indessen keinen Zerfall gibt, ist die Katze außer Gefahr und beim Öffnen der Kiste lebendig. So weit entsprechen die beiden Ergebnisse noch dem gesunden Menschenverstand.

In quantentechnischer Hinsicht ist dies jedoch mitnichten der Fall. Die beiden möglichen Ergebnisse – Zerfall oder Nichtzerfall des radioaktiven Materials – befinden sich in Superposition, dem Überlagerungszustand (einem unbestimmten Zustand). Nach der Kopenhagener

Deutung braucht es einen Beobachter, damit aus dem Überlagerungszustand ein eindeutiger Zustand wird. Zwar konnte man nicht genau erklären, wie der Beobachter dies anstellt, doch bis zu seinem Aufkreuzen bleiben Quanten in der Superposition, wo sie gewissermaßen in der Sackgasse stecken.

Wenn Ihnen bei all dem schummrig wird, dann können Sie sich damit trösten, dass Schrödinger selbst die Überlagerung im Hinblick auf die Wirklichkeit unmöglich fand. Wenn sich der radioaktive Zerfall im Überlagerungszustand befände, so sein Argument, dann müsste es gemäß der Kopenhagener Deutung mit einer 50-prozentigen Wahrscheinlichkeit zu einer Verzögerung kommen, bis der Beobachter erscheint. Für das Quantum sei dies kein Problem, so Schrödinger, aber was sei mit der Katze? Sie wäre zugleich tot und lebendig – und das mit jeweils 50-prozentiger Wahrscheinlichkeit, bis jemand den Deckel der Kiste öffnet! Sofern es nicht zum atomaren Zerfall komme, sei die Katze lebendig, wenn doch, sei sie tot, weil das Gift ausgetreten sei.

Natürlich kann eine Katze nicht zugleich tot oder lebendig sein. Das war mal wirklich ein cleveres Paradox, so die allgemeine Einschätzung. Dennoch muss man ein bisschen grübeln, um zu verstehen, warum es bei Schrödingers Katze um die Kluft zwischen Quantenverhalten und Wirklichkeit geht. Der »verschmierte« Zustand der Superposition ergibt in der realen Welt keinen Sinn. Hier ist eine Katze entweder tot oder lebendig und wartet nicht einfach ab, bis jemand nach ihr schaut und sich ihr Schicksal entscheidet. Einstein war begeistert von diesem Gedankenexperiment und schrieb an Schrödinger:

> *Du bist […] unter den zeitgenössischen Physikern der Einzige, der sieht, dass man um die Setzung der Wirklichkeit nicht herumkommen kann – wenn man nur ehrlich ist. Die meisten sehen gar nicht, was sie für ein gewagtes Spiel mit der Wirklichkeit spielen […] In Wahrheit zweifelt aber niemand daran, dass das Vorhandensein oder Nichtvorhandensein der Katze etwas vom Akt des Beobachtens Unabhängiges ist.*

Leider verhält es sich mit dem Paradox nicht so einfach, wie Einstein es gerne gehabt hätte. In der Theorie der vielen Welten von Hugh Everett etwa ist die Katze zugleich tot und lebendig, jedoch in jeweils einer anderen Welt. Die Ergebnisse von Quantenvorgängen sind kein Entweder-oder, sondern ein Sowohl-als-auch, je nachdem, in welcher Welt man sich befindet. Wenn die Kiste aufgemacht wird, so Everetts Erklärungsansatz, bewirkt der Beobachter keineswegs ein Ergebnis wie durch Zauberhand. Hier gibt es stattdessen sowohl einen Beobachter, der eine tote Katze sieht, als auch einen, der eine lebendige Katze sieht. Beide Ergebnisse sind parallel und unverbunden. Die Beobachter wissen nichts voneinander.

Wie die Theorie vom Multiversum ist auch die Theorie der vielen Welten ganz schön schlau, wenn es darum geht, ein im Grunde unlösbares Problem wegzudefinieren. Man hat es nun zugleich mit einer lebendigen und einer toten Katze zu tun – und das wirft ein neues Problem auf, das der Dekohärenz: Wie halten sich die beiden Realitäten getrennt? Da andere Welten genauso theoretisch sind wie andere Universen, drängt sich die Frage auf, ob es sich nicht nur wieder um ein mathematisches Fantasiegebilde handelt. Unterm Strich verstärkt die Viele-Welten-Theorie nur die Probleme der Kopenhagener Deutung ins Unermessliche!

Vielleicht will uns Schrödingers Katze jedoch etwas ganz anderes sagen. Bislang kommt uns das Quantenverhalten seltsam und paradox vor und hat anscheinend mit der Realität nichts zu tun. Doch könnte es nicht auch sein, dass wir in einer Quantenwelt leben und die Quanten uns bloß nachmachen? Wenn wir fragen, ob Schrödingers Katze in der Kiste tot oder lebendig ist, dann lauten die möglichen Antworten »ja«, »nein«, »sowohl als auch« oder »weder noch«. Doch warum kommt uns das paradox vor? Wenn ein Junge ein Mädchen ins Kino einlädt und fragt, ob es Popcorn oder Cola möchte, dann kann die Antwort genauso unterschiedlich ausfallen. So arbeitet der freie Wille in seiner natürlichen Form. Die Auswahl beinhaltet so lange alle Optionen, bis die Wahl getroffen wird.

Stecken wir nun das Mädchen in Schrödingers Box, selbstverständlich ohne das Gift und ohne die Radioaktivität. In welchem Zustand befindet sich ihre Antwort, bevor wir die Kiste aufmachen und fragen, ob es Coca-Cola oder Popcorn sein soll? Ist sie in einem Überlagerungszustand aus »ja«, »nein«, »beides« und »gar nichts«? Die Antwort lautet: Die Frage ist falsch gestellt, wenn man weiß, wie das Bewusstsein funktioniert. Das Mädchen wartet einfach mit seiner Entscheidung ab. Ihre Antwort harrt jedoch nicht in einem seltsamen Möglichkeitsraum. Sie ist kein Atom, verschmiert zwischen Zerfall und Nichtzerfall, denn die beiden Möglichkeiten sind gar nicht so grundverschieden. Obwohl uns andauernd Gedanken durch den Kopf schwirren, wissen wir nicht, wo diese waren, bevor wir sie gedacht haben. Auch wissen wir nicht, wo sich das Wort aufhält, das wir als Nächstes sprechen.

In der Tat verhält es sich mit dem Aufruf eines Worts aus dem Nichts recht seltsam. Angenommen, Sie möchten einem Freund von den Pandas im Zoo erzählen, dann sprechen Sie einfach los und stöbern nicht erst lang und breit in einem geistigen Archiv chinesischer Säugetiere herum, bis das richtige verbale Erkennungsmerkmal gefunden ist. Ein Computer könnte das nicht so einfach schaffen, sondern müsste einen Vorratsspeicher programmierter Erinnerungen konsultieren, um jeweils Wort und Bedeutung abzugleichen. (Und nebenbei bemerkt: Kein Computer hat von irgendeiner Wortbedeutung eine Ahnung.)

Man könnte sagen, dass sich Gedanken und Worte in einer Art stillem Schwebezustand befinden und darauf warten, dass das Bewusstsein sie abruft. Worte sind lediglich Optionen, die darauf warten, in die Welt entlassen zu werden, genau wie Quanten das tun. Wheeler hat in diesem Zusammenhang etwas Wichtiges angesprochen, wenn er sagt, dass Quanten so lange keine Eigenschaften haben, bis sie wahrgenommen werden. So verhält es sich auch mit unseren Gedanken. Versuchen Sie zu beschreiben, was genau Sie morgen Mittag denken. Werden Sie böse sein, traurig, glücklich, besorgt oder optimistisch? Werden Sie ans Essen denken, an die Arbeit, die Familie oder das Fußballspiel am Sonntag?

All das können Sie nicht vorhersagen, weil Gedanken – genau wie Quanten – keine Eigenschaften haben, bevor sie in die Welt kommen. Daran ist vor allem dann nichts mysteriös, solange man es mit Einstein und seiner Warnung hält, kein Spiel mit der Wirklichkeit zu treiben. Was Physiker die Quantenunbestimmtheit nennen, hat damit zu tun, dass man Quanten bis zum Moment ihrer Messung nicht erfassen kann. Doch das Gleiche gilt auch für Gedanken, Worte, das menschliche Verhalten oder die Spätnachrichten. Der Grund, warum wir es gar nicht abwarten können, in den Nachrichten von der jüngsten Katastrophe zu erfahren, ist, dass wir nur allzu gut angepasst sind an eine raue Wirklichkeit voller Ecken und Kanten, regiert von Unsicherheit. Die Quantenrevolution hat diese Aspekte nicht in unser Leben gebracht, im Gegenteil, wir haben unsere Unsicherheiten auf die Quantenwelt übertragen.

Sind wir bereit für einen weiteren Erkenntnisgewinn? Können wir sagen, dass wir Menschen die Quantenwelt erschaffen haben? Noch ist es nicht so weit. Das Beobachterproblem ist nicht gelöst, auch harrt das seltsamste Quantenverhalten seiner Erklärung. Aber wir sind an einem Wendepunkt. Der Heisenbergschnitt ist in Wirklichkeit illusorisch. Wir leben alle in einer vieldimensionalen Quantenwelt und wir projizieren uns fortwährend in unsere Erfahrungen hinein, nicht als Beobachter, sondern als aktive Teilnehmer an der Wirklichkeit, die entsteht. Hat das mit Selbstzentriertheit zu tun oder mit Eitelkeit? Oder ist es nicht eher so, dass das Universum von Anfang an Bewusstsein hatte? Das ist die Kernfrage bei unserem nächsten Rätsel.

LEBEN WIR IN EINEM BEWUSSTEN UNIVERSUM?

Für einen Durchschnittsmenschen ist die Vorstellung unendlicher Universen, die überall und nirgends vor sich hin blubbern, einfach ein schönes Fantasiegespinst, seltsame Wissenschaft eben. Wie dem auch sei: Das Multiversum ist heftig umstritten. Da wundert es nicht, dass sich irgendwann jemand meldet und fragt: »Wissen wir eigentlich schon, wie *dieses* Universum beschaffen ist? Von den anderen ganz zu schweigen?«

Das ist ein stichhaltiges Argument. Das Multiversum ist wie ein Liebesroman für die Menschheit. Am Ende findet die Heldin ihren perfekten Partner. Im Multiversum gibt es stattdessen den perfekten Kosmos. (Sieht man einmal von dem Umstand ab, dass die Wahrscheinlichkeit, den richtigen Kosmos zu finden, gegen null geht, ist dagegen das Finden von Mr Right ein Klacks.) Die Frage ist nur, ob hier, wie bei unserer Heldin, das Schicksal seinen Lauf nahm oder alles einfach Glück war.

Wir sprechen uns für ein Weder-noch aus. Die perfekte Paarung zwischen Mensch und Universum hat mit dem Zusammentreffen von Bewusstsein zu tun. Das menschliche Bewusstsein passt einfach zum kosmischen. Seltsamerweise und wissenschaftlich noch nicht erklärbar leben wir in einem bewussten Universum. Man könnte auch sagen: Wir leben in einem unbegrenzten Zustand des Bewusstseins, den wir Universum nennen.

Bei einer normalen Physikertagung oder einer neurowissenschaftlichen Konferenz würde solch eine These auf massive Ablehnung stoßen. Doch wir sehen immer mehr Beweise dafür, dass die Quantendomäne Bewusstsein hat. Aber all das wird auf breiter Front ignoriert. In der modernen Physik ist das Bewusstsein wie ein schwarzes Loch. Alle Forscher, die sich um Klärung bemüht haben, sind bisher darin verschwunden. Immer noch gibt es kein Buch wie *Bewusstsein für Dummies,* weil das Thema sich selbst den begabtesten Forschern widersetzt. Die Ironie des Ganzen ist, dass wir Menschen ganz genau wissen, dass wir ein Bewusstsein haben, jedoch auch merken, dass es nicht selbsterklärend ist. Schon die Frage »Wo kommt jetzt dieser Gedanke her?« ist seltsam, führt zum Streit oder bereitet schlimme Kopfschmerzen. Die Schönheit eines bewussten Universums liegt darin, wie viele Fragen es auf einen Streich beantworten kann. So wie im Folgenden:

> ***Frage:*** *Sind die Menschen die einzigen bewussten Lebewesen auf der Erde?*
> ***Antwort:*** *Nein. Alle Lebewesen haben Anteil am kosmischen Bewusstsein, selbst alle sogenannten unbelebten Objekte.*

> ***Frage:*** *Entsteht das Bewusstsein im Gehirn?*
> ***Antwort:*** *Nein. Das Gehirn ist ein körperliches Instrument, um mentale Ereignisse zu verarbeiten. Bewusstsein und Gehirn lassen sich aber auf den gleichen Ursprung zurückführen: das kosmische Bewusstsein.*

> ***Frage:*** *Gibt es »da draußen« im Universum Bewusstsein?*
> ***Antwort:*** *Ja und nein. Ja, es gibt überall im Universum Bewusstsein. Nein, es ist nicht »da draußen«, weil »hier drinnen« und »da draußen« als Konzept keine Relevanz mehr haben.*

Wer grundsätzlich die Möglichkeit eines kosmischen Bewusstseins wissenschaftlich in Betracht zieht, muss sich von diesen einfachen Antworten angesprochen fühlen. Ganz allmählich gelangen wir aus dem schwarzen Loch heraus. Heutzutage gibt es Aufsätze, Bücher und Konferenzen zum Thema bewusstes Universum, eine kleine Revolution ist im Gange. Allerdings muss man realistischerweise sagen, dass der Hauptstrom der Naturwissenschaft das ganze Thema Bewusstsein immer noch ignoriert.

Die Naturwissenschaft schließt gewohnheitsmäßig alles aus, was nicht strikt zielführend ist. Im physikalischen Alltag ist es für die Formel $E = mc^2$, die Schrödingergleichung oder die chaotische Inflation ohne Belang, ob das Universum ein Bewusstsein hat oder nicht. Es gibt also reichlich viel Wissenschaft, die die Bewusstseinsfrage gänzlich ausklammert. (Ganz so, als behandle man ein Baby als Puppe, was sicherlich bis zu einem gewissen Grad klappen würde.)

Aber das ist noch nicht einmal das Schlimmste. Was wir wirklich äußerst merkwürdig finden, ist, dass Wissenschaftler ihr eigenes Bewusstsein als irrelevant erachten. Dabei ist es doch einfach eine Gegebenheit, so etwas wie Atmen. Wenn jemand Protonen in einem Teilchenbeschleuniger beschießt, würde man nicht sagen: »Achten Sie darauf, dass Sie atmen«, und erst recht nicht: »Passen Sie auf, dass Sie bewusst handeln.« Beides sind irrelevante Vorüberlegungen.

Und doch: Von einer bestimmten Warte betrachtet, ist nichts so wichtig wie das menschliche Bewusstsein, besonders wenn es mit dem kosmischen übereinstimmt. Es ist für uns alle wichtig, wenn menschliche Wesen eine kosmische Dimension haben. Das ganze Gerede vom kleinen Stäubchen im dunklen Weltraum hätte dann ein für alle Mal ein Ende. Wie sagt Wheeler so schön und poetisch: Wir sind »die Träger des Kronjuwels, funkelnde Bestimmung, die das Universum erhellt«.

DEM GEHEIMNIS AUF DER SPUR

Das Haupthindernis auf dem Weg zu einem kosmischen Bewusstsein ist die Annahme, das Bewusstsein sei immer durch seine Subjektivität getrübt. Subjektivität ist der Feind aller Daten und Fakten und die Grundlage der wissenschaftlichen Machbarkeitsvorstellung. Einen allgemeinen Konsens erzielt man nur durch Fakten, Fakten und nochmals Fakten. In Kognitionsstudien indessen betrachtet man Objektivität als eine spezifische Form des menschlichen Bewusstseins, auch *third party consciousness* genannt. Das bedeutet, dass sich jederzeit eine dritte Person in einer Szenerie einfinden kann und dem zustimmen kann, was dort beobachtet wurde. Stellen Sie sich dazu einfach eine Gruppe Geologen bei Bodenproben in New Mexico am Point Trinity vor. Das ist die Stelle, wo am 16. Juli 1945 die erste Atombombe gezündet wurde. Geologin Nummer eins entdeckt ein ungewöhnliches Mineral. Bei der Untersuchung findet auch der Geologe Nummer zwei, dass es anders aussieht als alles, was er kennt.

Die Gesteinsprobe wird nun noch von anderen Geologen geprüft und man einigt sich darauf, dass durch die starke Hitze der Atombombe ein bisher unbekanntes Mineral entstanden sein muss, was den Namen Trinitit bekommt. Quarz und Feldspat, Hauptbestandteil des Wüstensands, wurden dabei zu etwas Glasartigem geformt. Die Masse ist schwach radioaktiv, aber ungefährlich.

Die Entdeckung des Trinitits entspricht dem *third party consciousness*. Indem alle subjektiven Reaktionen ausgeschlossen werden (auch als *first party consciousness* – Bewusstsein der ersten Person bezeichnet), gelangt man zur Objektivität, so heißt es. Auch *second party consciousness* gibt es. Es ist das »Du«, das »mir« am Tisch gegenübersitzt. Es gilt als fast genauso wenig vertrauenswürdig wie das *first party consciousness*, denn zwei Menschen können der gleichen Täuschung unterliegen. Niemand hat bislang zeigen können, wie man von den beiden ersten Beobachtern mit ihrer gemeinsamen Beobachtung zur Objektivität gelangt.

Alle Bezüge zum Bewusstsein außer im Falle der dritten Person zu kappen, ist schon eine feine Sache – sofern man Physikalist ist. Dass dabei auch gleich noch ein Haufen Erfahrung unter den Teppich gekehrt wird, ist eben der Preis der Wissenschaft. Betrachtet man die moderne Welt, technik- und wissenschaftsbasiert, dann sieht man die großen Möglichkeiten des Bewusstseins in der dritten Person. Nun versteht man auch, warum die Naturwissenschaft das Bewusstsein in der ersten Person, das »Ich« der alltäglichen Erfahrung entsorgen will. Rembrandt konnte noch sagen: »Das ist mein Selbstporträt«, Einstein indessen nicht: »Das ist meine Relativität. Wenn Sie auch eine möchten, schaffen Sie sich Ihre eigene.«

Indem wir das Bewusstsein in der dritten Person zur Norm erheben, enden wir in einer Science-Fiction-Welt, in der es kein »ich« mehr gibt. Um diese Verrücktheit zu begreifen, machen Sie doch einmal den Versuch und sprechen Sie bei allem, was Sie tun, beständig von sich in der dritten Person. *Gerade ist sie aufgestanden. Sie putzt sich nun die Zähne. Sie geht wohl nicht so gern zur Arbeit, braucht aber etwas zu essen auf dem Tisch.* Zweifellos hat die Subjektivität ihre Nachteile, aber durch sie machen wir nun einmal unsere Erfahrungen. Menschen erleben etwas, Pronomen nicht.

Natürlich hat jeder Naturwissenschaftler ein »Ich« und ein Privatleben. Aber in den Modellen der Physik und der modernen Naturwissenschaft insgesamt ist das Universum eine Erfahrung in der dritten Person. Wie John Archibald Wheeler sagte, ist das so, als ob wir das Universum durch ein zentimeterdickes Glas betrachteten, obwohl wir doch eigentlich das Glas zerbrechen wollten.

Ein unbewusstes Universum ist ein totes Universum. Das Universum des Menschen dagegen ist lebendig, kreativ und immer in Veränderung begriffen. Wenn die jüngsten Daten der Kepler-Sonde stimmen, dann gibt es so viele erdartige Planeten im beobachtbaren Universum wie eine Eins mit 22 Nullen dahinter. Diese Riesenzahl könnte ein Beleg dafür sein, wie das bewusste Universum sich immer und immer wieder zum Ausdruck bringt.

Der Streit um die Entwicklung des Menschen auf der Erde kann so lange nicht beigelegt werden, wie das Bewusstsein ein Mysterium bleibt. Wir brauchen ein klares, vernünftiges und glaubwürdiges Bewusstsein. Nichts von seinem Ausdruck – ob in der ersten, zweiten oder dritten Person formuliert – sollte ausgeschlossen werden. Was wir brauchen, sind gleiche Startbedingungen, keine Pronomen, die sich als Favoriten aufspielen, nur weil sie damit durchkommen.

ALS DIE ATOME DENKEN LERNTEN

Alles im Kosmos ist entweder bewusst oder unbewusst. Oder, um es etwas genauer zu sagen, ein Objekt hat entweder Teil an der Sphäre des Geistes oder nicht. Was allerdings was ist, ist gar nicht so leicht zu bestimmen. Warum sagen wir, das Hirn habe Bewusstsein? Immerhin besteht es aus einfachen Atomen und Molekülen. Sein Kalzium ist das gleiche wie das der weißen Klippen von Dover, sein Eisen das gleiche wie das eines billigen Nagels. Weder Nägel noch die Klippen von Dover sind als große Denker berühmt. Dennoch sprechen wir dem Gehirn einen privilegierten Platz im Universum zu, was seinen Atomen dann doch eine gewisse Einzigartigkeit verleiht, anders als denselben Atomen in »toter« Materie.

Passiert ein Glukosemolekül die Blut-Hirn-Schranke (die den Zugang von Molekülen aus dem Blutkreislauf ins Gehirn regelt), ändert sich an der Glukose rein physikalisch gar nichts. Dennoch trägt sie irgendwie zu all dem bei, was wir Denken, Fühlen und Wahrnehmen nennen. Wie lernt nun der gleiche einfache Zucker, den man von der intravenösen Versorgung von Patienten im Krankenhaus kennt, das Denken? Diese Frage zielt auf den Kern des ganzen Geheimnisses. Wenn alle Objekte im Universum entweder Teil des Bewusstseins sind oder nicht, dann haben die bewussten Objekte Denken gelernt, auch wenn man noch nicht herausgefunden hat, wie das geht.

Tatsächlich ist die ganze Idee von lernenden Atomen völlig irrational. Allein den Moment, wann sie zu Bewusstsein gekommen sind, wird man nie ermitteln. Deshalb gilt die Verbindung von Geist und Materie auch allgemein als »schwieriges Problem« und ist Gegenstand heftigster Dispute. Von den 118 Elementen, die normalerweise auf der Erde vorkommen, machen gerade einmal sechs 97 Prozent des menschlichen Körpers aus: Kohlenstoff, Wasserstoff, Sauerstoff, Stickstoff, Phosphor und Schwefel. Wer meint, ultimativ herausgefunden zu haben, wie man diese Atome kombinieren muss, damit sie plötzlich zu denken anfangen, dem würde allenfalls ein Zufallstreffer zugebilligt. Jedoch ist die Erklärung, warum das Gehirn das bewusste Organ wurde, auch nicht viel anders.

Milliarden Basenpaare in der als Doppelhelix gestalteten menschlichen DNA sind für sich betrachtet so komplex, dass sich dahinter allzu leicht unsere Ahnungslosigkeit verbirgt. Zu unterscheiden, welche Objekte Bewusstsein haben und welche nicht, ist sehr schwierig. Dem ganzen Kosmos Bewusstsein zuzuschreiben, ist genauso plausibel wie das Gegenteil. Auf rein physikalischer Ebene lässt sich das Ganze denn auch nicht lösen.

Im Grunde haben wir nur eine Wahl: Besteht das Universum aus Materie, die denken gelernt hat, oder besteht es aus Bewusstsein, das Materie geschaffen hat? Man könnte das auch die Kluft zwischen »Materie zuerst« oder »Bewusstsein zuerst« nennen. Obwohl »Materie zuerst« die Grundposition der Naturwissenschaft ist, hat die Quantenrevolution für ernsthafte Verunsicherung gesorgt.

Eine recht verbreitete Richtung versucht, die »Materie zuerst«-Position zu retten, indem sie geschickt alles als Information betrachtet. Danach sind wir von allen Seiten von Informationen umgeben. Erhält man ein Smartphone-Angebot per E-Mail, ist das einfach neue Information. Doch die Photonen, die Ihre Netzhaut beim Lesen des Bildschirms berühren, tragen auch noch andere Informationen mit sich. Im Gehirn werden sie gleichfalls in leichte elektronische Impulse übertragen. Noch eine Art der Information. Nichts bleibt außen vor. Am Ende lässt sich alles, was jemand sagt, denkt oder tut, im binären Code von Nullen und Einsen ausdrücken.

Hier böte sich ein Modell an, wonach der Beobachter ein Informationsbündel ist, das auf das Universum – ein noch größeres Informationsbündel – schaut. Auf einmal finden Bewusstsein und Materie einen gemeinsamen Nenner. Manche Kosmologen sehen dieses Modell als Alternative zu einem bewussten Universum. Wir müssten bloß das Bewusstsein als Information definieren. Ein beredter Vertreter dieser

Richtung ist der Physiker Max Tegmark vom MIT. Seine Argumentation beginnt damit, dass er das Bewusstsein in zwei Problembereiche unterteilt: einen leichten und einen schwierigen.

LEICHTE UND SCHWIERIGE PROBLEME

Das leichte Problem (was an sich schon kompliziert genug ist) besteht darin herauszufinden, wie das Gehirn Informationen verarbeitet. Wir haben, so Tegmark, Fortschritte gemacht, wenn man bedenkt, wie weit Computer inzwischen sind. Sie können Schachgroßmeister besiegen und übersetzen noch die kompliziertesten Sprachen. Eines Tages werden sie die Möglichkeiten des menschlichen Gehirns übertreffen und dann wird man kaum noch zwischen menschlichem und maschinellem Bewusstsein unterscheiden können. Das knifflige Problem lautet in diesem Zusammenhang: »Warum machen wir überhaupt subjektive Erfahrungen?« Man mag noch so viel über den Aufbau des Gehirns wissen, aber niemand kann erklären, wie Elektrizität im Mikrovoltbereich und ein paar tanzende Moleküle die Ehrfurcht eines Menschen bei der erstmaligen Aussicht auf den Grand Canyon hervorrufen oder die freudige Erregung beim Hören eines Musikstücks. Damit sind wir nämlich schnell in unserer Innenwelt, den Gedanken und Gefühlen, dem datenfreien Raum.

»Das schwierige Problem« stammt ganz offiziell von dem australischen Philosophen David Chalmers, steht aber schon seit ein paar Jahrhunderten im Raum, als »Leib-Seele-Problem« nämlich. Tegmark setzt hier bei der Lösung auf einen geschätzten Verbündeten, die Mathematik. Er sagt: Für einen Physiker ist ein Mensch bloß Futter, dessen Atome und Moleküle komplex angeordnet sind. »Du bist, was du isst« – ganz buchstäblich.

Doch warum wird das Futter immer wieder neu geordnet, um eine subjektive Erfahrung zu erzeugen, zum Beispiel die Verliebtheit? Aus der Perspektive der Physik ist das auch nur eine Vermengung von Quarks und Elektronen. Doch wozu all das? Für subjektive Erfahrungen? Für Tegmark kommt eine Kraft hinter all dem (Gott) nicht infrage. Die Seele ist ebenfalls raus. Sein Argument: Misst man die Aktivitäten aller Teilchen in einem Gehirn und unterliegen diese den Gesetzen der Physik, dann gibt es für eine Seele null zu tun. Sie leistet keinen Beitrag zum physikalischen Gesamtbild.

Schöbe die Seele Teilchen hin und her, und wenn auch nur ein ganz klein wenig, dann könnte man diesen seelischen Effekt wissenschaftlich nachweisen. Da haben wir's: die Seele als physikalische Kraft, die studiert werden kann genau wie die Schwerkraft. Tegmark macht hier entweder einen ernsthaften Lösungsversuch des schwierigen Problems oder er liefert einen ziemlich cleveren Trick. Für einen Physiker, sagt er, ist die Aktivität von Teilchen im Gehirn nichts anderes als ein mathematisches Muster in der Raumzeit.

Mit einem »Haufen Zahlen« umzugehen, verändert das schwierige Problem. Statt zu fragen: Warum machen wir subjektive Erfahrungen, schauen wir auf die bekannten Eigenschaften von Teilchen und fragen ganz faktenaffin: Warum werden manche Teilchen so angeordnet, dass sie uns das Gefühl einer subjektiven Erfahrung vermitteln? Das klingt wahrlich so, als kritzelte ein zerstreuter Professor eine Gleichung an die Tafel und erklärte dabei, warum er so von Marilyn Monroe fasziniert sei, die vor ihm in der ersten Reihe sitzt. Doch Tegmarks Trick, das Subjektive in ein physikalisches Problem zu überführen, findet offensichtlich Zuspruch in seinen Kreisen.

Dass uns das skeptisch stimmt, ist einsehbar, oder? Einsteins Bewusstsein schuf wunderbare Gleichungen, aber diese können umgekehrt kaum Einsteins Bewusstsein schaffen. Tegmark jedoch argumentiert, dass sie das können. Alles um uns herum, sagt er, habe Eigenschaften, die sich nicht allein durch ihre Molekülstruktur erklären ließen. Das H_2O-Molekül ändere sich nicht, wenn Wasser zu Dampf oder Eis werde. Es nimmt nur einfach die Eigenschaften von Wasser und Dampf an, sogenannte emergente Eigenschaften. »Genau wie Festkörper, Flüssigkeiten und Gase«, so Tegmark, »ist auch das Bewusstsein ein emergentes Phänomen. Wenn ich schlafen gehe und mein Bewusstsein verschwindet, bestehe ich immer noch aus den gleichen Teilchen. Das Einzige, was sich geändert hat, ist ihre Anordnung.«

Tegmark dient uns als Beispiel für eine ganze Klasse von Denkern, die glaubt, mit der Mathematik den Schlüssel zum Bewusstsein in Händen zu halten. Ihrer Meinung nach unterscheidet sich das Bewusstsein nicht von anderen Naturphänomenen. Zahlen lassen sich Informationen zuordnen, und Information wird von Tegmark und anderen als das definiert, »was Teilchen voneinander wissen«. Hier müssen wir etwas ins Detail gehen, doch die Grundzüge kennen Sie nun schon.

Wir wollen uns vor allem auf die »Theorie der integrierten Information« von Giulio Tononi konzentrieren, ein Neurowissenschaftler an der Universität Wisconsin. Um die Kluft zwischen Geist und Materie zu überbrücken, haben Tononi und Kollegen einen »Bewusstseinsdetektor« entwickelt, der im medizinischen Kontext anzeigt, ob jemand, der vollständig gelähmt ist, immer noch Bewusstsein hat. Für die Hirnforschung ist so etwas sehr spannend, weil damit zum Beispiel ein Hirnschaden erfasst werden kann.

Aber Informationstheoretiker sind an größerer Beute interessiert. Sie wollen mit Einsen und Nullen schließlich den gesamten Kosmos erklären. Klar, es stimmt schon, dass man Teilchen mit positiven und negativen Ladungen sehr gut mit 1 oder 0 beschreiben kann. Auch gilt, dass alle natürlichen Eigenschaften ihr Gegenteil kennen, etwa Schwerkraft und Antischwerkraft. Aber helfen uns Zahlen wirklich dabei, von leblosen Teilchen auf Liebe, Hass, Schönheit und Genuss zu schließen – auf alles »hier drinnen«? Wohl eher nicht. Zu wissen, dass Wasser die emergenten Eigenschaften von Eis annimmt, führt uns noch nicht zu Eisskulpturen. Da ist offensichtlich noch etwas anderes im Spiel.

Information sei, so sagt man uns, »was Teilchen voneinander wissen« – aber das ist das Problem, nicht die Lösung. Zu glauben, allein durch ein Mehr an Informationen ein vollumfängliches menschliches Bewusstsein schaffen zu können, ist so, als würde man erwarten, dass Spielkarten, teilt man immer noch mehr aus, plötzlich anfangen zu pokern. Buben, Damen und Asse beinhalten Information, doch das ist nicht das Gleiche, wie zu wissen, was damit anzufangen ist. Dafür ist Bewusstsein gefragt.

LASSEN WIR DIE REALITÄT FÜR SICH SELBST SPRECHEN

Wer immer es mit der Frage des Bewusstseins zu tun hat, wähnt die Wirklichkeit auf seiner Seite. Bei näherer Betrachtung aber merkt man, dass uns kein theoretisches Modell sagen kann, was überhaupt real ist. Das Regenradar kann Ihnen zwar vorhersagen, wann es regnen wird, aber nur Sie wissen, ob Sie nass geworden sind. Hier kommt es auf Erfahrung an. Klar ist es spannend, dass sich eine stellare Nuklearkatastrophe in Nullen und Einsen darstellen lässt. Das Konzept von Null und Eins ist dennoch menschengemacht. Ohne uns gäbe es kein Konzept.

Tatsächlich gibt es keine Information in der Natur ohne einen Menschen, der diese Idee der Information versteht. Die Informationstheorie musste also ordentlich einstecken und das typische Ausweichargument lautet: »Eines Tages haben wir etwas Besseres. Bis dahin schauen wir, was die Hirnforschung macht, da gibt es immer etwas Neues. Die Hirnforschung wird es richten.« Doch diese Aussicht steht auf wackligen Füßen – nämlich auf der Gleichsetzung von Gehirn und Bewusstsein.

Das gesamte Feld der Neurowissenschaft basiert darauf. Denn solange ein Mensch lebendig und bei Bewusstsein ist, ist das Gehirn aktiv. Stellen Sie sich nun eine Welt vor, in der es Musik nur aus dem Radio gibt. Radio kaputt, keine Musik. Doch das ist kein Beleg dafür, dass Radios der Ursprung der Musik sind. Sie übertragen Musik, aber Mozart und Bach sind etwas anderes. Das Gleiche könnte für das Hirn gelten. Vielleicht ist es einfach nur das Übertragungsgerät unserer Gedanken und Gefühle. Auch wenn Hirnscans immer präziser werden, ist das noch kein Beleg dafür, dass Bewusstsein durch neurale Aktivität zustande kommt.

Die Gleichsetzung von Gehirn und Bewusstsein ist in zweierlei Hinsicht problematisch: Erstens wird angenommen, dass das Bewusstsein ein Epiphänomen ist, mit anderen Worten zweitrangig. Wenn Sie ein Feuerwerk zünden, ist der Primäreffekt die Explosion, der Sekundäreffekt die dabei abgestrahlte Wärme. Hitze ist also ein Epiphänomen.

In der Hirnforschung sind die physikalischen Vorgänge in den Neuronen der Primäreffekt. Die subjektiven Aspekte des Denkens, Fühlens und Wahrnehmens dagegen sekundär. Das Bewusstsein wird zum Epiphänomen. Zu wissen, wer man ist, wo man ist und wie die Welt beschaffen ist – also alle Inhalte des Bewusstseins –, sind jedoch ganz offensichtlich auch primär. Musik gab es schon vor dem Radio, daran ändert auch die Untersuchung der Molekularstruktur von Radios nichts.

Das zweite Problem ist, dass wir nicht wissen können, wie präzise wir die Natur sehen. Wie groß ist unser blinder Fleck? Der Erzähler in Christopher Isherwoods *Lebwohl Berlin* ist ein nicht näher benannter junger Mann, der während der Machtergreifung Hitlers nach Deutschland kommt. Statt uns nun seinen Abscheu unmittelbar zu zeigen, möchte Isherwood uns zu einem eigenen Urteil gelangen lassen. So folgen wir dem Erzähler leichter und seine schrecklichen Erlebnisse erscheinen uns glaubwürdiger. Der junge Mann beginnt seine Erzählung mit den folgenden Worten:

> *Ich bin eine Kamera mit offenem Verschluss, ganz passiv, ich nehme auf, ich denke nicht. Ich nehme den Mann auf, der sich gegenüber am Fenster rasiert, und die Frau im Kimono, die sich die Haare wäscht. Eines Tages muss das alles entwickelt werden, sorgfältig abgezogen, fixiert.*

Aber eine Kamera ist das menschliche Gehirn nun gerade nicht, auch nicht das menschliche Bewusstsein. Wir haben Teil an der Wirklichkeit, sind darin gänzlich involviert. Nun ist die Quantenphysik dafür berühmt, dass sie den Beobachter mitten hineinholt in die Wissenschaft, aber auch dafür, dass sie nicht wirklich klären kann, was eigentlich dessen Rolle ist.

Doch in Ermangelung einer Antwort kommt die Wissenschaft nicht knirschend zum Stehen. Es gibt einen Plan B: keinen Beobachter. Für so manchen Physiker heißt das: »Lassen wir den Beobachter vorerst einfach mal weg«, für die überwiegende Mehrheit heißt es jedoch: »Den Beobachter lassen wir komplett außen vor, den braucht eh keiner.« Aber die Wirklichkeit beginnt mit einem »Ich bin«, abzüglich der Kamera. Wir alle wachen morgens auf und stellen uns der Welt in der ersten Person. An diesem Faktum kommt niemand vorbei.

Nun steht es also 2 : 0 für die Gleichsetzung von Bewusstsein und Hirn. Das ist schon ein Schlag, der uns zweifeln lässt. Ironischerweise ist das Bewusstsein auf das Gehirn angewiesen, soweit wir wissen. Wie in der Fantasie, in der man Musik nur über Radios empfangen kann, hat auch unsere Welt keinen Zugang zum Bewusstsein außer über das Gehirn.

In seinen Memoiren beschreibt der verstorbene Psychiater David Viscott einen Vorfall, der sich während seiner Hospitation im Krankenhaus zutrug und der sein Leben verändern sollte. Er hatte das Zimmer eines Patienten in dem Moment betreten, als dieser starb, und er sollte sehen, wie ein Licht den Patienten verließ, genau wie die Seele oder der Geist, der sich davonmacht.

Was er da gesehen hatte – und das ist unter Hospizmitarbeitern nicht selten –, erschütterte Viscott im Kern, stand es doch in krassem Widerspruch zu seinem Weltbild. Auch seine Medizinerkollegen würden ihm nicht glauben, das wusste er. Wenn sie auch eine Seele haben mochten, hieß das nicht, dass sie an die Seele glaubten. Nun kann man in gleicher Weise argumentieren, dass das Gehirn – selbst als bloßes Empfangsgerät – das Bewusstsein *ist*. (Ein weiterer Beweis dafür, dass der Glaube stärker ist als die Wirklichkeit.)

FOLGEN SIE DEM FLIEGENDEN PFEIL

Gibt es eine Möglichkeit, die Kontroverse zwischen dem Lager des »Bewusstsein zuerst« und dem der »Materie zuerst« zu beenden? Sollte hier unser Glaube ein Problem sein, hilft ja vielleicht die Wirklichkeit und spricht für sich. Eine Lösungsmöglichkeit steht tatsächlich schon seit geraumer Zeit im Raum und wurde zuerst im 5. Jahrhundert v. Chr. vom griechischen Philosophen Zeno formuliert. Es handelt sich um das *Zeno'sche Pfeil-Paradoxon*.

Fliegt ein Pfeil durch die Luft, sagt Zeno, können wir ihn zu jedem Zeitpunkt beobachten. Dabei nimmt er eine bestimmte Position ein. In dem Augenblick scheint er zu ruhen. Wenn also die Zeit eine Serie von Augenblicken ist, folgt daraus, dass der Pfeil immer ruht. Wie aber kann sich ein Pfeil bewegen und zugleich ruhen? Das ist ein Paradox und es kam 2000 Jahre später wieder im sogenannten »Quanten-Zeno-Effekt« zum Vorschein, so benannt von George Sudarshan und Baidyanath Misra an der Universität Texas. Dieses Mal geht es nicht um einen Pfeil, sondern um ein Quantensystem (etwa ein Molekül im Übergang), das normalerweise in einem bestimmten Zeitrahmen zerfällt.

Ein Quantensystem, das zerfallen soll, ist durch beständige Beobachtung wie eingefroren. In den meisten Interpretationen der Quantenmechanik »bricht« das wellenartige Verhalten eines Teilchens »zusammen« und nimmt einen Zustand an, der durch den Beobachter messbar und beobachtbar ist. Was der Beobachter allerdings dabei anstellt, ist hochgradig umstritten. Wie wir gesehen haben, kann man nicht wissen, wann ein molekularer Zustand zerfällt. Dies lässt sich nur mithilfe von Wahrscheinlichkeiten schätzen. Was jedoch beim Quanten-Zeno-Effekt passiert, ist, dass sich durch die Beobachtung das System von einem Zustand der Instabilität hin zu einem der Stabilität verändert.

Kann man also ein Molekül fortwährend beobachten, um abzupassen, wann der Wechsel stattfindet? Nein – und das ist das Paradox: Wenn ein Beobachter kontinuierlich oder in superschnellen Intervallen beobachtet, kommt es zu keinem Zerfall. Genau wie beim fliegenden Pfeil wird bei der Beobachtung eines instabilen Quantensystems die Zerlegung noch feiner, sodass der Eindruck entsteht, dass gar nichts passiert. Stellen Sie sich in Analogie dazu einmal vor, Sie seien Hochzeitsfotograf und machten Aufnahmen von der Braut. Sie sagen »lächeln«, doch die Braut sagt: »Vor laufender Kamera kann ich nicht.« Da kommen Sie nicht weiter. Solange Sie sie im Visier haben, gibt es kein Lächeln, und wenn Sie die Kamera beiseitelegen, gibt es kein Foto, auf dem sie lacht. So funktioniert im Wesentlichen der Quanten-Zeno-Effekt.

Hilft uns das bei der Streitschlichtung zwischen den »Bewusstsein zuerst«- und den »Materie zuerst«-Vertretern? Immerhin ist wieder das »Ich« mit im Boot. Der Quanten-Zeno-Effekt zeigt, dass die Wirklichkeit wie eine Braut ist, die ganz natürlich lächelt, solange sie nicht fotografiert wird. Sie mag es nämlich nicht, wenn man sie anstarrt. Hier liegt der Hase im Pfeffer. Denn *wir starren die Wirklichkeit dauernd an.* Ein Wegschauen ist gar nicht möglich. Das bedeutet, dass das Verhalten des Universums, wenn man nicht guckt, nicht von Bedeutung ist. (Da es Menschen im Vergleich zur Dauer des Universums noch nicht lange gibt, bleibt natürlich offen, was eigentlich eine Beobachtung ist und wer beobachtet. Für viele Physiker gibt es ausschließlich menschliche Beobachter. Wir kommen später darauf zurück.)

Die »Materie zuerst«-Fraktion verschließt sich allerdings diesem Faktum. Sie agiert wie ein bockiger Hochzeitsfotograf, der zu der Braut sagt: »Ist mir doch egal, wenn du vor der Kamera kein Lächeln hinbekommst. Ich lasse nicht locker, bis ich irgendwann ein Lächeln hab.« Genau wie die »Materie zuerst«-Fraktion hat er Zeit ohne Ende, trotz Quanten-Zeno-Effekt. Dieser besagt, dass wir niemals miterleben werden, wie sich ein Molekül verändert, solange wir auf dessen Beobachtung bestehen. Je mehr Beobachtungen man vornimmt, desto mehr kommt das instabile System zum Stillstand.

Daraus folgt, dass, je länger wir die Welt betrachten und je näher wir ihren innersten Strukturen kommen, wir sie desto mehr zum Erliegen bringen. In gewisser Weise gewinnt die Realität durch eine Beobachtung an Eigentümlichkeit. Die Wirklichkeit entwischt unter der Lupe des Sherlock Holmes in dem Moment, wenn er glaubt, eine Spur gefunden zu haben.

Aber bevor die »Bewusstsein zuerst«-Fraktion nun in Jubel ausbricht: Der Quanten-Zeno-Effekt hält auch für sie eine schlechte Nachricht bereit. Es gibt keinen unabhängigen Beobachter. Die Leute von »Materie zuerst« kommen nicht weiter, weil sie nicht rausbekommen, was ein stoffliches System anstellt, wenn es sich ganz natürlich verhält. Die Leute von »Bewusstsein zuerst« kommen ebenfalls nicht weiter, weil sie keinen unabhängigen Beobachter haben. Der sogenannte Beobachter-Effekt funktioniert nur, wenn der Beobachter sich außerhalb des Beobachtungszusammenhangs befindet.

Wenn man so will, kann man den Beobachter dadurch kleinkriegen, indem man ihn etwas Winziges messen lässt, etwa ein Photon beim Durchgang durch einen Spalt. Wenn man das andauernd macht, muss der Beobachter unweigerlich von dem Ding, das er beobachtet, Abstand nehmen. Aus diesem Grund wird der Quanten-Zeno-Effekt gelegentlich auch der Wachhund-Effekt genannt. Stellen Sie sich eine angekettete Bulldogge am Hinterausgang eines Hauses vor. Dem Hund hat man beigebracht, den Ausgang konstant zu beobachten und beim kleinsten Verdacht anzuschlagen. Doch dummerweise ist der Hund so auf die Hintertür fixiert, dass sich Diebe jederzeit über die Vordertür oder ein Seitenfenster Zugang verschaffen können. Genauso gut könnte man auch gar keinen Wachhund haben. In gleicher Weise lenkt eine jede Beobachtung in der Physik die Aufmerksamkeit des Beobachters auf ein einziges Ding. Solange die beiden aufeinander fixiert beziehungsweise aneinandergekettet sind, könnte alles um sie herum passieren, und niemand nähme Notiz davon. Genauso gut könnte man auch keinen Beobachter haben.

Im Grunde geht es beim Quanten-Zeno-Effekt genau um diese wechselseitige Fixierung zwischen Beobachter und Beobachtetem. Doch wie lässt sich diese Fixierung aufheben? Darüber ist ein Streit entbrannt. Vielleicht lässt sie sich gar nicht aufheben, vielleicht lässt sich die Sache nur theoretisch berechnen, nicht aber in Wirklichkeit.

Bei all der Spekulation ist nun etwas Wunderbares passiert. Die Realität hat sich nämlich selbst zu Wort gemeldet, etwas, das uns ja immer gefehlt hat, und die Botschaft ist recht vertraut: »Ich halte dich in meiner Umarmung und je mehr du versuchst, dich zu lösen, desto enger wird sie.«

Mit anderen Worten: Man muss sowohl »Materie zuerst« als auch »Bewusstsein zuerst« aufgeben zugunsten einer »Realität zuerst«. Der Beobachter nämlich kann gar nicht außerhalb der Realität stehen. Er ist wie ein Fisch, der dem Meer zu entkommen versucht, um beim Herausspringen festzustellen, dass das sein Ende bedeutet. Für uns Menschen heißt das, dass wir ohne Teilhabe am Universum nicht existieren können. Kein Leben ohne Bewusstsein. So einfach ist das. Erstaunlicherweise gilt jedoch Gleiches für das Universum. Ohne Bewusstsein würde es einfach verpuffen, ganz wie ein Traum, rückstandslos auf Nimmerwiedersehen verschwinden. Dem Universum Bewusstheit zuzusprechen, geht jedoch im Grunde noch nicht weit genug. Wie wir noch darlegen werden, hat das Universum aus sich heraus Bewusstsein. Solange wir das nicht anerkennen, verhallt die Botschaft der Wirklichkeit halb gehört.

WIE IST DAS LEBEN ENTSTANDEN?

Zu einer beunruhigenden Angewohnheit Shakespeares gehört das Nebeneinander von Edlem und Lächerlichem. Da droht ein verrückter König Lear dem Gewitter mit gereckter Faust und hat niemanden an seiner Seite als seinen armen Narr, der ihm einst am Hofe diente. Hamlet, ganz in erhabener Stimmung, ruft: »Welch ein Meisterwerk ist der Mensch! Wie edel durch Vernunft! Wie unbegrenzt an Fähigkeiten!« Währenddessen macht der erste Totengräber (manchmal auch der erste Narr genannt) Scherze, wie schnell ein Leichnam im nassen Grund verfällt, auch die Leichname großer Männer. Sein Scherzen bringt Hamlet in eine düstere Stimmung. Wohin führen am Ende all die noblen Gedanken, fragt er sich: »Der große Cäsar, tot und Lehm geworden, / Verstopft ein Loch wohl vor dem rauen Norden.«

In der Naturwissenschaft ist Hamlet die Physik und der erste Totengräber die Biologie. Die Physik schwelgt in eleganten Gleichungen, während die Biologie es mit dem vollen Leben, mit Tod und Schmutz zu tun hat. Physiker sezieren die Raumzeit, Biologen Plattwürmer und Frösche.

Lange Zeit über hatte die Physik nichts mit dem Geheimnis des Lebens zu tun. Auch wenn Erwin Schrödinger einmal ein schmales Büchlein mit dem Titel *Was ist Leben?* schrieb, galt dieses unter den Fachkollegen eher als Zeichen der Exzentrik, mehr Mystizismus als Wissenschaft, zumindest nicht die Wissenschaft von Relativität und

Quantenmechanik, mit der Schrödinger sich normalerweise zu beschäftigen pflegte. In der Tat hat Schrödinger damals versucht, Genetik und Physik zu verbinden, aber 1944 war die Struktur der DNA noch unbekannt. Selbst eine Dekade später nach Entdeckung der Doppelhelix hielt sich die Physik, was die Biologie betraf, vornehm zurück. Diese Einstellung hat sich erst in den letzten Jahrzehnten allmählich verändert.

Gleichungen und Theorien, wissenschaftliche Daten und Ergebnisse sind abstrakt und entfernt, das Leben dagegen ist mitten unter uns. Besonders seltsam am Lebendigsein ist der Umstand, dass wir nicht wissen, wie und wann es entstanden ist. Alles Lebendige, ob ein Tyrannosaurus Rex, ein Baumfarn oder ein Neugeborenes, geht aus einem anderen lebendigen Wesen hervor. Leben entspringt dem Lebendigen. Damit wissen wir jedoch noch nicht, wo das Leben seinen Ausgang nahm. Doch irgendwann muss der Übergang von toter zu lebendiger Materie aufgetreten sein. In der Biochemie wird dieser bedeutsame Moment erklärt durch die anorganischen Substanzen auf der einen Seite und die organischen auf der anderen. Dabei wird die organische Chemie so definiert, dass sie nur in lebendigen Wesen – Organismen – vorkommt. Salz ist anorganisch, was bedeutet, dass es nicht auf Kohlenstoff basiert, während die vielen Proteine und Enzyme, die von der DNA gebildet werden, organisch sind.

Nun ist allerdings unklar, ob diese zeitlich bezogene Unterteilung hilfreich ist bei der Frage nach dem Beginn allen Lebens. Die Trennung von organischer und anorganischer Chemie ist sicherlich innerhalb der Chemie sinnvoll, taugt aber nicht für die Definition des Lebendigen. Bestimmte Aminosäuren, die Bausteine der Proteine, tauchen vielleicht auch auf der Oberfläche von Meteoriten auf. Tatsächlich gibt es eine Theorie zum Ursprung des Lebens, die besagt, dass der erste Funke von so einem Meteoriten stammt, der auf der Erde einschlug.

Zugespitzt kann man sagen, dass das Lebendige für die Physik ziemlich lästig ist. Biologie passt nun einmal nicht in abstrakte Formeln. Bedenkt man, wie sich echte Erfahrungen anfühlen, dann ist wohl auch noch die Biologie für die Erfassung des Lebendigen ungeeignet. Das Leben umfasst Sinnhaftigkeit, Bedeutung, Richtung und Ziel – das gilt für Organisches nicht. Es ist nicht denkbar, dass Ketten von Proteinen sich irgendwie umsahen und lernten, die mit lebenden Organismen verbundenen Dinge zu tun. Das wäre so, als hätten die Steine Neuenglands irgendwann beschlossen, Feldmauern der ersten Yankees zu sein. Und selbst wenn Salz »tot« ist, ist doch kein Leben ohne es möglich. Alle Zellen im Körper enthalten Salz als elementaren Bestandteil.

Die Tatsache, dass alles Leben dem Lebendigen entstammt, impliziert auch, dass es immer weitermachen will. Solange es nicht zur totalen Vernichtung kommt, ist die Evolution eine nicht zu stoppende Kraft. Bloß warum? Vor Jahrmillionen – genauer gesagt vor 66 Millionen Jahren –, heißt es, soll ein riesiger Meteor die Erde gestreift und die Dinosaurier ausgelöscht haben. Wahrscheinlich hat die Kollision damals so viel Staub in der Atmosphäre aufgewirbelt, dass das Sonnenlicht nicht mehr durchdringen konnte und es dadurch entweder zu kalt wurde für die Dinosaurier oder alle Pflanzen eingingen, was das Überleben der Kolosse unmöglich machte. Die ganze Nahrungskette brach zusammen. Doch die Kreaturen, die, klein und unbedeutend, wie sie waren, dieser Massenvernichtung entkamen, sollten auf lange Sicht weder klein noch unbedeutend bleiben. Durch sie nämlich wurde das Zeitalter der Säugetiere überhaupt erst möglich. Tatsächlich kam es zu einer neuen Blüte, und die Welt *nach* den Sauriern mutet aus heutiger Sicht sehr viel reichhaltiger und vielseitiger an als die davor.

Die Kraft des Lebendigen ist offensichtlich und geheimnisvoll zugleich. Die blaugrünen Algen, die sich auf der Wasseroberfläche eines Teichs bilden, haben sich in Jahrmillionen nicht weiterentwickelt, genauso wenig wie Haie, Plankton, Pfeilschwanzkrebse, Libellen und zahlreiche andere Lebensformen, die schon mit den Dinosauriern gelebt haben. Was lässt manche Kreaturen reglos verharren, während andere evolutionär davongaloppieren? Der Homo sapiens hat sich in einer Rekordzeit von nur zwei, drei Millionen Jahren entwickelt und nicht in Hunderten.

Ein naturwissenschaftlicher Grundsatz lautet, dass sich die wesentlichen Fragen um das Wie und nicht um das Warum drehen.

Deshalb wollen wir wissen, wie Elektrizität funktioniert, und nicht, warum die Leute immer größere Flachbildschirme wollen. Immer wieder bringt die Evolution die Frage nach dem Warum neu ins Spiel. Warum scheuen Maulwürfe das Licht und leben unter der Erde? Warum essen Pandas nur Bambusblätter? Warum wollen Menschen Kinder? Irgendwann mussten Fragen von Sinn und Zweck einfach ins Spiel kommen. Oder waren sie von Beginn an in einem bewussten Universum angelegt?

Wie die Dinge liegen, begegnet die Welt der Wissenschaft solchen spekulativen Fragen mit reichlich Widerstand. Die Standardsicht besagt, dass das Universum weder Sinn noch Zweck kennt. Bevor wir uns also an ein neues Modell über den Beginn des Lebens machen, wollen wir zunächst das konventionelle Denken demontieren. In einem bewussten Universum ist alles von Anfang an lebendig. Die Beobachtung, dass alles Leben dem Lebendigen entspringt, stellt sich als kosmische Wahrheit heraus.

DEM GEHEIMNIS AUF DER SPUR

Chemische Stoffe sind der Grund, warum der menschliche Körper lebendig ist. An der Spitze aller organischen Substanzen steht eine, die den Code des Lebens selbst enthält: die Desoxyribonukleinsäure (DNA). Mit etwas Abstand betrachtet, könnte man hier schon in gewisser Weise das Geheimnis um den Ursprung allen Lebens enthüllen. Kohlenstoff, Schwefel, Salz und Wasser sind vermeintlich tot, zugleich jedoch lebensnotwendig. Warum sollte diesen organischen Substanzen also ein privilegierter Status zukommen?

Das, was ein lebendiger Organismus anstellt, egal ob Mikrobe, Schmetterling, Elefant oder Ölpalme, ist nicht das, woraus er gemacht ist. Chemikalien können noch so lange herumwuseln, niemals wird es dazu kommen, dass ein Klavier ein Musikstück komponiert. Genau wie der menschliche Körper besteht ein Klavier mit seinem Holzrahmen aus organischer Chemie, vor allem Zellulose. Doch nichts an der

Zellulose weist auf die Musik der Beatles oder von anderen hin. Nichts an der Körperchemie verweist auf menschliche Aktivitäten. Die Genetik steht anscheinend auf wackligem Grund.

Nun mögen Sie einwenden, dass die Chemie im menschlichen Körper etwas ganz anderes ist als die leblosen Substanzen im Meerwasser oder in einem Stück Holz. Doch die Dinge sind trügerisch und man muss sich vor falschen Schlussfolgerungen in Acht nehmen. Dies lässt sich an etwas illustrieren, das alle lebendigen Zellen haben: den Organellen. Diese funktionieren wie kleine Fabriken und stellen alle für das Überleben und die Vermehrung einer Zelle wichtigen chemischen Elemente her.

Unsere Zellen müssen das Rad nicht neu erfinden. Die DNA wird nicht jedes Mal, wenn sich eine Zelle bildet, von Grund auf neu gemacht. Lieber teilt sich die DNA und bildet gewissermaßen ihr eigenes Spiegelbild, das neue genetische Material. Dieser Vorgang der Replikation ist keineswegs selbsterklärend, aber das lassen wir einmal außen vor. Auch andere chemische Bestandteile will eine Zelle nicht immer ganz von vorn herstellen. In der Evolution haben sich eine ganze Reihe von Maschinchen gebildet, die während des gesamten Lebens einer Zelle intakt bleiben, ganz so wie Kohlekraftwerke und Stahlwerke, die niemals schließen oder abgebaut werden, ganz gleich, was in der Stadt um sie herum geschieht. Eine bestimmte Zone in der Zelle, das Mitochondrium, ihr energieliefernides Kraftwerk, ist eine so stabile Maschine, dass sie unverändert von Generation zu Generation weitergegeben wird. So stammt Ihre Mitochondrien-DNA von Ihrer Mutter, und die hat sie auch wieder von ihrer Mutter vererbt bekommen, bis weit zurück in die menschliche Evolution. In der einen oder anderen Form waren Mitochondrien in allen lebendigen Zellen als Kraftwerke stabil. Innerhalb der Zellen werden ständig Luft und Nahrung hin- und hergeschoben und dabei verändert. Die Zellmaschinen allerdings bleiben von dem ganzen Treiben unberührt, geben aber in vieler Hinsicht den Takt vor.

DIE MASCHINERIE DES LEBENS?

Wenn wir den Anfang allen Lebens ergründen wollen, kommen wir an den Zellorganellen nicht vorbei. Als Erstes müssen wir dafür genau wie Alice hinter den Spiegel treten in eine Welt, in der Winziges riesig erscheint. Auf der Ebene des Winzigen sind es Atome und Moleküle, die die Wirklichkeit bestimmen, ob im Zentrum einer Supernova, in den Gaswolken im Weltraum oder in einer lebendigen Zelle. Nichts anderes ist für das materielle Leben von Bedeutung. Was Atome und Moleküle nicht schaffen, schafft auch sonst keiner. So sieht es zumindest die moderne Biologie. An dieser Stelle lassen wir die Quanten einmal beiseite, kommen aber später auf sie zurück.

Atome interagieren also ständig miteinander. Sicherlich haben Sie auch schon einmal von den freien Radikalen gehört. Diese haben im Körper sowohl schädliche als auch förderliche Wirkungen und sind gewissermaßen ein zweischneidiges Schwert. Zum einen stehen sie mit dem Altern und mit Entzündungsprozessen in Verbindung, zum anderen werden sie bei der Wundheilung benötigt. Freie Radikale agieren recht simpel: Sie stehlen Elektronen von anderen Atomen oder Molekülen. Ihre eigene Ladung ist instabil, vielleicht aufgrund von Strahlenbelastung, Rauchen, Umweltfaktoren oder körpereigenen Prozessen.

Das Immunsystem produziert freie Radikale, um Elektronen von eingedrungenen Bakterien oder Viren zu stehlen und sie auf diese Weise zu neutralisieren. Am häufigsten kommt beim Elektronendiebstahl Sauerstoff zum Einsatz. Werden dessen Elektronen instabil, greift der Sauerstoff sich einfach das nächstbeste Elektron. Freie Radikale sind hochreaktiv und sehr kurzlebig.

Für lebende Organismen und ihre Zellen geht es hier um Leben und Tod, was auf das Paradox hinausläuft, dass das Leben Stabilität und Instabilität zugleich benötigt. Das gilt auch für sehr unterschiedlich lange Zeitspannen – von Nanosekunden bis Jahrmillionen –, die auch noch irgendwie miteinander verbunden sind. So operiert eine Zelle im Bereich von Tausendstel Sekunden, braucht aber Millionen Jahre zu ihrer Entwicklung.

Diese Verknüpfung von Gegensätzen zugunsten des Lebens ist nicht bloß von theoretischem Interesse. Innerhalb der Zelle müssen Atome und Moleküle frei bleiben, damit sie ihre Aufgaben durch Bindung an andere erfüllen können. Ist die Aufgabe erledigt, kommt es wieder auf Stabilität und Unveränderlichkeit an. Aber wohin mit welchem Atom? Schließlich gibt es hier keine Adressaufkleber. Um das Ganze zu verkomplizieren, treiben einige der wichtigsten organischen Substanzen die Balance von stabil versus instabil auf die Spitze – allen voran das pflanzliche Chlorophyll oder das Hämoglobin.

Hämoglobin befindet sich im Innern der roten Blutkörperchen und macht etwa 96 Prozent ihrer Trockenmasse aus. Es hat die Aufgabe, Sauerstoff zu allen Körperzellen hin zu transportieren. Seine rote Farbe erhält das Blut vom Eisen im Hämoglobin. Eisen wird rot, nachdem es ein Sauerstoffatom aufgenommen hat – ähnlich wie Eisen, das rostet. Sobald die Sauerstoffatome ihr Ziel erreicht haben und frei werden, verblasst die rote Farbe. Das ist der Grund, warum das Blut in den Venen blau erscheint. Venöses Blut ist auf dem Rückweg zu den Lungen, wo es erneut Sauerstoff aufnimmt und der Kreislauf von vorn beginnt. Die Sauerstoffaufnahmefähigkeit des Hämoglobins liegt 70-mal höher, als wenn der Sauerstoff einfach im Blut gelöst wäre. (Alle Wirbeltiere haben Hämoglobin. Fische dagegen nehmen den Sauerstoff aus dem Wasser über die Kiemen auf, ein anderer Vorgang als die Atmung.)

Als Molekül ist Hämoglobin ein Wunder der Konstruktion. Und wo wir schon mit dem Vergrößerungsglas unterwegs sind, stellen wir uns vor, wir beträten ein Hämoglobinmolekül so wie ein Gewölbe, ein Treibhaus, in dem spinnenartige Ketten kleinerer Moleküle Träger und Balken bilden. Zunächst sind die Eisenatome, obwohl sie die Existenzberechtigung des Hämoglobins sind, nur schwer zu erkennen. Eiweiße in langen Bändern bilden Doppelstränge, die wie zusammengeschweißte Stoffbahnen aussehen. Mit einem Blick für Muster entdecken wir auch, dass die Proteinketten eine ganz bestimmte Form haben. Da gibt es Untereinheiten innerhalb der Proteineinheiten, die just an das gefesselt sind, was kein Protein ist: die zu Hämen geformten Eisenatome – Proteinringe, die das Eisen einkreisen.

Strukturell kommt es genau darauf an, welche Falten und Taschen wo sitzen.

Das ist wie bei reichen Leuten, wo zwei Menschen in einem überdimensionierten Herrenhaus herumgeistern: Das Hämoglobinmolekül besteht aus 10 000 Atomen und schafft einen riesigen Raum, in dem genau vier Eisenatome vier Sauerstoffatome für den Transport aufnehmen können. Doch sind diese 10 000 Atome beileibe keine Verschwendung. Sie werden für das Zellwachstum gebraucht. Neben Wasserstoff, Stickstoff, Kohlenstoff und Schwefel enthält das Hämoglobin auch Sauerstoff. Hier nun die Aufgabe, vor der die anorganische Materie vor Jahrmilliarden gestanden hat:

- Zunächst musste Sauerstoff in die Atmosphäre gelangen, ohne sogleich von gierigen Atomen und Molekülen in seiner Nachbarschaft verbraucht zu werden.
- Andererseits musste ein gewisser Anteil des Sauerstoffs verbraucht werden, damit komplexe organische Substanzen entstehen konnten.
- Diese wiederum mussten in Proteinen organisiert werden, von denen Hämoglobin eines der komplexesten ist.
- In seinem Inneren musste das Hämoglobin so gestaltet werden, dass es vier Eisenatome einschließt, die in Hunderten anderer Proteine fehlen, selbst solchen, die Hämoglobin stark ähneln.
- Die Eisenatome ließen sich allerdings nicht stoisch wie Diamanten in einem Schließfach einschließen. Das Eisen musste (positiv) geladen werden, sollte es Sauerstoffatome aufnehmen. Zugleich war ihm aber nicht erlaubt, den bereits zur Herstellung von Proteinen benötigten Sauerstoff zu verbrauchen.
- Schließlich musste sich der Maschinenpark zur Herstellung all der genannten organischen Substanzen *merken,* wie man es beim nächsten Mal machen würde, beim nächsten und übernächsten Mal. Gleichzeitig mussten sich die anderen Zellmaschinchen in unmittelbarer Nachbarschaft der Zelle andere chemische Abläufe merken, und das alles, ohne der Hämoglobinproduktion in die Quere zu kommen. Schließlich musste sich die DNA im Zellkern das Ganze einprägen und zur richtigen Zeit in Bewegung setzen.

Wie man es dreht und wendet: Das ist schon recht viel verlangt von Atomen, die normalerweise nichts lieber tun, als sich umstandslos an das nächstbeste Atom zu binden und dann so zu bleiben. Und keineswegs ist dieses Verhalten aus der Mode gekommen. Zig Sextillionen Atome in Sternen, Nebeln und Galaxien agieren immer noch so. Genauso die Atome im Sonnensystem, in der Sonne und auf der Erde – abgesehen von den Atomen in Lebewesen. Diese nämlich beherrschen den Trick, sich ganz natürlich zu verhalten und zugleich noch einem kreativen Nebenjob nachzugehen – dem Leben.

Als das tierische Leben summend und brummend in Schwung kam und Hämoglobin produzierte, schuf die Natur im Pflanzenreich Chlorophyll. Damit ernährt sie Pflanzen auf einem ganz anderen Weg: dem der Fotosynthese. Nun werden wir keine Besichtigungstour des Chlorophyllmoleküls unternehmen, sondern uns auf die Feststellung beschränken, dass es 137 Atome besitzt, deren einzige Aufgabe im Einschluss eines Magnesiumatoms (anstelle des Eisens beim Hämoglobin) besteht. Das ionisierte Magnesiumatom ermöglicht Kohlenstoff und Wasser im Kontakt mit Sonnenlicht, ein einfaches Kohlenhydrat zu bilden. Der Umstand, dass Lichtphotonen der Sonne dieses neue Produkt herstellen, gibt neue Rätsel auf. Denn mit diesem von Blättern gebildeten einfachsten Kohlenhydratmolekül war ein evolutionärer Durchbruch verbunden. Das »Maschinchen« für Chlorophyll schlug einen anderen Weg ein als das für Hämoglobin, und das ist der Grund, warum Kühe Gras fressen und nicht aus Gras *sind*.

(Hinweis: Bei der Fotosynthese verwendet das Chlorophyll nur das Kohlenstoffatom aus dem Kohlendioxid, wobei das Sauerstoffatom in der Luft frei wird. Nun sagen Sie vielleicht: Aha, daher kommt also der freie Sauerstoff, der, der von anderen Atomen nicht gestohlen wird. Doch dummerweise braucht das Chlorophyll eine lebendige Zelle, um darin zu leben, und diese braucht freien Sauerstoff, bevor das Chlorophyll ans Werk geht.)

Nun haben wir also den Kontext, um die richtige Frage zu stellen. Das Rätsel um den Beginn des Lebens mündet in Substanzen, die in der Lage sind, von ihrem natürlichen Verhalten abzusehen, um einem kreativen Nebenjob nachzugehen: dem Leben an sich. Jede Lösung wird klären müssen, warum dabei nur einige wenige Atome und Moleküle mit von der Partie sind, während der Rest sein munteres Treiben fortsetzt.

VOM KLEINSTEN ZUM NICHTS

Wie sich herausstellt, ist die These »Alles Leben entstammt dem Lebendigen« keine leichte Sache. Zum einen, weil es Anfänge aus dem Nichts wahrscheinlich gar nicht gibt. Aber Wissenschaftler müssen nun einmal weiterforschen, sie können nicht anders. Die ältesten lebenden Dinge waren winzig klein, viel kleiner als Zellen, die erst ein paar Hundert Millionen Jahre später kamen. Die jüngsten Funde zeigen, dass sich komplexe Mikroorganismen bereits vor 3,5 Milliarden Jahren gebildet haben, nur eine Milliarde Jahre nach Entstehung der Erde. Manche Mikrobiologen gehen davon aus, dass sich bakterielle Fossilien im Gestein befinden. Doch jeder Fund und jede Datierung wird sogleich infrage gestellt, weil sich Fossilien nur schwer von Kristallen unterscheiden lassen.

Vielleicht muss man einfach noch eine Größenordnung kleiner als Bakterien und Viren gehen und an die Tür der Mikrobiologie klopfen; ihr haben wir alles hier über Hämoglobin und Chlorophyll Gesagte zu verdanken. Der Wissenschaftler an der Eingangstür schüttelt auf unsere Frage nach dem Ursprung allen Lebens bloß den Kopf: »Das, was ich an organischer Chemie untersuche«, würde er sagen, »gibt es in allen Lebewesen. Ihren Ursprung kennt niemand. Chemische Substanzen verlassen ihre Fossilien nicht.«

Wir könnten nun einwenden, dass man auch auf Meteoriten Aminosäuren gefunden habe. Auch gibt es Spekulationen, wonach es zuerst Leben auf dem Mars gab, bevor es sich auf der Erde entwickelt hat. Angenommen, der Mars wäre von einem ausreichend großen Meteoriten getroffen worden, dann wären Gesteinsbrocken ins All gelangt und einer davon mit seinem Leben darauf hätte die Reise durch den Weltraum überstanden. Vielleicht sind die organischen Substanzen auf diese Weise zu uns gelangt.

Unser Molekularbiologe hat nichts als eine abfällige Bemerkung übrig und macht die Tür wieder zu. »Alles Spekulation, die jeder Grundlage entbehrt. Tut mir leid.«

So geht es weiter, wie in einem schlechten Traum, wo von einem endlosen Korridor eine Tür nach der anderen abgeht. Ganz gleichgültig, wie weit man auch immer das Problem reduziert, es geht immer noch eine Nummer kleiner, bis alles – Materie, Energie, Zeit und Raum – im Quantenvakuum verschwindet. Das ist sehr frustrierend, weil es doch eine Lösung geben *muss* – schließlich sind wir vom Lebendigen umgeben. Der Weg von lebendigen Organismen hin zum Nichts muss auch wieder umkehrbar sein. »Alles Leben entstammt dem Lebendigen« bleibt die Losung, wenn es darum geht zu erklären, wie es zum Anfang des Lebens kam.

In kluger Weise und quasi aus dem Nichts schöpft einer der Urheber der Multiversumsthese, der russische Physiker Andrei Linde, und zeigt, wie das menschliche Leben entstanden sein muss. Als er nach der bedeutsamsten physikalischen Entdeckung der jüngsten Zeit gefragt wurde, wählte Linde die »Grundzustandsenergie« oder »Vakuumenergie«. Sie besagt, dass sich im leeren Raum noch ein wenig Energie befindet. Das haben wir auch schon kurz behandelt, aber Linde leitet daraus den Grund für das Leben auf der Erde ab.

Auf den ersten Blick wirkt die Menge an Grundzustandsenergie belanglos. »Ein Kubikzentimeter an leerem interstellaren Raum enthält ungefähr 10^{-29} Gramm unsichtbare Materie beziehungsweise Grundzustandsenergie«, führt Linde aus. Das heißt, unsichtbare Materie und Grundzustandsenergie sind ziemlich gut vergleichbar. »Das ist fast nichts. 29 Größenordnungen kleiner als die Masse an Materie in einem Kubikzentimeter Wasser. Fünf Größenordnungen kleiner als ein Proton … Wenn die ganze Erde aus so etwas bestünde, wöge sie nicht mal ein Gramm.«

Die Bedeutung der Grundzustandsenergie ist trotz ihrer Winzigkeit immens. Denn der Ausgleich zwischen der Energie im leeren Raum und der unsichtbaren Materie gab uns das von uns bewohnte Universum. Von einem der beiden zu viel, und das Universum wäre entweder nach dem Urknall zusammengebrochen oder in alle einzelnen Atome auseinandergeflogen, die sich niemals zu Sternen und Galaxien angeordnet hätten. Darin liegt für Linde der Schlüssel zum Leben auf der Erde.

Er geht davon aus, dass die Grundzustandsenergie nicht konstant ist. In dem Maße, wie sich das Universum ausdehnt, nimmt die Dichte der Materie ab. Da die Galaxien immer weiter auseinanderfliegen, verändert sich auch die Dichte der Grundzustandsenergie. Tatsächlich leben wir Menschen nahe des Zustands der perfekten Ausgewogenheit – und das müssen wir auch. Wir haben uns an einem Ort entfaltet – das Leben hat sich an einem Ort entfaltet –, den es einfach geben musste. Und warum? Weil die Grundzustandsenergie in jedem Fall das größenordnungsmäßige Zünglein an der Waage ist. Alle möglichen Werte können entstehen. Das ist ein bisschen so wie mit den Videos, die man von seinen Kindern gemacht hat. Die meisten gehen irgendwie verloren, aber es gibt noch den einen Film, wo das Kind gerade geboren war, und den anderen, in dem es plötzlich schon zwölf ist. Auch wenn die Filme dazwischen fehlen, hat es die Phase dazwischen doch gegeben.

Lindes Geschichte über das Leben auf der Erde ist die beste bislang, findet er, und sie geht auch noch gut aus. »Nach diesem Szenario sind alle [Vakuums] unseres Typs nicht nur stabil, sondern metastabil. Das bedeutet, dass irgendwann in weiter Ferne unser Vakuum zerfallen und das Leben in unserem Teil des Universums zerstören wird, während es dafür andernorts wieder neu erschaffen wird.«

Schade nur, dass es doch ein Haar in der Suppe gibt. »Metastabil« bedeutet nämlich, dass es Bereiche der Instabilität gibt, die, aus großer Distanz gesehen, ausgelöscht werden. Der Kohlenstoff im Körper eines Sterbenden ist genauso stabil wie der eines Neugeborenen. Aus der Distanz gesehen hat das, was zwischen Geburt und Tod geschehen ist, keine Relevanz. Das ist im Chemieunterricht in Ordnung, im wahren Leben jedoch nicht. Der Vakuumzustand ist stabil, während Galaxien beziehungsweise die Menschheit entstehen und vergehen. Doch sagt das nichts darüber aus, woher das Leben kam, sondern nur, dass die Bedingungen dafür geschaffen waren. Linde macht den Weg frei, und das sehr elegant – vielleicht ist sein Ansatz der eleganteste überhaupt –, aber er weist uns nicht den Weg vom Nichts zum Ursprung des Lebens.

SIND QUANTEN LEBENDIG?

Die Theorie des Multiversums hat das Geheimnis des Lebens also nicht wirklich gelüftet. Es gibt jedoch noch einen besseren Schlüssel, und der hat eher mit einfacher Energie wie Hitze und Licht zu tun als mit so etwas Exotischem wie der Grundzustandsenergie. Das Verhalten der herkömmlichen Energie ist ausgleichend. Wenn sie zu verklumpen droht, ist sie sofort darum bemüht, wieder einen einfachen Zustand zu erreichen. Das ist der Grund, warum ein Haus, dessen Kamin im Winter ausgegangen ist, immer kälter und kälter wird, bis es drinnen genauso frostig kalt ist wie draußen. Die Hitze ist verteilt worden.

Die Verschwendung von Energie nennt man Entropie und alles Lebendige will sich ihr widersetzen. Das Leben besteht aus energetischen Klumpen, die sich so lange nicht angleichen, bis der Tod eintritt. Wartet man im Winter auf den Bus, dann bleibt der Körper warm, anders als das Haus, dessen Kamin erkaltet ist. Das hat nichts mit guter Isolierung durch einen dicken Mantel zu tun. Stattdessen gewinnt der Körper Wärme aus Nahrung und hält sie bei einer konstanten Temperatur von circa 37 Grad Celsius. Nun weiß das jedes Kind. Aber wenn wir auch noch wüssten, wie Organismen einmal auf den Trick mit der Entropie-Vermeidung gekommen sind, wäre das die Antwort, warum es das Leben überhaupt gibt.

Fast die gesamte frei verfügbare Lebensenergie auf unserer Erde entstammt der Fotosynthese. Abgesehen davon, dass sie für ihr eigenes Wachstum Energie benötigen, bilden Pflanzen das untere Ende der Nahrungskette für die Tiere. Werden chlorophyllhaltige Zellen vom Sonnenlicht berührt, wird die Sonnenenergie »getankt« und darauf unmittelbar für die Herstellung von Proteinen und anderen organischen

Produkten verwandt. Dieser Energietransfer vollzieht sich fast augenblicklich und mit 100-prozentiger Effizienz. Kein Energieverlust durch Wärmeabstrahlung.

Im Vergleich dazu nimmt sich Ihr Joggen am morgen nicht so effizient aus. Ihr körperlicher Treibstoffverbrauch geht mit überschüssiger Wärme einher, Sie schwitzen und die Haut erwärmt sich. Auch müssen diverse Abfallstoffe aus den Muskeln über den Blutkreislauf entsorgt werden.

Allein mit der Chemie lässt sich die fast perfekte, hochpräzise Fotosynthese nicht erklären. 2007 haben Gregory Engel, Graham Fleming und Kollegen am Lawrence Berkeley National Laboratory dazu mit einer quantenmechanischen Erklärung den Durchbruch erzielt. Wir haben ja schon gesehen, dass Photonen sich entweder wie Wellen oder wie Teilchen verhalten. In dem Moment, wo ein Photon in Kontakt mit dem im Atom umlaufenden Elektron kommt, »kollabiert« die Welle und wird zum Teilchen. Dieser Vorgang müsste eigentlich reichlich Ineffizienz bei der Fotosynthese nach sich ziehen – wie bei einem Dart-Spiel, wo es erst nach diversen Fehlversuchen zum Schuss ins Schwarze kommt. Aber das Berkeley-Team hat etwas ganz Besonderes entdeckt: Bei der Fotosynthese behält das Sonnenlicht so lange seinen wellenartigen Zustand, wie es braucht, alle möglichen Ziele anzutesten und dabei gleichzeitig das zur Verbindung geeignetste, weil effizienteste, zu »wählen«. Indem das Sonnenlicht also alle möglichen Energiepfade im Angebot prüft, verliert es keine Energie, weil es den effizientesten Weg ansteuert.

Die Entdeckung aus Berkeley ist im Detail sehr komplex, weil sie letztlich mit der Quantenkohärenz zu tun hat, das heißt, die Fähigkeit der Wellen, Wellenform beizubehalten, bevor sie zum Teilchen werden. Dabei geht es auch um die Resonanz zwischen dem Licht und dem energieaufnehmenden Molekül. Denken Sie an zwei Stimmgabeln in harmonischer Resonanz. Auch auf der Quantenebene gibt es so eine Harmonie zwischen den Schwingungsmustern gewisser Lichtfrequenzen und denen der aufnehmenden Zellen.

Quanteneffekte gibt es bekanntermaßen an Stellen, wo Großes auf Kleines trifft. So wird etwa das Hören im Innenohr durch Schwingungen in Quantengröße kleiner als ein Nanometer stimuliert. Das Nervensystem einiger Fischarten reagiert auf winzige elektrische Felder und auch unser Nervensystem generiert kleine elektromagnetische Effekte. Der Austausch von Kalium- und Natriumionen über die Membran von Hirnzellen hinweg lässt elektrische Signale entstehen, die von den Zellen weitergeleitet werden. Eine ganz neue Theorie besagt, dass alle Lebewesen in ein »Biofeld« eingebettet sind, das seinen Ursprung auf der elektromagnetischen Ebene oder vielleicht sogar auf einer noch kleineren Quantenebene hat, die man noch nicht kennt. Sie sehen: Die Quantenbiologie hat Zukunft. Das mit der Fotosynthese brachte die Wende.

Doch so prima all diese Entdeckungen sind, sagt uns allein die Behauptung, Quanten seien lebendig, noch nicht, wie sie das wurden. Hier beißt sich die Katze einmal mehr in den Schwanz. Wenn es Menschen gibt, weil Quanten sich total lebendig verhalten – was bedeutet, dass sie Entscheidungen treffen, zwischen Stabilität und Spontanität ausgleichen, effizient Energie gewinnen und so weiter –, dann haben wir nur wieder bewiesen, dass alles Leben dem Lebendigen entstammt. Doch das wussten wir bereits.

Quanteneffekte sind dennoch wichtig für die Biologie, weil sie ein Verhalten einführen, das anders ist, als wenn etwa Sauerstoffatome mit anderen Atomen reagieren. Ein Begriff wie »Wahl« zeigt, dass sich der Determinismus ein wenig gelockert hat. Aber reicht das? Während grüne Blätter in den Zweigen rascheln, wird aufgrund einer Quantenentscheidung ein Kohlenhydrat unter Verwendung von Sonnenlicht gebaut. Doch das erklärt noch nicht, wie Entscheidungen im Verbund getroffen werden, wenn etwa eine einzige Leberzelle an Dutzenden von Prozessen in Koordination mit Tausenden Zellen teilnimmt. Beim Hausbau kommt es darauf an, Ziegelsteine mit Mörtel zu verfugen, aber das ist nicht das Gleiche, wie ein Haus zu entwerfen und zum baulichen Abschluss zu bringen.

VOM WIE ZUM WARUM

Da die Wissenschaft nicht so recht damit vorankommen will, wo das Leben seinen Ausgang nahm, müssen wir vielleicht unsere Fragestellung überdenken. Wenn jemand mitten in der Nacht einen Stein durch Ihr Fenster wirft, können Sie in der Dunkelheit nicht erkennen, wer das war. Doch das ist vergleichsweise unwichtig gemessen an der Frage, warum das passiert ist. Auf jeden Fall hat unser Leben Sinn und Zweck, auch wenn die Natur, wie man uns lehrt, keinen verfolgt. Kein Ziel zu haben bereitet weder Quarks noch Atomen, noch Sternen und Galaxien schlaflose Nächte. Warum also die Leitlinie verlassen und lebendige Organismen erschaffen, die von der Nahrungsaufnahme, der Paarung und sonstigem Lebenssinn getrieben sind?

Wir glauben, dass kein Ziel zu verfolgen undenkbar ist. Solange man ein Mensch ist, führt A aus einem ganz bestimmten Grund zu B. So arbeitet unser Gehirn. Ohne Sinn und Zweck kein Ereignis, jedenfalls nicht für unser Nervensystem. Nehmen wir an, es hätte Sie vor 50 Jahren auf eine einsame Insel verschlagen. Eines Tages segelt plötzlich ein Fallschirm mit Gepäck vom Himmel herab. Sie machen ihn auf und finden zwei Dinge: ein Smartphone und einen PC, beide batteriebetrieben. Sie würden sicherlich nicht lange brauchen, um herauszubekommen, dass das Smartphone, auch wenn es nicht so wie die Telefone der Sechzigerjahre aussieht, ein Telefon ist. Da Sie wissen, wozu es da ist, hätten Sie einen vergleichsweise leichten Nutzungszugang. Sie bräuchten nicht groß zu verstehen, wie ein Smartphone funktioniert, sobald Sie eine Verbindung zwischen Wahl der Nummern und dem Hören der Stimme am anderen Ende hergestellt hätten.

Mit dem Computer ist es jedoch etwas anderes. Immerhin war die Welt, die Sie um 1965 verlassen haben, eine andere. Computer befanden sich allenfalls im Anfangsstadium und ein PC hat keine Ähnlichkeit mit den massiven IBM-Großrechnern, die Sie damals im Fernsehen gesehen haben. Durch bloßes Herumprobieren würde es mit Sicherheit Hunderte von Stunden dauern, bis Sie rausbekämen, mit was Sie es da zu tun haben. Diese seltsame Maschine ist weder Schreibmaschine noch Fernseher, obwohl sie eine Tastatur und einen Bildschirm hat. Nehmen wir an, Sie seien technisch begabt und Ihnen würde das Öffnen des Computers gelingen. Drinnen sind Teile, die für Sie überhaupt keinen Sinn ergeben. Ist es denkbar, dass Sie von ganz allein darauf kommen, wie ein Mikrochip arbeitet? Und selbst wenn das der Fall wäre, könnten Sie daraus schließen, wie man die Programme des Computers anwendet?

Die Antwort lautet wohl in allen Fällen: Nein. Wenn Sie nicht wüssten, wozu ein Computer da ist, so wie Sie gewusst haben, wozu man ein Telefon verwendet, hätten Sie durch bloßes Auseinandernehmen nicht den Weg vom *Wie* zum *Warum* gefunden. Viele Flugzeugpassagiere wissen nicht, warum ein Flugzeug fliegen kann, aber sie checken ein, weil sie verreisen müssen. Das Warum der Maschine ist vollkommen ausreichend. Es gibt Flugzeuge, weil sie einen schneller von A nach B bringen als Autos und Züge. Warum also gibt es das Leben? Notwendig im engeren Sinne ist es nicht, denn alle chemischen Komponenten und Quantenprozesse, die es dazu brauchte, gab es auch schon vorher.

Schön wäre ein Auslöser für alles, ein Lebensfunken, so wie bei Frankensteins Monster, das von einem Blitz zum Leben erweckt wurde. Aber den gibt es leider nicht. Wenn man sich das ganze weite Panorama aller lebenden Organismen anschaut, dann ist das Leben immer schon aus dem Lebendigen hervorgegangen und nicht aus toter Materie. Selbst in Laboratorien, wo neue Bakterienarten geschaffen werden, ist das sogenannte künstliche Leben auch nur eine Kombination bestehender, gezielt selektierter DNA. (So lässt sich ein Mikroorganismus, der sich von Erdöl ernährt und bei einer maritimen Ölpest zum Einsatz kommen soll, nur dann erfolgreich herstellen, wenn er auf einem Organismus aufsetzt, der ebenfalls in irgendeiner Form von Erdöl lebt. Wahllos mit DNA herumzuspielen, führt nirgendwohin.)

Die Natur hingegen hatte es nicht so leicht. Sie musste lebendige Organismen auf Verdacht herstellen, ohne zu wissen, was wirklich gebraucht wurde. Auch konnte die Natur nicht wissen, ob sie vielleicht irgendwo einen Fehler gemacht hatte, denn solange man nicht weiß, wohin die Reise geht, gibt es keine richtigen oder falschen Entscheidungen.

Vor Jahrmilliarden konnten Sauerstoffatome nicht ahnen, dass das Leben in Reichweite lag. Sie konnten nicht wissen, dass Sonnenlicht getankt werden kann oder sie in der organischen Chemie eine tragende Rolle spielen würden. Das Leben auf unserem Planeten war mit sehr großen Anpassungsleistungen verknüpft, doch Sauerstoffatome blieben davon ausgenommmen. Die meisten Wissenschaftler lässt all dies unberührt. Sie bleiben dabei, dass eine blinde Natur das Leben in automatischen und determinierten Abläufen geschaffen hat. Die Atombindung führt zu einfachen Molekülen, die Bindung einfacher Moleküle wiederum zu komplexeren und ein ausreichend hoher Grad an Komplexität irgendwann zum Leben. So jedenfalls geht die Geschichte in der Mainstream-Wissenschaft.

Wollen wir mehr, müssen wir auch erklären, *warum* es das Leben auf der Erde geben musste, die als System eigentlich sehr gut ohne klarkam. Natürlich ist die Frage des Wie nicht nutzlos, das behaupten wir auch nicht. Aber stellen Sie sich vor, Sie wollten ein Haus kaufen. Sie gehen zur Bank und der Hypothekenberater gibt Ihnen einen Stapel Formulare zum Ausfüllen mit dem Hinweis, dass Sie alle Seiten ausfüllen müssen. Sie können also keine Seite überspringen, denn sollte Ihr Antrag irgendwelche Mängel aufweisen, wird es nichts. Millionen Leute haben schon allein deshalb zähneknirschend alles ausgefüllt – weil sie ein Haus wollen. Deshalb nehmen sie alle Einzelschritte auf sich.

Die Natur indessen musste Tausende miteinander verbundene Einzelschritte auf sich nehmen, um lebendige Organismen zu schaffen. Glauben wir ernsthaft, dass sie das ohne ein Ziel getan hätte? Das wäre so, als fülle ein Bankkunde Dutzende zufällige Formulare aus und erführe eines Tages: »Das Haus gehört Ihnen. Wir wissen sehr wohl, dass Sie keinen Antrag gestellt haben und auch nicht wussten, welche Formulare Sie da ausgefüllt haben.«

Nun wissen wir immerhin, was bei unserer Frage nach dem Beginn des Lebens fehlt. Ohne Warum ist das Ganze völlig unglaubwürdig. Wenn man das Leben selbst als Ziel setzt und nicht den einen irgendwie gearteten Wandel, erklärt sich alles tausendmal leichter. Doch da gibt es schon wieder ein neues Rätsel. Wenn das Leben von Anfang an

Teil des Kosmos war, wie sieht es dann mit dem Bewusstsein aus? War das menschliche Bewusstsein schon beim Urknall unausweichlich? Dieser Frage würden die meisten Wissenschaftler allzu gern ausweichen. Doch wir müssen sie stellen. Wenn das Universum kein Bewusstsein hat, dann kann man aus ihm auch kein Bewusstsein ableiten. Sherlock Holmes pflegte Watson immer daran zu erinnern, dass wahr ist, was am Ende, wenn man alle Lösungsalternativen ausgeschlossen hat, übrig bleibt. In diesem Fall klingt es zunächst unglaubwürdig, dass ein Universum ständig denkt, doch alle Alternativen dazu werden sich, wie wir noch sehen werden, als falsch erweisen.

ENTSTEHT DAS BEWUSSTSEIN IM GEHIRN?

Bevor wir dem Universum Bewusstsein zusprechen, sollten wir erst einmal unser eigenes Bewusstsein verstehen. Das ist nur logisch, denn wir können die Realität nicht über das Bewusstsein von Delfinen und Elefanten erfassen, auch wenn beide Arten außergewöhnliche große Gehirne mit einer wahrscheinlich hohen Hirnleistung haben. Mit ziemlicher Sicherheit gibt es ein Universum für Delfine und eines für Elefanten, und zwar maßgeschneidert für ihr jeweiliges Wirklichkeitsverständnis. Delfine können erwiesenermaßen Worte lernen, was sie menschenähnlich macht, auch sind sie, genau wie Menschen, zu Grausamkeiten fähig. Dennoch sind sie keine Menschen und leben in einer anderen Realität als wir.

Diese Logik führt zu einer überraschenden Schlussfolgerung: Das Universum ist durch seine Bewohner definiert. Was wir Menschen für *das* Universum halten, ist so, als bringe man zwei Bananen, eine Tüte Mehl und eine Tiefkühlpizza nach Hause und behaupte, man habe den ganzen Supermarkt leer gekauft. Durch ein bestimmtes Nervensystem betrachtet impliziert jedwede Realität eine andere Art Universum, sodass Delfine und Elefanten ihr eigenes bewohnen, das für sie *das* Universum ist. Doch warum es dabei belassen? Warum kein Schlangen- oder ein Panda-Universum? Menschen besitzen keinen Exklusivanspruch auf die Realität – das denken wir nur, vielleicht, weil wir uns überlegen fühlen.

Der Grund dafür hat mit unserem Stolz auf unser Gehirn zu tun. Mit seiner Quadrillion möglicher Kombinationen ist das menschliche Gehirn soweit wir wissen das komplexeste Objekt im ganzen Universum. Da es so aktiv ist, haben wir Selbstbewusstsein. Ein Pferd grast und ist zufrieden. Wir hingegen essen Spinat und können sagen: »Das mag ich nicht«, oder: »Lecker«, oder irgendetwas dazwischen. Das erfordert eine starke Kontrolle unserer Gedanken. Auch die ganze Wissenschaft hat mit dem Stolz auf unser Gehirn zu tun, weil es eine geheimnisvolle Fähigkeit zu Logik und Vernunft aufweist. (Die jüngsten Fähigkeiten des frühen Menschen fielen hirntechnisch gesehen mit der Entwicklung des zerebralen Kortex zusammen, der anders als die tiefer liegenden Gehirnareale gerade einmal einige Zehntausend Jahre zu seiner Entwicklung brauchte und nicht ein paar Millionen.) Der ganze Stolz erfährt aber sogleich wieder einen Dämpfer, wenn man einmal genauer hinsieht.

Zunächst einmal ist die Naturwissenschaft, zumindest die klassische Physik, in die Vorhersagbarkeit verliebt, was man von unserem Bewusstsein nicht behaupten kann. Eine der am leichtesten zu gewinnenden Wetten ist die Auslobung von einer Million Dollar für den, der seinen nächsten Gedanken akkurat vorhersagen kann. Wie wir Tag um Tag aufs Neue erfahren, sind unsere Gedanken unverhersagbar und spontan. Sie kommen und gehen ganz nach Belieben, und seltsamerweise haben wir keine Ahnung, wie dies vonstattengeht. Angeblich ist das Gehirn ja ein Denkapparat. Aber welcher Apparat wirft bei gleichem Input unterschiedliche Ergebnisse aus? Das ist wie bei einem Süßigkeitenautomaten, der nicht immer funktioniert. Man tut 50 Cent rein, doch statt jedes Mal einen Gummiball zu bekommen, spuckt der Automat mal ein Gedicht aus, mal eine Illusion, mal eine neue Idee, ein billiges Klischee, eine große Einsicht oder eine vollkommen falsche Verschwörungstheorie.

Eine Theorie von Gehirn und Bewusstsein erkennt in der Tat die Nichtvorhersagbarkeit der Gedanken an und ordnet sie der Quantensphäre zu. Roger Penrose und der Anästhesist Stuart Hameroff – die beiden Urheber – haben sich dabei von der konventionellen Vorstellung verabschiedet, dass sich Bewusstsein im synaptischen Spalt entwickelt. Ihre Theorie, auch als orchestrierte objektive Reduktion (Orch-OR) bekannt, hat deshalb nach Quantenprozessen in den Nervenzellen Ausschau gehalten. Mit anderen Worten hat man die *Reduktion* in der orchestrierten objektiven Reduktion wirklich beim Wort genommen und nimmt sich die feinen natürlichen Gewebe vor und nicht bloß chemische Reaktionen. In winzigen Zellen, den Mikrotubuli, sehen Penrose und Hameroff den Ursprung des Nichtvorhersagbaren auf Quantenebene. Das Bewusstsein braucht also das Quantum, um zu leben.

Doch die anderen beiden Begriffe in der orchestrierten objektiven Reduktion sind nicht weniger wichtig. *Orchestriert* bedeutet, dass eine ordentliche Gehirnaktivität bereits sehr früh auf der mikroskopischen Ebene des Gehirns kontrolliert wird. Das ist natürlich schön, ist doch das ordentliche und organisierte Denken eine Grundeigenschaft des Bewusstseins. Und *objektiv* ist wichtig, weil Naturwissenschaftler davon ausgehen wollen, dass alles an der Schöpfung, einschließlich des Bewusstseins, durch physikalische (das heißt objektivierbare) Prozesse beschreibbar sein muss.

Unserer Meinung nach hat dieses Konzept keinen Bestand, sobald man sich den inneren Vorgängen des Menschen zuwendet. Wir können nicht akzeptieren, dass das Bewusstsein das Quantum brauchen soll. Penrose und Hameroff haben sich mit der Quantenbiologie weit aus dem Fenster gehängt und es ist sehr gut möglich, dass in der Zukunft andere Theorien, vielleicht auch eine überarbeitete Fassung der orchestrierten objektiven Reduktion, das Gehirn auf dieser Ebene untersuchen werden.

Vorteilhaft an der orchestrierten objektiven Reduktion ist aus unserer Sicht, dass nicht von einer mathematischen Berechenbarkeit des Bewusstseins ausgegangen wird. Mit anderen Worten: Ganz gleich, wie vorbestimmt das Feuern eines Neurons ist, die Gedanken, die das Neuron verarbeitet, sind es nicht. Auch Hameroff und Penrose kommen durch ziemlich kluge quantentechnische Überlegungen, gepaart mit ein wenig Philosophie und höherer Logik, zu diesem Schluss. Letztlich ist das Ergebnis recht simpel: Niemals wird man mit einem mechanischen Modell erklären können, wie Menschen denken. Viel

Verwirrung und unvermeidliche Sackgassen würden vermieden, würden andere Naturwissenschaftler dies beherzigen.

Ob es uns gefällt oder nicht, aber unser Bewusstsein wird zweifach gesteuert. Manchmal durch uns, manchmal durch eine unbekannte Kraft. Der Grund ist simpel. Will man 2 + 2 zusammenzählen, ruft man in kontrollierter Weise den dafür notwendigen geistigen Prozess ab und kommt zum richtigen Ergebnis. Solche Aufgaben gibt es millionenfach: wie man heißt, wie man seinen Job macht, was man tun muss, um mit dem Auto von der Arbeit nach Hause zu fahren. Hier haben wir das Gefühl, alles mental im Griff zu haben. Doch jemand mit Ängsten oder einer Depression wird schnell Opfer von unkontrollierten mentalen Vorgängen und der Kontrollverlust kann etwa im Falle einer Geisteskrankheit recht weit gehen. Ein häufiges Symptom gewisser Psychosen, besonders der paranoiden Schizophrenie, ist die Vorstellung, von einer äußeren Kraft kontrolliert zu werden. Man hört Stimmen im Kopf. Normalerweise empfindet ein gesunder Mensch keinen solchen Kontrollverlust. Aber könnten wir unsere Gedanken wirklich kontrollieren, dann könnten wir sie tatsächlich so aufrufen, wie man die Google-Suche bemüht. Doch das ist nicht der Fall.

Liebe auf den ersten Blick zum Beispiel ist ein angenehmer Weg des Kontrollverlusts, ebenso wie die künstlerische Inspiration. Nehmen wir Rembrandt oder Mozart, von der Muse geküsst beim Erschaffen eines Meisterwerks. Die doppelte Steuerung hat also eine gute wie auch eine schlechte Seite. Das Leben wäre roboterhaft, würden wir nicht ab und an von plötzlich aufwallenden Emotionen erfasst, begleitet von tollen Ideen aller Art. Ist so eine Erfahrung vielleicht der Schlüssel zum Kosmos? Vielleicht sind wir Menschen *die* Idee des Universums. Ist so eine Idee erst einmal geboren, will man sie auch umsetzen. Doch wozu? Was ist so toll an den Menschen, streitbar und verletzlich, wie sie sind? Nur eine Sache: *Durch uns kann sich das Universum selbst in Raum und Zeit erfahren.*

Anders gesagt: Das Universum denkt in diesem Augenblick durch Sie. Was immer Sie gerade tun – Fahrrad fahren, ein Sandwich essen, ein Kind machen –, ist eine kosmische Aktivität. Nehmen Sie irgendein Stadium der Evolution des Universums weg und dieser Moment löst sich in Luft auf. So seltsam das klingen mag, dieses Buch läuft die ganze Zeit auf das hier hinaus. Die Quantenphysik macht es unbestreitbar, dass wir in einem Universum der Teilhabe leben. Von da aus ist es nur noch ein kleiner Schritt zu der Feststellung, dass diese allumfassend ist. Unser Geist ist mit dem kosmischen Bewusstsein verschmolzen. Der einzige Grund, warum es so lange gedauert hat, zu dieser Schlussfolgerung zu gelangen, ist das alte Gespenst des Materialismus. Solange man das Gehirn als Denkapparat auffasst, kann es kein kosmisches Bewusstsein geben, denn es gilt die physikalistische Gleichung: kein Gehirn = kein Bewusstsein. Das Hindernis könnte nicht höher sein.

Um es zu überwinden, müssen wir dafür sorgen, dass sich das menschliche Bewusstsein mit dem kosmischen verbinden kann, doch dafür müssen wir zunächst das Geheimnis lüften, in welcher Beziehung das Gehirn zum Bewusstsein steht. Daran führt kein Weg vorbei. Wer als Erster vom Gehirn als einem »dreieinhalb Pfund schweren Universum« gesprochen hat, war wirklich im Bilde. Hingegen das Gehirn als einzigartiges physikalisches Objekt – als Supercomputer – zu betrachten, ist der Sieg des Physikalismus. Es gibt aber eigentlich keinen Grund für eine derartige Aufwertung von Atomen und Molekülen in unserem Hirn. Wenn alle Teilchen im Kosmos vom Bewusstsein regiert, geschaffen und kontrolliert werden, dann unterliegt auch das Gehirn diesem Diktum. Das ist der Schlüssel zur Lösung, zur Lösung unseres letzten Rätsels.

DEM GEHEIMNIS AUF DER SPUR

Was das Gehirn eigentlich macht, ist sehr schwer zu sagen. Sollte die Natur Sinn für Humor haben, dann haben wir es hier wirklich mit dem größten Scherz überhaupt zu tun. Denn das Gehirn ist unter Verschluss, obwohl das Bewusstsein es fortwährend benutzt. Doch durch bloßes Nachdenken allein kann man nicht herausbekommen, wie ein Neuron arbeitet, ja sogar nicht einmal dass es existiert. Wir sehen oder fühlen unsere Gehirnzellen nicht. Seit der Entwicklung von Röntgenstrahlen, MRT und ausgefeilten Operationsmethoden kann die Neurowissenschaft das Gehirn sichtbar machen. Da ist es nun und versprüht ein wenig Elektronik im Mikrovoltbereich, lässt ein paar Neurotransmitter über die Synapsen laufen und doch verhalten sich Gehirnzellen beim besten Willen nicht anders als andere Körperzellen. Selbst Hautzellen sondern verschiedene Neurotransmitter ab. Doch warum muss man dann erst die Augen aufmachen, um den Sonnenaufgang zu sehen, und kann nicht einfach den Ellenbogen hoch halten, um ihn zu sehen?

Bislang konnte niemand die Lücke schließen, die zwischen dem klafft, was eine Gehirnzelle tut (nämlich Atome und Moleküle herumspringen zu lassen), und der reichen vierdimensionalen Welt, die das Gehirn entstehen lässt. Um diese Hürde zu nehmen, muss man die Wirklichkeit noch einmal von Grund auf neu denken. Dabei kann man den beliebten Vergleich des Gehirns mit einem Computer sofort vergessen. Nehmen wir an, Sie haben schon einmal eine wundervolle pinkfarbene Rose mit Namen »Queen Elizabeth« gesehen und beschlossen, sie bei sich im Garten zu pflanzen. In der Gärtnerei angekommen, entfällt Ihnen kurzzeitig der Name, er fällt Ihnen aber sofort wieder ein. Hätten Sie nun Ihr Smartphone befragt, wäre dieses durch alle im Memory-Chip gespeicherten rosa Rosen einzeln gegangen, wobei es bei diesem arbeitsintensiven Vorgang nicht gewusst hätte, dass »Queen Elizabeth« der korrekte Name ist, sofern Sie es ihm nicht gesagt hätten.

Computer sind überhaupt nicht smart. 1997 wurde weltweit prominent über die Niederlage des amtierenden Schachweltmeisters Garry Kasparow durch ein Computerprogramm von IBM namens Deep Blue berichtet. Zwischen den beiden stand es zwei Jahre lang unentschieden und der Sieg von Deep Blue wurde als Fortschritt in der künstlichen Intelligenz bewertet. Doch genau das ist der Punkt: Was der Computer getan hatte, war künstlich. In der ausgefeilten, von IBM immer weiter verbesserten und verfeinerten Software ging es letztlich darum, alle nur denkbaren Schachzüge zu durchkämmen, um schließlich den mit statistischer Wahrscheinlichkeit besten zu finden. In gewisser Weise war deshalb das Spiel Kasparow versus Deep Blue eine Austragung zwischen Menschen, jedoch mit höchst unterschiedlichen Ansätzen.

Ein menschlicher Schachspieler geht nicht im Entferntesten so vor. Mit der Meisterschaft dieses Spiels gehen ein Sinn für Strategie einher sowie Fantasie und die Fähigkeit, den Gegner einzuschätzen. Viele Siege sind vor allem psychologischer Natur. So »sieht« ein Champion den richtigen Zug, ohne erst einzeln alle Alternativen durchzugehen. Zunächst konnte Deep Blue überhaupt nicht Schach spielen. Es konnte nur Zahlen berechnen und auf gut Glück spielen. Dieser Rundumschlag funktionierte am Ende, weil sich die Programmierer auf Abkürzungen verlegten, die dem menschlichen Denken nachempfunden waren. Von allein wäre der Computer nie darauf gekommen. Letztlich hat Deep Blue das Intelligenzniveau einer Additionsmaschine.

Außerdem haben Menschen ein reiches Innenleben. Sie erfahren Liebe, Freude, Inspiration, sie machen Entdeckungen, erleben Überraschungen oder Langeweile, Ärger oder Frust, alles Dinge, die sich nicht in Zahlen ausdrücken lassen. Die ganze innere Welt ist einem Computer fremd. Hardcore-KI-Fachleute haben normalerweise auch nichts mit ihr am Hut, halten sie allenfalls für störend oder für eine Illusion. Doch dann wäre auch die ganze Geschichte der Kunst und der Musik eine Illusion, ebenso Fantasie und Gefühl und letztlich die Wissenschaft selbst, weil auch sie ein kreativer Prozess ist. Das Bewusstsein lässt sich nicht digitalisieren. Und deshalb ist es auch abwegig, das Gehirn als Supercomputer zu betrachten, weil alles, was er macht, digitalisiert wird.

Fünf Gründe, warum Computer kein Bewusstsein haben

1. Der Kopf denkt. Computer manipulieren Zahlen.
2. Das Bewusstsein und der Verstand verstehen Konzepte, Computer verstehen nichts.
3. Das Bewusstsein kennt Sorgen, Zweifel, Selbstreflexion und strebt nach Einsicht. Es hat Gefühle. Computer spucken Antworten aus, die auf Zahlen basieren.

4. Das Bewusstsein, der Geist, fragt nach dem Warum. Computer fragen gar nichts, es sei denn, sie werden von einem Bewusstsein dazu aufgefordert.
5. Das Bewusstsein orientiert sich mittels Erfahrung in der Welt. Computer machen keine Erfahrungen. Auf ihnen läuft Software, nicht mehr und nicht weniger.

Eigentlich ist das Konzept des Gehirns als Computer nur deshalb so berühmt geworden, weil die Vorgängerkonzepte so mangelhaft waren. Wir können schnell eine kleine Besichtigung auf dem Schrottplatz der ausrangierten Konzepte machen und dabei jeweils den fatalen Fehler des Versuchs festhalten, das Bewusstsein als Ergebnis bloßer Hirnaktivität zu verstehen.

Verleugnung: Mit der Behauptung, nur das Gehirn existiere, das Bewusstsein sei lediglich ein Nebenprodukt ohne eigene Substanz, haben wir den Ground Zero erreicht. Leugner haben allerdings den großen Vorteil, dass sie damit zum Alltagsgeschäft übergehen können, ohne sich groß um das Bewusstsein zu kümmern. Das ist verlockend. Im Wissenschaftsalltag kann man das Bewusstsein auch gleich außen vor lassen und sich ganz auf Experimente und Datensammelei beschränken. Dann gibt es noch die »harmlose« Verleugnung, die zwar das Bewusstsein anerkennt, es aber wie Sauerstoff als gegeben betrachtet. Beide sind notwendig, man kann jedoch ein Leben lang Wissenschaft betreiben, ohne sich um sie zu kümmern.

Der fatale Fehler bei der Verleugnung: Bewusstseinsleugner können vieles nicht erklären, vor allem nicht das bewusstseinsartige Verhalten von Quantenpartikeln und den Beobachtereffekt. Das Faktum, dass das Bewusstsein die Quantenwelt verändert, ist genauso real wie alle wissenschaftlichen Fakten. Deshalb macht es keinen Sinn, das Bewusstsein auszuklammern. Ferner ist unabweisbar, dass Geist und Materie im Hirn konstant miteinander agieren. Gedanken lassen chemische Botenstoffe entstehen und umgekehrt. Niemand kann ernsthaft behaupten, dies sei nicht real.

Passive Wahrnehmung: Dieses Lager gibt zu, dass das Bewusstsein zwar real, aber begrenzt ist. Das Gehirn erfasst die Welt durch die fünf Sinne und agiert als Datensammler. Dieser Ansatz ist insofern attraktiv, weil auch Wissenschaft selbst mit Daten zu tun hat. Wie eine Sofortbildkamera bleibt das Gehirn passiv, zeichnet aber genau auf. Es nimmt ein Objekt in Augenschein. Diesem Bild wird dann vertraut. Wenn man bessere Daten möchte – und die Wissenschaft braucht immer welche –, gibt es immer noch Teleskope und Mikroskope, womit sich unsere Sicht auf Bereiche ausdehnt, die mit bloßem Auge nicht zu erfassen sind.

Der fatale Fehler bei der passiven Wahrnehmung: All die Mikroskope, Teleskope, Röntgengeräte und anderen Erfindungen in Sachen passiver Wahrnehmung nehmen ohne die Interpretation des menschlichen Bewusstseins überhaupt nichts wahr. Die Köpfe, die diese Geräte erfanden, waren durchaus nicht passiv. Hier war Kreativität am Werk und nicht bloßes Datensammeln.

Komplexität ist das Gleiche wie Bewusstsein: Diese Fraktion hat das Bild des Bewusstseins zu etwas sehr Komplexem ausgeweitet. Sicherlich können wir mittels Komplexität erfassen, wie sich das einfache Nervensystem von Würmern, Fischen und Reptilien zum unendlichen Variantenreichtum des menschlichen Gehirns hin entwickelte. Die Komplexitätstheorie ist deshalb attraktiv, weil sie den heiklen Umstand umgeht, wie es dazu kam, dass tote Materie anfing, denken zu »lernen« und nun auf dem Hirnscan aufleuchtet. Materie ist Materie, Punkt. Aber im Verlauf von Jahrmillionen haben sich einfache Atome und Moleküle zu höchst komplexen Strukturen entwickelt, von denen die komplexesten mit dem Leben auf der Erde in Verbindung stehen. Sollte das Leben ein Nebenprodukt der Komplexität sein, dann müssten sich nach derselben Logik Lebewesen nach ihrem Komplexitätsgrad ordnen lassen.

Zum Beispiel suchen schon Einzeller im Teich das Licht und aus diesem einfachen Vorgang haben sich dann alle visuellen Systeme entwickelt, einschließlich der Adleraugen, die eine Mausbewegung Hunderte Meter aus der Luft sehen. Alles, was das menschliche Gehirn kann, hat seine Vorläufer in Geschöpfen, die es nicht so raushaben, etwa wie Schimpansen Werkzeuge benutzen und Bienen den Schwänzeltanz aufführen, der anzeigt, wo sich die besten Pollen befinden. In einer immer komplexer werdenden Welt ist das menschliche Gehirn der Gipfel, das Kronjuwel. Der Komplexität hat das Gehirn seine Fähigkeit zu verdanken, einschließlich Denkvermögen und Rationalität.

Der fatale Fehler bei der Komplexitätstheorie: Niemand hat je zu zeigen vermocht, wie Komplexität sich zu den Eigenschaften des Lebens verhält. Wie wir schon an anderer Stelle gesagt haben, bedeuten mehr Karten im Spiel nicht, dass die Karten plötzlich selbst pokern. Auch einfache Bakterien mit Molekülen zu bewerfen, erklärt nicht, wie die ersten Zellen zustande kamen, und schon gar nicht, wie diese komplexes Verhalten erlernten.

Zombie-Hypothese: Die Vertreter dieser These sind in der Minderheit, erfreuen sich aber aufgrund des fetzigen Titels einer gewissen medialen Aufmerksamkeit. Außerdem gibt es einen sehr publikationsfreudigen Vertreter dieser Richtung, den Philosophen Daniel Dennett. Die Grundthese ist deterministisch: Alle Gehirnzellen arbeiten auf der Basis von Biochemie und Elektromagnetismus. Neuronen haben weder Wahl noch freien Willen. Sie sind Gefangene der Naturgesetze und werden von ihnen bestimmt.

Da nun jeder Mensch das Produkt seiner Gehirnzellen ist, sind wir alle Marionetten stofflicher Abläufe, auf die wir keinen Einfluss haben. Wie Zombies führen wir die Bewegungen lebendig aus, aber unsere Vorstellungen, wir hätten die Wahl, einen freien Willen, ein eigenes Ich und sogar Bewusstsein, entpuppen sich als schöne Lagerfeuergeschichten zum Warmbleiben. Wie bei der Komplexitätstheorie des Bewusstseins sagt auch die Zombietheorie, dass das Bewusstsein lediglich ein Nebenprodukt der quadrillionenstarken neuronalen Verbindungen ist. Baut man einen Supercomputer mit ebenso vielen Verbindungen, wird er anscheinend genauso viel Bewusstsein haben wie ein menschliches Wesen.

Der fatale Fehler bei der Zombie-Hypothese: Hier kommen einem gleich zwei blinde Flecken in den Sinn (einmal abgesehen vom vorlauten

Charakter der Behauptung, dass Menschen kein Bewusstsein haben, was eher nach Blödsinn als nach seriösem Denken klingt). Der erste blinde Fleck ist die Kreativität. Menschen sind ja praktisch zu allen möglichen künstlerischen Meisterleistungen, Erkenntnissen, philosophischen Gedanken und Entdeckungen fähig, was sich mitnichten auf vorgegebene Zellfunktionen beschränken lässt. Zweitens widerspricht sich die Zombie-These selbst, weil ihre Anhänger – die ja selbst Zombies sind – die Vertrauenswürdigkeit ihrer Ideen nicht beweisen können. Das ist so, als käme ein Fremder auf einen zu und sagte: »Ich erzähle Ihnen gleich mal was über die Wirklichkeit, aber zuerst muss ich noch erwähnen, dass ich nicht wirklich bin.«

WARUM IHR GEHIRN DIE BEATLES NICHT MAG

Eher lässt sich ein Vampir mit einem Pflock töten als das Gerücht aus der Welt räumen, wonach das Gehirn, ein stofflicher Gegenstand, die Kraft hat, Bewusstsein zu schaffen. Immerhin haben wir gesehen, welche Fehler die aktuellen Theorien zu Gehirn und Bewusstsein haben. Eine schlechte Idee zu entlarven ist allerdings nicht das Gleiche, wie eine bessere zu finden. Nähern wir uns der Sache mit einem schönen Beatles-Klassiker und lassen Paul McCartney »Let It Be« singen. Wer findet nun den Song gut – Ihr Gehirn oder Ihr Bewusstsein? Neurowissenschaftler können bestimmte Vorgänge im Gehirn ausmachen, sobald »Let It Be« über Schallwellen den Gehörgang passiert. Dazu haben Forscher der McGill University in Toronto Probanden mit Elektroden ausgerüstet, um so die Gehirnaktivität beim Musikhören zu messen. Wie man sich denken kann, zieht Musik im Vergleich zu anderen Schallquellen ein ganz eigenes Reaktionsmuster nach sich. Zunächst wird der Input im Hörzentrum des Kortex auf verschiedene Gehirnregionen verteilt, wo Rhythmus, Tempo und Tonhöhen jeweils in Sekundenbruchteilen weiterverarbeitet werden. Der präfrontale Kortex vergleicht sogar das aktuell Gehörte mit vergangenen Hörgewohnheiten. Im Vergleich kommt es dann zu angenehmen oder nicht so angenehmen Überraschungen.

Die Forschung zeigt auch, dass das Gehirn je nach kindlicher Hörerfahrung »geeicht« wird. Das Gehirn eines chinesischen Kleinkinds entwickelt spezifische neuronale Verbindungen, die auf die Harmonie chinesischer Musik ausgerichtet ist, sodass sie ihm am Ende Freude bereitet. Ein westliches Kind indessen ist auf die Harmonie westlicher Musik eingestimmt und nicht auf die chinesische. Schließlich haben die Forscher ein Musikstück mittels einer Software ganz allmählich verändert, um festzustellen, ob die Unterschiede vom Gehirn wahrgenommen werden.

Lässt sich der echte Paul McCartney von einer sehr guten künstlichen Fassung unterscheiden? Oftmals kann das Gehirn keinen Unterschied ausmachen, es sei denn, der Unterschied ist wirklich eklatant. Das erklärt vielleicht die »musikalische Taubheit« und am anderen Ende des Spektrums das feine Gehör eines Profimusikers: Unterschiedliche Hörerfahrungen führen zu unterschiedlichen Wahrnehmungsmustern.

Die Forschung zu Musik und Gehirn ist mittlerweile ziemlich anspruchsvoll. Dennoch finden wir, dass der ganze Ansatz in die falsche Richtung zielt und nichts zutage fördern wird, was nur ansatzweise der Wahrheit entspricht. Da, wo Hirnforschung medizinisch sinnvoll ist, zum Beispiel bei der Behandlung von Parkinson oder bei der Versorgung von Schlaganfallpatienten, gibt es Folgendes zu beobachten:

- Eine Gehirnfunktion ist aufgrund körperlicher Ursachen ausgefallen.
- Die beschädigte Hirnfunktion lässt sich eingrenzen.
- Sie lässt sich beobachten.
- Die zu ihrer Wiederherstellung benötigten Schritte sind bekannt.

Wird ein Schlaganfallopfer mit dem Rollstuhl in die Notaufnahme geschoben, wird per Gehirnscan das Areal der Einblutung ausgemacht und mit Medikamenten oder einer OP behandelt. Das Gehirn als ein beschädigtes Ding zu behandeln ist in diesem Fall durchaus angebracht. Medizinisch lassen sich die Hirnfunktionen immer genauer darstellen und behandeln, ob medikamentös oder operativ. Im Falle der Musik jedoch haben wir es mit ganz anderen Faktoren zu tun:

- Alle Hirnfunktionen sind intakt.
- Die an der Entstehung von Musik beteiligten Hirnfunktionen sind komplex und auf seltsame Weise miteinander verbunden.
- Die eigentliche Verwandlung von Geräuschsignalen zu bedeutsamer Musik lässt sich nicht körperlich beobachten.
- Es gibt keine Erklärung dafür, warum sich die höheren Gehirnareale entwickelt haben, in denen Musik entsteht und genossen wird. Auch gibt es keine Heilung für Menschen, die Musik gegenüber gleichgültig sind. Diese Indifferenz hat keinen Krankheitswert.

Ist die Neurowissenschaft vielleicht nicht auf dem Laufenden? Würden Geld und Mittel bessere Antworten hervorbringen? Sicherlich nicht, weil die Arbeitshypothese unbrauchbar ist. Alle sind sich einig: Auf irgendeine Weise produziert das Gehirn Musik aus stofflichen Rohdaten (Vibration von Luftmolekülen). Ein Radio macht auch Musik, und doch wäre es absurd zu behaupten, das sei das Gleiche. Ein Radio ist ein Apparat, bestimmt von den immer gleichen festen Abläufen. Auch wenn es ihm ähneln mag, kann das Gehirn alles Mögliche mit musikalischen Signalen machen, ja sie sogar abschalten. Alles hängt vom Bewusstsein ab. Die Hirnfunktionen unterstehen dem Bewusstsein. Ob jemand ein Musikstück mag oder nicht, hängt vom Bewusstsein ab und nicht von den Zentren für Belohnung oder Schmerz. Hat ein Komponist eine Inspiration, dann liegt es am Bewusstsein, nicht an seinen Neuronen. Wie kann man sich da so sicher sein? Das zu beantworten würde ein ganzes Buch erfordern. Aber lassen Sie uns in drei Schritten vorgehen.

1. Determinismus ist falsch

Wenn das Gehirn in China von Kindheit an auf chinesische Musik geeicht ist, in Indien auf indische und in Japan auf japanische Musik, warum unterhalten dann all diese Länder große Symphonieorchester im westlichen Stil, in denen ausschließlich einheimische Musiker klassische Musik spielen? Man kann nicht einerseits von der Prägung des Gehirns sprechen, wenn sich die Verbindungen darin offensichtlich willkürlich ändern lassen. Determinismus nimmt sich vielleicht im schematischen Aufbau eines neuronalen Netzwerks gut aus, im realen Leben jedoch nicht. Das ist so, als wollten uns die Hirnforscher weismachen, dass die häusliche Stromversorgung von allein von Wechselstrom auf Gleichstrom umschalten kann. Das entspricht der »Entscheidung« des Gehirns, chinesische Musik zu mögen. Nur das Bewusstsein kann so einen Wechsel veranlassen.

Wenn Dutzende miteinander verbundene Gehirnareale nötig sind, um Musik zu verarbeiten – anders als beim Geräusch einer Kreissäge oder dem Rauschen des Windes –, wie können dann die Rohdaten im Voraus wissen, wo sie hinmüssen? Das Hörzentrum erhält alle Rohdaten unabhängig von der Schallquelle, genauso das Innenohr. Und doch gehen die Daten vom Klavierspiel sofort in die musikalische Verarbeitung. Das legt den Schluss nahe, dass das Hörzentrum schon weiß, was der Klang einer Kreissäge und was der eines Klaviers ist. Aber das weiß es nicht. Wir können sehen, wohin die Signale jeweils gehen, aber wir wissen nicht, warum.

Lassen Sie uns die Uhr einmal auf die Zeit zurückstellen, als Sie das erste Mal »Let It Be« gehört haben. Die Präfrontallappen gleichen die neue Musik mit bisherigen Hörerfahrungen ab. Das führt zu einem freudigen Überraschungsmoment, weil sie den alten Hörgewohnheiten zuwiderläuft. Aber es gibt auch Zeiten, in denen neue Musik genau das Gegenteil bewirkt. Manchmal ist man nicht in der Stimmung für Jazz, obwohl man ihn eigentlich mag. Vielleicht fanden Sie Ella Fitzgerald immer langweilig und stellen dann plötzlich fest, dass sie wunderbar ist. Mit anderen Worten: Die Reaktion auf Musik unterliegt nicht vorhersagbaren Schwankungen. Kein Schema kann dies erklären und alles auf zufällige neuronale Signale zu schieben, macht die Sache nur schlimmer. Die Chemie einer Nervenzelle kann, vorgegeben, wie sie ist, unmöglich einmal die eine und dann die gegenteilige Reaktion hervorrufen.

Anhand der Musik lässt sich zeigen, warum so manches menschliche Verhalten in Bezug auf Biologie oder Evolution keinen Sinn ergibt. Wir lieben Musik, weil wir Musik lieben, und nicht, weil es unseren Vorfahren einen evolutionären Vorteil gebracht hätte, ein Genmerkmal auf musikalische Ansprechbarkeit zu tragen. Nach evolutionären Notwendigkeiten zu suchen bedeutet, das Pferd von hinten aufzuzäumen. Wir brauchen keine Musik, um zu überleben, sondern genießen das Leben dank der Musik. Wir schwelgen darin. Nach Darwin'schen Maßstäben müsste das menschliche Gehör sich in Richtung höchste Sensibilität entwickeln. So konnten unsere Vorfahren den Löwen nicht erst auf zehn, sondern schon auf 100 Meter hören. Nicht aufgefressen zu werden ist eine prima Überlebensstrategie. Oder wir machen es wie der arktische Fuchs und hören eine Maus unter einer 60 Zentimeter dicken Schneedecke: Mehr Futter im Winter ist ebenfalls ein Überlebensvorteil. Aber so war es nun mal nicht. Stattdessen haben wir eine (aus der Überlebensperspektive) total nutzlose, total fröhlich stimmende Liebe zur Musik entwickelt.

Musik ist persönlich, launisch und nicht vorhersagbar, doch daran gibt es wissenschaftlich nichts auszusetzen. Das ist Teil der menschlichen Natur. Da gibt es die berühmte Szene, wo verfeindete Frontsoldaten im Ersten Weltkrieg aus dem Schützengraben steigen und zusammen Weihnachtslieder singen. Was ist menschlicher: das gemeinsame Singen oder der Kampf bis aufs Blut in einem sinnlosen Krieg? Tatsächlich wohl beides. Die menschliche Natur entzieht sich genau wie die Musik einer Erklärung.

Mit »Let It Be« kam spontan etwas Neues, das hat mit Inspiration zu tun. Aber nehmen wir an, man könnte einen Supercomputer bauen und ihn mit allen nur denkbaren musikalischen Akkorden und Phrasen füttern (wobei es davon mehr gäbe als Atome im Universum). Dann programmiert man noch alle möglichen musikalischen Genres. Mit der Zeit würde der Computer durch bloßen Zufall die Musik Beethovens hervorbringen. Aber das ist genau das, was das Modell vom Gehirn als Computer so falsch macht. Mozart und Beethoven haben eben nicht Millionen Stunden mit dem Klimpern zufälliger Kombinationen verbracht, bis sich ein neuer Stil entwickelt hatte. Stattdessen haben wir es mit musikalischen Genies zu tun. Sie hörten den alten Stil, wuchsen über ihn hinaus und veränderten so die klassische Musik.

3. Nicht Ihr Gehirn hört die Beatles, Sie tun es

Das Verhältnis von Bewusstsein und Gehirn, auch das schwierige Problem genannt, ist vor allem deshalb so vertrackt, weil es von vornherein ein Fehler war, das Gehirn über alles zu stellen. Neuronen hören keine Musik. Wir aber tun es. Weshalb also die Neuronen als Schlüssel zur Musik und zur Erfahrung überhaupt begreifen? Dem Gehirn mangelt es selbst an den einfachsten Bewusstseinselementen. Es hat keine Vorstellung von seiner Existenz. Wenn man ein Messer hineinsteckte, fühlte es keinen Schmerz. Weder hat es eine Präferenz für die Beatles noch für Led Zeppelin. Kurzum, das Bewusstsein erklärt sich nicht unter Zuhilfenahme eines Dings oder Objekts, nicht einmal wenn es dabei um das wunderbare Gehirn geht. Sie würden ja auch Ihr Autoradio nicht fragen, ob es die Beatles oder Led Zeppelin besser findet, und schon gar nicht würden Sie erwarten, dass Ihr Laptop »aua« schreit, wenn Sie ein Messer hineinstecken.

Zeit für die Fakten. Es gibt keinen körperlichen Vorgang, der Schallwellen in Musik verwandelt. Im Gehirn gibt es keinen Klang, es ist vollkommen still dort. »Let It Be« mit seiner Süße, seinen religiösen Anklängen, dem Behagen und so weiter ist nicht das Ergebnis von Verschaltungen im Gehirn. Es basiert auf den unendlichen Möglichkeiten des Bewusstseins und wird von unserem Nervensystem verarbeitet. Musik lässt sich weder im Radio finden noch in einem Klavier oder einer Geige und auch nicht in Neuronen, die dabei sind, chemische und elektrische Signale auszutauschen.

Wenn man diese Fakten beherzigt, dann hat das Bewusstsein einen ganz anderen Status, als eine Maschine ihn erreichen könnte. Diesen Status nennen wir Bewusstsein. Bewusstsein lässt sich nicht machen. Dadurch lässt sich das Universum neu erfinden. Aber nicht als Ort, wo das Bewusstsein sich auf einen glücklichen Erdplaneten beschränkt, zwei Wegdrittel vom Zentrum einer Galaxie entfernt, die man Milchstraße nennt. Sondern als Ort, wo es überall Bewusstsein gibt. Es gibt eine ganze Menge Unentschlossene in der Physik, die durchaus zugestehen, dass die Natur bewusstseinsähnlich agiert, aber sie können die Vorstellung nicht akzeptieren, dass das Universum *tatsächlich* Bewusstsein *hat*.

Schrödinger hat diese Sackgasse schon vor beinahe 100 Jahren erkannt, als er sagte, dass es nicht sinnvoll sei, dass Bewusstsein aufzuteilen. Wenn es existiert, dann überall, und wir möchten ergänzen: »zu allen Zeiten«. Wer nun also vom Bewusstsein als einer Eigenschaft des Gehirns spricht, macht sich in besonderer Weise schuldig. Das Gehirn macht nichts, was es nicht auch sonst überall im Universum gibt. Doch warum ist der menschliche Geist kreativ? Weil der Kosmos kreativ ist. Warum gibt es den menschlichen Geist? Weil die Evolution selbst in den Stoff der Wirklichkeit eingewoben ist. Warum hat unser Leben einen Sinn? Weil die Natur zur Sinnhaftigkeit und Wahrheit strebt. Wir haben versprochen, die Fragen nach dem Warum zu beantworten. Nun haben wir den Schlüssel: Das kosmische Bewusstsein ist der Treiber von allem und verleiht ihm Sinn.

Bislang haben wir neun kosmische Geheimnisse behandelt, die zu zwei Schlussfolgerungen führten. Erstens sind die bisherigen Antworten der Wissenschaft unbefriedigend, selbst noch die besten. Noch übt sich das Lager des »Wir haben es fast geschafft« in Zweckoptimismus, doch es lauern Verwirrung und das Selbstbewusstsein schwindet. Weniger bekannt ist die Fraktion des »Wir haben gerade erst angefangen«, deren Position sehr gut von Daten gestützt ist. Diese Ansicht wird vielleicht sogar von der Mehrheit der Forscher und Theoretiker gestützt.

Die zweite Schlussfolgerung ist, dass die Wirklichkeit uns etwas Neues sagen will. Sie sagt uns, dass der Kosmos neu definiert werden will. Alle vom Physikalismus tabuisierten Begriffe – »Kreativität«, »Intelligenz«, »Sinn« und »Bedeutung« – sind wieder da. Wir haben gezeigt: Sie sind die Ecksteine eines bewussten Universums und haben sich ganz schnell bei der Evolution des menschlichen Bewusstseins entwickelt. Die Wirklichkeit ist der oberste Richter. Kein Berufungsgericht steht über ihm. Da, wo die Realität den Weg zu einem neuen Universum weist, ist Widerstand zwecklos. Die alte Parole »Eines Tages werden wir alle Antworten haben« bringt uns dem Ziel nicht näher, die Natur der Wirklichkeit hier und heute zu entschlüsseln.

TEIL ZWEI

Umarme dein kosmisches Selbst

DIE MACHT DER PERSÖNLICHEN WIRKLICHKEIT

Was bräuchte es, um Sie davon zu überzeugen, dass Sie ein kosmisches Selbst haben? Geben Sie sich nicht mit einer vorschnellen oder allzu einfachen Antwort ab. Ein kosmisches Selbst zu haben, bedeutet Verantwortung für alles, was wir als wirklich betrachten. In seinem Versepos »Gesang von mir selbst« hat Walt Whitman einst seine Allgegenwart freudig verkündet.

Ich feiere mich selbst und singe mich selbst,
Und was ich mir anmaße, sollst du dir anmaßen.
Denn jedes Atom, das mir gehört, gehört ebenso gut
auch dir.

Das klingt – im Lichte der Vernunft – einigermaßen absurd. Aber die Leser von Lyrik nehmen Whitman auch nicht wörtlich, wenn er bekundet: »Ich bin ja umfangreich, ich enthalte Massen.« Selbst wenn niemand sich so für die Ekstase aussprach wie Whitman, waren doch nur die wenigsten dazu bereit, ihm darin zu folgen, wenn er schrieb: »Die Uhr zeigt den Augenblick, was aber zeigt die Ewigkeit?« Seine Antwort war ja auch ziemlich verrückt. Die Ewigkeit bedeutet, dass Menschen Kinder des Kosmos sind. Unser Leben reicht über die zeitlichen Begrenzungen hinaus.

Bis hierher haben wir Tausende von Wintern und
Sommern erschöpft,
Noch liegen Tausende und Abertausende vor uns.
Geburten haben uns Fülle und Vielfalt gebracht
Und andere Geburten werden uns Fülle und Vielfalt
bringen.

Dieses Buch kommt zum gleichen Schluss, zwar nicht in Gedichtform, aber als faktische Abkehr von der konventionellen Wirklichkeitsauffassung. Das kosmische Selbst ist nicht irgendeine Spinnerei, sondern es ist die wahrhaftigste Form des Selbst überhaupt. Wenn es das nicht gäbe, gäbe es auch die leibliche Welt nicht mit allem, was sich auf ihr bewegt. Dass ausgerechnet ein Poet, der über sich selbst singt, den modernsten physikalischen Theorien am nächsten kommt, ist überraschend:

Seht ihr nicht meine Brüder und Schwestern?
Es ist nicht Chaos oder Tod – es ist Gestalt, Einheit,
Bestimmung; es ist ewiges Leben – Glückseligkeit.

Diese Worte passen perfekt zu der Vorstellung, dass wir in einem bewussten Universum leben. Während die Theorie besagt, dass sich vor Jahrmilliarden das Bewusstsein aus dem brodelnden Chaos entwickelt hat, sieht die Theorie vom menschlichen Universum vor, dass es das Bewusstsein zu allen Zeiten und allen Orten gegeben hat – und sogar *darüber hinaus*. Das also bleibt als Lösung der kosmischen Geheimnisse, von denen Sie hier gelesen haben, nachdem sich alle »vernünftigen« Lösungsansätze als mangelhaft erwiesen haben. *Etwas anderes ergibt keinen Sinn*, oder? Das Credo der Kosmologie »Wir haben es fast geschafft« hat seine Glaubwürdigkeit verspielt. Es entspricht einfach nicht den Tatsachen. Zu viele Extradimensionen sind reine mathematische Spielerei und verdecken den Umstand, dass die Theorie nicht zur Wirklichkeit passt. Das alte Selbstvertrauen ist weg, weil die Bausteine der Natur – Atome und Elementarteilchen – erwiesenermaßen ohne einen Beobachter keine Eigenschaften haben.

In einem Sherlock-Holmes-Krimi gibt es immer den Moment, in dem das alte Schlitzohr gleich die Auflösung verraten wird. Diese ist immer seltsam und unerwartet, etwa wenn eine Giftschlange, genannt das »gefleckte Band«, die Mörderin war, weil sie an der Kordel heruntergliitt, mit der die Glocke zum Rufen der Dienerschaft befestigt ist. Dabei gibt Holmes zugleich eine Lektion in deduktivem Denken. Dann erinnert er seinen Assistenten Doktor Watson daran, dass am Ende, nachdem alle Alternativen ausgeschlossen worden sind, diejenige Lösung korrekt sein muss, die übrig bleibt, sei sie auch noch so unwahrscheinlich.

Fairerweise muss man sagen, dass es in Holmes Argumentation eine Schwachstelle gibt. Mit einem Mord im geschlossenen Raum und einer Handvoll Verdächtiger konfrontiert, konnte der große Detektiv relativ schnell alle möglichen Lösungen durchgehen. Doch der Kosmos ist alles andere als ein geschlossener Raum: Hier gibt es unendlich viel Platz für immer neue exotische Theorien, wie die letzten 100 Jahre gezeigt haben.

KEIN PLATZ FÜR BEWUSSTLOSES

Ein bewusstes Universum macht sich nicht einfach an Menschen fest, es ist nicht nur ein Unterpunkt auf einer Liste. Das bewusste Universum nimmt unter den konkurrierenden Theorien in der Kosmologie einen ganz besonderen Platz ein und schließt alle anderen Theorien – solche ohne den Bewusstseinsaspekt – kategorisch aus. Sie haben einfach keinen Bestand, da hilft auch alle Fantasie nichts. So einfach ist das.

Ein Bewusstsein zu haben ist wie schwanger oder tot sein. Man ist es oder ist es nicht. Da gibt es keine Grauzone. Unserer Ansicht nach hat sich die Grauzone ein für alle Mal disqualifiziert, als wir gezeigt haben, dass das Gehirn nicht denken kann. Das menschliche Gehirn als körperliches Ding kann nicht die Quelle des Geistes sein. In der gleichen Logik scheidet auch das stoffliche Universum als Urheber des Bewusstseins aus. Im Vergleich zum Hirn ist das Universum riesig. Einen stofflichen Apparat zu vergrößern bedeutet jedoch nicht, ihn klüger zu machen, und versetzt ihn auch nicht in die Lage zu denken.

Unabhängig davon, was die Mainstream-Wissenschaft davon hält: Die einzige Möglichkeit hin zu einem Verhalten, das von Bewusstsein geprägt ist, ist, Bewusstsein zu *verkörpern*. Allerdings gibt es auch hier noch einen Notausgang: das sogenannte Uhrwerk-Universum der Aufklärung des 18. Jahrhunderts. Damals war es intellektuell Mode, Gott als aktiven Teilnehmer im Kosmos auszuschließen. Was die Wissenschaftler jedoch damals sahen – etwa die Ordnung des Elementesystems nach Atomgewicht –, konnte nicht bloßer Zufall sein. Die Lösung war beinahe salomonisch: Gott durfte das Universum mit größter Präzision in Bewegung setzen, doch dann hatte er wieder vom Himmel zu verschwinden. Das Uhrwerk der Natur würde nun auch allein weiterlaufen.

Die Vorstellung vom Universum als Uhrwerk mutet heute seltsam an, aber sie markiert zugleich das letzte Mal, dass Wissenschaftler, wenn auch widerwillig, Frieden schlossen mit dem Bewusstsein als einem kosmisch ernst zu nehmenden wissenschaftlichen Phänomen. Doch der Frieden war nicht von langer Dauer. Nachdem man Gott erst einmal vertrieben hatte, war auch der Grund für ein kosmisches Bewusstsein entfallen. Es taugte allenfalls als Metapher, etwa wenn Einstein sagte, er wolle wissen, wie Gott denke. Der Rest ist nebensächlich.

Nun haben wir nicht im Sinn, Gott zurückzubringen, weder durch den Haupteingang des Kreationismus noch durch die Hintertür der Mathematik als Antwort auf alle natürlichen Phänomene. Für Zahlen gibt es ja bekanntermaßen einen Extrahimmel. Der erste Philosoph, der die Wirklichkeit auf das Nichtsichtbare der reinen Existenz zurückführte, war Platon. Für ihn waren irdische Schönheit und Wahrheit ein Abglanz absoluter Schönheit und Wahrheit im Jenseits, sozusagen eingefangen in der Höhle der Existenz. Heute wird die platonische Sphäre von der Mathematik besetzt. Diese schwebt über der körperlichen Wirklichkeit, ordnet sie jedoch perfekt getreu der mathematischen Gesetze.

»Platonisch« als Begriff für transzendente Werte steht zum »Göttlichen« in einem Verhältnis wie ein Cousin ersten Grades. Ob man die Mathematik platonisch nennt oder ein Geschenk Gottes, ist kein so großer Unterschied. Ob man Gott nun ein- oder ausschließt: In beiden Fällen wird ein Schuh daraus. Das Bewusstsein ist genauso wenig *im* Universum wie Nässe im Wasser oder Süße im Zucker. Man sagt ja auch nicht: »Dieses Wasser ist fast gut, es fehlt nur noch etwas Nässe«, oder: »Diesen Zucker mag ich sehr, es wäre toll, wenn du rausbekommen könntest, wie man ihn richtig süß macht.« Bewusstsein ist daher kein magischer Staub, den man auf träge Atome sprenkelt, um sie zum Denken zu bewegen. Das Bewusstsein muss bereits da sein.

Wir haben bereits gesehen, dass bewusstseinsmäßiges Verhalten nicht allein eine Eigenschaft der Materie ist. Im Gegenteil: Das kosmische Bewusstsein kann, wenn es will, die Eigenschaften von Materie annehmen. Auf Quantenebene kann es sich entweder für ein Verhalten als Welle oder als Teilchen entscheiden. So eine Entscheidung ist geistiger Natur und sollte uns nicht schocken. Entscheidungen sind per definitionem mental. Deshalb sagen wir auch nicht: »Mein Magen hat sich für Haferbrei zum Frühstück entschieden.« Wir entscheiden uns dafür und nicht unser Körper. Natürlich hat der Körper aufgrund der Verbindung zwischen Geist und Körper Anteil daran. Sind Sie zerstreut, kann Ihnen ein knurrender Magen signalisieren, dass es Zeit zum Essen ist, genauso wie ein Gähnen, dass es Zeit fürs Bett ist. Beide Seiten – Geist und Körper – sind hier beteiligt.

Indem die Mainstream-Wissenschaft das Bewusstsein abschrieb, hat sie eine folgenschwere Entscheidung getroffen, die sie allmählich bereut. Die Wirklichkeit selbst hat dafür gesorgt, dass man sich nicht länger mit schlichtem Unwissen herausreden konnte. Dass das Universum sein Bewusstsein verlor, geschah ja nicht per Dekret, sondern war eine kollektive Entscheidung mit dem Aufkommen der modernen Wissenschaft. Vor circa 200 bis 400 Jahren war ein mechanistisches bewusstloses Universum sehr sinnvoll. Das zeigen wir anhand einer Geschichte, die jeder in der Schule lernt: die Geschichte von Isaac Newton und dem Apfel. Sie ist dermaßen bekannt, dass dazu eigentlich schon alles gesagt worden ist und man keinen verborgenen Aspekt vermutet. Und doch gibt es ihn. Deswegen noch einmal im Einzelnen, was Newton seinem Forscherkollegen William Stuckle erzählt. (Und nein: Der Apfel fiel Newton nicht auf den Kopf.)

> *»[...] Wir gingen in den Garten und tranken Tee im Schatten der Apfelbäume. Nur er und ich. Unter anderem hat er mir berichtet, er sei noch in der gleichen Situation wie damals, als ihm die Idee mit der Gravitation gekommen sei. »Warum fiel der Apfel stets senkrecht zu Boden?«, fragte er sich. Auslöser war der Fall eines Apfels, als er gerade tief in Gedanken war. »Warum fiel er nicht seitwärts oder aufwärts? Sondern immer konstant Richtung Erdmittelpunkt? Sicherlich liegt der Grund darin, dass die Erde ihn anzieht. Es muss eine anziehende Kraft in der Materie selbst geben und ihre Summe muss in der Erdenmitte liegen, nicht an ihren Seiten. Deshalb fällt der Apfel senkrecht beziehungsweise zum Zentrum der Erde. Wenn die Materie also Materie anzieht, muss dies in Abhängigkeit ihrer Menge geschehen. Deshalb zieht der Apfel die Erde an und die Erde den Apfel.«*

Das ist also die berühmte Anekdote von Newton. Manche Kommentatoren kaufen ihm den Aha-Moment nicht ganz ab und meinen, dass er wohl schon eine ganze Weile über die Erdanziehung nachgedacht haben muss. Doch wie dem auch sei: Der verborgene Aspekt liegt hier nicht im Gesagten, sondern in dem, was nicht gesagt wird. Newtons Apfel ist ein gutes Beispiel, wie man durch Ausschluss aller nebensächlichen Aspekte zur Wahrheit gelangt. Zum Beispiel geht es nicht um Apfelsorten, auch nicht um das Wetter, die Landschaft, Newtons Gesundheitszustand oder seine Kleidung. Nun sind wir so daran gewöhnt, alles »Unwissenschaftliche« auszuklammern, dass es uns schon zur zweiten Natur geworden ist. Auch im Umgang mit der Natur und ihren Vorgängen ist uns Gedankenschärfe und ein enger Betrachtungswinkel überaus wichtig.

Oberflächlich betrachtet ist die Realität inklusiv, ja sogar allumfassend. Der Ausschluss der alltäglichen Erfahrung nimmt sich dagegen als willkürlicher Akt aus. Klar kann er auch Erstaunliches hervorbringen, so wie Newtons Theorie der allgemeinen Schwerkraft – sehr klug hier die Gleichzeitigkeit, mit der der Apfel die Erde und die Erde den Apfel anzieht –, und doch geht der Ausschluss an der Wirklichkeit vorbei. Die Forscher der Aufklärung hat das nicht groß gestört. Sie nahmen das Uhrwerk des Universums auseinander, nur um seine beweglichen Teile darin zu finden. Heute dagegen leben wir in einem »unsicheren Universum« (eines, in dem ein Apfel – dank Quantenwahrscheinlichkeit – auch seitlich oder nach oben fallen kann) und die größte Unsicherheit ist die Realität. Sie rinnt uns durch die Finger.

Der Ausschluss hat natürlich auch sein Positives, aber das gleich mal vorweg: Das menschliche Bewusstsein ist gleichfalls inklusiv. Wenn der Kellner Ihnen die neueste Kreation des Chefkochs kredenzt, dann sagen Sie nicht: »Einen Augenblick bitte, ich kann mich nicht entscheiden, ob ich dieses Essen anschauen, schmecken, berühren, riechen oder hören will.« Wir nehmen alles auf einmal wahr, und das fortwährend. (Dies findet außerhalb des Bewussten statt. So können Menschen unter Hypnose Kindheitserinnerungen mit fotografischer Genauigkeit abrufen, einschließlich der Anzahl von Stufen, die zum Dachboden führten.) Der Natur bei der Inklusion zu folgen entspricht unseren Alltagserfahrungen.

Newton selbst war kein vollkommener Exklusionist. Als frommer Christ glaubte er an das, was historisch im Alten Testament beschrieben ist. Er war mit anderen Worten ein Aufteiler: Die Naturgesetze reservierte er für die physische Welt, und doch verneigte er sich vor Gott als Herrscher über die geistige. Aber ein Aufteiler beziehungsweise Dualist zu sein, um den Fachausdruck zu nehmen, war nur eine Übergangsstation auf dem Weg zum radikalen Ausschluss. In der Moderne war Gott schließlich ganz aus dem Bild verschwunden. Heutzutage über Superstrings oder das Multiversum zu sprechen, geht mit einer ganz bewussten Ausgrenzung der Wirklichkeit einher, unter Einschluss einer Prise Mathematik, und selbst die ist noch hypothetisch. Diesen Gang der Dinge umzudrehen und sich bewusst für eine inklusive Sichtweise zu entscheiden, ist ein totaler Bruch der Wirklichkeitsbetrachtung. Denn jedes Mal, wenn die Wirklichkeit in Dateneinheiten unterteilt wird, bleibt ein Stück Wahrheit auf der Strecke. Ein schlechter Tausch.

Nachdem Gott also vertrieben war und sich allenfalls noch eine Weile an den Seitenlinien aufhielt, geriet eine Kompromisslösung in Misskredit. Bis weit ins 19. Jahrhundert gab es Versuche, das Gewicht der Seele zu bestimmen, wenn sie den Körper im Augenblick des Todes verlässt, doch die Mühe war vergebens. Kürzlich hat ein Pendant der Seelenforschung neuen Auftrieb erhalten, das Konzept des *Panpsychismus*, der das Bewusstsein als Teil der Materie betrachtet. Allerdings glauben wir, dass dieser Ansatz in eine Sackgasse führt. Panpsychismus klingt zwar ganzheitlich, was positiv ist. Allerdings erklärt er nichts. Man bleibt auf dem Niveau des bewusstseinsmäßigen Verhaltens der Atome stecken, aber das ist keine Lösung, sondern Teil der Problemstellung. Kritisch betrachtet ist der Panpsychismus total retro. Plötzlich ist man wieder beim Animismus, dem Eingeborenenglauben von der Beseelung aller Dinge.

Gleichwohl hat der Panpsychismus auch etwas Positives. So ist es schon ein cleverer Schachzug, das Bewusstsein zu einer Eigenschaft aller Dinge zu machen. Anders als das Wiegen der Seele in dem Moment, da sie den toten Körper verlässt, muss sich eine Eigenschaft nicht als Gewicht oder Dimension zeigen. Auch kommt und geht sie nicht. Zum Beispiel ist das Mann- oder Frausein eine Eigenschaft von Säugetieren, aber es lässt sich nicht wie bei der Blutabnahme entnehmen, um festzustellen, wie viel jedes Geschlecht wiegt oder welche Farbe es hat.

Zweitens billigt der Panpsychismus dem Universum von Natur aus ein bewusstseinsmäßiges Verhalten zu und nicht bloß als kosmische Eigenschaft von Quanten. Das allein würde schon reichen, um die Theorie populär zu machen, wäre da nicht ein blinder Fleck: Wenn man behauptet, dass die Materie ein Bewusstsein hat, dann ist auch das Gegenteil möglich: Materie als Eigenschaft des Bewusstseins. Allerdings lässt sich beides nicht beweisen. Bestimmte Hormone melden sich, zwei Menschen fallen übereinander her und haben Sex. Aber genauso gut könnte man sagen: ich nehme eine Auszeit. Vielleicht führt auch der Gedanke an Sex zu der Hormonausschüttung. Unser Verhalten jedenfalls lässt sich bis hinunter zur Quantenebene nicht aufgrund einfacher Kausalitäten vorhersagen. Dass die Materie sich wie das Bewusstsein verhalte oder umgekehrt, funktioniert auch nicht. Sonst kämen wir ganz schnell auf so komische Aussagen wie: »Die Leute schwimmen gern, weil das Wasser nass ist.« Eine bloße Eigenschaft ist noch kein Grund.

Die menschliche Erfahrung ist nun sicherlich das Letzte, was man bei der Erklärung des Kosmos ausschließen will. Mal sehen, ob wir uns ein Vokabular der Inklusion zulegen können. Die Wirklichkeit ist allumfassend, da besteht kein Zweifel, und wundersamerweise können Menschen mit unendlich vielen Realitätsaspekten umgehen. Wo liegt nun der Schalter, der entscheidet, ob man sich einen wunderbaren Sonnenuntergang anschaut, nicht aber der Beschaffenheit des Untergrunds seine Aufmerksamkeit schenkt? Warum genießt man die Berührung eines geliebten Menschen und blendet dabei die Möblierung des Zimmers vollständig aus? So etwas machen wir automatisch und denken nicht weiter darüber nach. Worauf es ankommt, ist aber die Frage, was es bedeutet, die Welt zu erfahren.

Die Antwort lautet, dass wir die Welt durch Auswahl erfahren. Es gibt keine Welt an sich. Wenn Newtons Apfel so war wie einer aus dem Supermarkt, dann war er rot, süß, knackig, etwas körnig und nicht zu schwer. All diese Eigenschaften gibt es nicht von Natur aus. Sie sind Wahrnehmungen des menschlichen Bewusstseins. Doch muss der Apfel nicht jedes Mal neu erfunden werden, wenn uns einer unterkommt. Hat Ihr Bewusstsein erst einmal entschieden, dass Äpfel wie Äpfel und nicht wie Birnen oder Avocados schmecken, dann bleiben sie so in unserer mentalen Einstellung verankert. Wie wir schon früher gesehen haben, wird die Realität durch das Gehirn und seine eingebauten Begrenzungen gefiltert (denken Sie hier an den revolutionären Ansatz von Arthur Korzybski – siehe Kapitel »Kann man dem Gehirn vertrauen?«). Doch die Unvollkommenheit des Gehirns ändert nichts an einem einfachen Umstand: Alles, was wir wahrnehmen, ist eine geistige Schöpfung, entstanden im Lauf von Millionen Jahren der Evolution.

Es klingt seltsam, wenn man sagt, dass wir uns bewusst entschieden haben, Äpfel süß zu finden, weil es vor langer, langer Zeit passiert ist. Als Süße Teil unseres Bewusstseins wurde, war das eine Sache unserer Geschmacksknospen und die wiederum waren genetisch codiert. Dann gab es noch einen zweiten Bereich in unserem Gehirn, zuständig für das Mögen und Nichtmögen von Süße. Alles ist ständig im Wandel begriffen. Wenn man so stark erkältet ist, dass man gar nichts schmeckt, dann kann die Süße des Apfels gänzlich aus der Wahrnehmung verschwinden. Als bewusste Wesen sind wir keine Universalempfänger. So können wir nichts sehen, wenn es stockdunkel ist. Wenn das menschliche Gehirn Ultraschall und Infrarotlicht sehen könnte, wie es Fledermäuse, Haie und Reptilien können, dann würde sich das in unseren Hirnfunktionen niederschlagen. Unsere beschränkte Ausrichtung können wir lediglich durch Instrumente erweitern, mit denen wir auch noch dort, wo unsere Sinne uns im Stich lassen, Lichtfrequenzen oder Schallwellen orten. Dadurch haben wir uns doch noch zu Universalempfängern gemacht. Wie es sich für Entscheider gehört, sind wir wohl die Champions in der Natur.

Doch gibt es vieles, was wir anscheinend nicht verändern können. Die Schwerkraft, die Härte von Felsen, die Festigkeit einer Mauer. Zeit für ein paar Unterscheidungen. Unsere Wahrnehmungsfähigkeit gibt es in dreifacher Ausführung:

- Wahrnehmungen, auf die wir keinen Einfluss haben.
- Wahrnehmungen, auf die wir Einfluss haben.
- Wahrnehmungstechnische Grenzfälle, mal beeinflussbar, mal nicht.

In Ihrer persönlichen Wirklichkeit kombinieren sich alle drei Arten von Wahrnehmung. Gefällt Ihnen die Farbe Ihres Hemds nicht, können Sie das ändern, also eine Wahrnehmung, auf die Sie Einfluss haben. Dass Sie nicht durch Wände gehen können, rangiert unter den unveränderlichen Wahrnehmungen. Für alle Kategorien ließen sich Hunderte Fälle finden. Die Würze des Lebens hat mit den veränderlichen, die Lebenssicherheit indessen mit den unveränderlichen Wahrnehmungen zu tun. Läge es in Ihrer Macht, die Gesetze der Schwerkraft immer montags zu überwinden, wäre Chaos die Folge, angefangen damit, dass Ihr Körper sich in einer Wolke aus Atomen auflösen würde.

Richtig spannend aber ist die dritte Kategorie, wo wir manchmal etwas an unserer Wahrnehmung ändern können und manchmal nicht, also der Bereich, wo die Quantentheorie unsere Teilhabe an der Natur aufregend und verlockend macht. Hier kommt es zu einer Grauzone, in der sowohl Teilchen wie auch Menschen Entscheidungen treffen können. Passive Anwesenheit ist keine Option mehr. Wahrnehmung ist deshalb für sich gesehen eine Teilhabe an der Wirklichkeit. Wenn Sie jemanden als Liebe Ihres Lebens ansehen, dann erreichen Sie mit Ihrem Tun Bereiche der Realität, die Ihnen vor dieser Wahrnehmung unbekannt waren. Jeden Tag aufs Neue bewegt sich unser Handeln am Rande der Evolution, der Grenze des Bewusstseins zwischen Neugier und Vorsicht.

Das beste Beispiel sind Wunder. Wer würde nicht gerne glauben, dass einmal ein Mensch über das Wasser ging, dass der Glaube zu einer Spontanheilung bei Krebs führt, dass die Toten mit den Lebenden kommunizieren. Beim Streit um den Wunderglauben geht es nicht darum, ob es Wunder gibt, sondern welcher Kategorie er zuzuordnen ist. Ein Wunder gibt es nur innerhalb der dritten Kategorie, also bei Dingen, die manchmal passieren und manchmal nicht. Natürlich kann man immer etwas vollkommen ausschließen (so wie Atheisten und Skeptiker) oder total einschließen (wie die Frommen).

Und wenn Sie nun keine feste Meinung haben? Dann gehören Sie in die Kategorie von Wolfgang Pauli, einem visionären Quantenpionier, der einmal sagte: »Es ist meine *persönliche Meinung*, dass ›Realität‹ in der zukünftigen Wissenschaft weder ›psychisch‹ noch ›stofflich‹, sondern sowohl beides als auch keines von beiden bedeuten wird.« Durch die Verwendung des von der Wissenschaft geschmähten Begriffs »psychisch« sollte Pauli auf ein letztes Geheimnis verweisen. Der riesige stoffliche Apparat des Universums unterliegt einer zweifachen Kontrolle und folgt damit den Naturgesetzen und den Gedanken zur gleichen Zeit. Deshalb leben wir im Moment in einem unsicheren Universum. Aber Pauli hat in die richtige Richtung verwiesen, als er vorhersagte, dass die Realität eine Mischung sei aus Bewusstsein und

Materie und doch auch wieder nicht. Das klingt nach einem Paradox, und deshalb wollen wir es auseinandernehmen und schauen, warum Pauli hier die Wahrheit verkündet.

QUALIA: DIE REALITÄT IST GREIFBAR

Lassen Sie uns das Ganze auf die persönliche Ebene bringen. Was an Ihrer Wirklichkeit können Sie allein durch Gedankenkraft erkennbar verändern? Um das zu beantworten, benötigen Sie einen neuen Begriff in Ihrem Repertoire: Qualia. Auch wenn die meisten davon noch nie gehört haben, ist dieser Begriff sehr wichtig. Über Qualia lässt sich die Wahrnehmung verändern – oder auch nicht. Mit Qualia lässt sich die Realität verändern – oder auch nicht. Qualia bezieht sich auf die Erfahrbarkeit und nicht so sehr die Messbarkeit des Lebens. Der Begriff »Qualia« ist lateinisch und bedeutet »qualitative Eigenschaft, Qualität« und ist so weitreichend wie die Quantenphysik, nur in umgekehrter Richtung. Hier geht es nicht um stoffliche Objekte, sondern um die subjektive Erfahrung. Während Quanten »Energiepakete« sind, verweisen Qualia auf die Qualitäten des Lebendigen – auf Licht, Klang, Farbe, Kontur, Textur –, dessen revolutionären Charakter wir schon angefangen haben zu beschreiben.

Genau in diesem Augenblick erfahren Sie die Welt als Qualia. Sie sind der Kitt, der unsere fünf Sinne zusammenhält. Der Duft einer Rose ist ein Qualia (wir benutzen hier denselben Begriff für Singular und Plural) genauso wie ihre samtige Oberfläche und die scharlachrote Farbe. Der Psychiater und Neurologe Daniel Siegel hat sich die Alltagserfahrung aus der Sicht des Gehirns angeschaut und sie auf die Wirklichkeit »hier drinnen« reduziert: auf Empfindungen, Bilder, Gefühle und Gedanken. Ganz gleich, was Ihnen in diesem Augenblick widerfährt, registriert Ihr Gehirn entweder eine Empfindung (mir ist heiß, hier ist es stickig, der Bettbezug ist weich), ein Bild (der Sonnenuntergang ist wunderbar, ich sehe das Bild meiner Großmutter vor meinem inneren Auge, meine Schlüssel liegen auf dem Wohnzimmertisch), ein Gefühl (ich bin glücklich, ich mache mir Sorgen, meinen Job zu verlieren, ich liebe meine Kinder) oder einen Gedanken (ich plane den Urlaub, gerade habe ich einen interessanten Artikel gelesen, was gibt es wohl zum Abendessen?).

Qualia sind allgegenwärtig, ohne sie geht gar nichts. Das bedeutet, dass, wenn Sie die Realität über Ihr Gehirn erleben, die Welt aus Qualia besteht. Sollte es eine Wirklichkeit außerhalb unserer Wahrnehmung geben, dann ist sie buchstäblich unsichtbar. Denn wenn man alles abzieht, was entweder mit Empfindungen, Bildern, Gefühlen oder Gedanken zu tun hat, dann bleibt nichts übrig.

Jetzt kommt die Überraschung: Da Qualia *subjektiv* sind, stellen sie einen direkten Angriff auf die moderne Naturwissenschaft dar. Und schlimmer noch: Da Erfahrung *bedeutsam* ist, sind Qualia auch ein Angriff auf das Konzept der vom Zufall getriebenen sinnlosen Natur. Doch es steht noch mehr auf dem Spiel.

Richtig dick kommt es, wenn die Wissenschaft der Qualia nur die subjektive Erfahrung für zuverlässig erklärt. Auf den ersten Blick erscheint das als Riesenblödsinn. Die Subjektivität ist ja nun gerade für ihre Unzuverlässigkeit bekannt. Sollen die Leute nun das Recht haben zu sagen: »Schwerkraft ist nicht mein Ding, nehmen Sie sie weg«, so wie ein Restaurantbesucher, dem seine Vorspeise nicht gefällt? Sicherlich nicht, denn wir haben ja einführend gesehen, dass sich bestimmte Dinge nicht ändern lassen, nur weil man es gerne hätte. Trotzdem ist das Argument um die Unzuverlässigkeit nicht ganz wasserdicht. Es ist nur sinnvoll, sofern die Messbarkeit der Maßstab ist. Wenn ein Fremder nach dem Weg fragt und Person A ihm rät, eine Meile in westliche Richtung zu gehen, Person B aber zu zwei Meilen Richtung Ost, hilft eine Karte bei der Entscheidung.

Doch die Messbarkeit ist auch nur eine Finte. Einstein hat ein für alle Mal bewiesen, dass sich nichts – und zwar wirklich nichts – der Relativität entziehen kann und Relativität nun einmal Wahrnehmung ist. Starten Sie mit einem Raumschiff von der Erde, dann ist Ihr Körper riesigen Gravitationskräften ausgesetzt. Während des Starts fühlt sich ein Astronaut nämlich sehr schwer und seine Wahrnehmung ist das, was zählt. Beschleunigung ist nach Einstein das Gleiche wie

»wirkliche« Schwerkraft. Genauso gibt es die Farbe Blau nicht ohne ein Auge, das wie das menschliche auf Licht reagiert. Würde ein Marsmensch auf der Erde landen und mit Bewunderung feststellen: »Der Himmel auf der Erde ist aber grimmig«, wüsste kein Mensch, was das bedeutet, weil »grimmig« in unserer Wirklichkeit keine Farbe ist.

Qualia sind die wahrhaften Bausteine unserer Realität. Man kann ein ganzes Leben zubringen, ohne je eine wissenschaftliche Messung vorgenommen zu haben, aber ein Wissenschaftler ist nichts ohne Betrachtung, Klang, Berührung, Geschmack und Geruch. Wenn Sie Kohlgeruch mögen und jemand anderes nicht, heißt das nicht, dass Subjektivität etwas Unzuverlässiges ist. Es heißt nur, dass unsere kreative Freiheit auf dem Tummelplatz der Qualia unbegrenzt ist.

Sogenannte objektive Messungen sind nur Schnappschüsse, ein kurzer Augenblick im Fluss der Ereignisse. Sie sind wahr und falsch zugleich. Stellen Sie sich vor, Ihre jugendliche Tochter sei fortgelaufen und Sie sind der besorgte Vater. Sie engagieren einen Privatdetektiv, der ihr nachspüren und Fotos machen soll. Nach einer Woche kommt er mit einem Stapel Fotos an. Auf einem ist Ihre Tochter zu sehen, wie sie Schuhe anprobiert, auf anderen sieht man sie einen gefakten Volljährigkeitsnachweis an einer Bar vorzeigen, auf anderen raucht sie heimlich in einer Nebenstraße oder textet ihrer Freundin etwas in einem Kino. Jeder Schnappschuss ist für sich gesehen wahr, aber in der Zusammenschau ergibt sich nichts Wahrhaftiges, allenfalls ein loser Zusammenhang. Ein zweiter Stapel Fotos gibt denn auch einen ganz anderen Eindruck als der erste: Hier sieht man sie eine kranke Freundin im Krankenhaus besuchen oder in einem Tierheim aushelfen. Die Physik befindet sich nun in einer ähnlichen Lage, mit dem Unterschied, dass sie Tausende von Beobachtungen zu einem einheitlichen Bild zusammenfügen muss und dabei erschwerend hinzukommt, dass Beobachtungen von Elementarteilchen nur wenige Tausendstel Sekunden dauern.

Im Gegensatz dazu sind Qualia konstant und dauerhaft verbunden. Wenn man nun die einzelnen Momentaufnahmen der Natur durch einen Film ersetzen würde, dann wäre das Universum tatsächlich ein Spiegel des menschlichen Nervensystems. Das sieht auch der Physiker Freeman Dyson so: »Entgegen allen Erwartungen hat das Leben womöglich mit Erfolg ein Universum geschaffen, das seinen Bedürfnissen entspricht.«

Hinter der Fassade eines kosmischen Apparats, dessen Teile beliebig messbar und manipulierbar sind, ist das Universum menschlich gemacht worden. Anders kann es auch gar nicht sein, denn nichts »da draußen« lässt sich außerhalb unseres menschlichen Bewusstseins erfahren. Hier folgen wir unter anderem dem britischen Physiker David Bohm. Dieser schreibt: »In gewisser Hinsicht ist der Mensch ein Mikrokosmos des Universums. Deshalb ist, was der Mensch ist, ein Schlüssel zum Universum.«

ABER ...

Wann immer sich Physikalisten bedrängt fühlen, reagieren sie nicht gerade subtil. Um etwa die Qualia in Misskredit zu bringen, hört man Dinge wie: »Vergessen Sie Ihre Metaphysik. Die Realität ist nun einmal gegeben. Wenn man vom Bus überfahren wird, ist es aus mit Ihrer schönen Theorie. Dann sind Sie genauso tot wie alle anderen.« Dass man bei einer Begegnung mit dem Bus zerquetscht werden kann, gilt allgemein als normal, wobei man für den Bus selbstverständlich auch einen Zug oder eine Backsteinmauer nehmen kann. Allerdings kann der Physikalismus nicht erklären, warum eine Backsteinmauer hart ist, wo doch Materie zu 99,9 Prozent aus leerem Raum besteht. Die Standardantwort lautet dann, dass es an den unterschiedlichen elektromagnetischen Ladungen liegt, was so ähnlich ist, wie die Süße des Zuckers mit der chemischen Formel von Saccharose zu erklären.

Zweitens sind Qualia nicht frei treibend und nicht vergänglich. Manche Qualitäten wie die Nässe des Wassers oder die Härte einer Backsteinmauer sind fix. Sie bilden Strukturen, die genauso wirklich sind wie die Zusammensetzung von besagter Saccharose. Vorteilhaft ist, dass Süße eine tatsächliche Erfahrung ist, während die chemische Formel von Saccharose nur die Skizze einer Erfahrung ist. Und von der Skizze kommt man nicht zum wahren Leben.

Das bewusste Universum umfasst Wandel, keinen Wandel und potenziellen Wandel. Das ist ein weiterer Grund, warum sich der Kosmos so menschlich anfühlt, wenn man sich erst einmal für diesen Gedanken erwärmt hat. Wir haben schon gesehen, dass es Wahrnehmungen gibt, die wir ändern können, solche, die wir nicht ändern können, und noch andere, die wir vielleicht ändern können. Aus Letzteren besteht die Welt der Qualia. Der Umstand, dass jemand von einem Bus zerquetscht wird, gehört zu den unabänderlichen Gegebenheiten, was jedoch nichts über das Ereignis selbst aussagt.

Wenn wir wüssten, wie die Grundgegebenheiten gemacht wurden – und immer noch werden –, könnten wir das Geheimnis der Wirklichkeitsentstehung lüften. Auch unsere Vorfahren hatten, als sie noch in Höhlen wohnten, schon höhere Hirnfunktionen (den zerebralen Kortex), die sich kaum von denen Mozarts oder Einsteins unterschieden. Doch in einer Jäger-und-Sammler-Gesellschaft braucht es weder Mozart noch Einstein, weil sie keinen Überlebensvorteil bieten. Stattdessen hat das kosmische Bewusstsein aus bislang unbekannten Gründen einen unheimlich anpassungsfähigen Hirnapparat geschaffen. Und obwohl der frühe Homo sapiens vor allem damit beschäftigt war, Feuersteine und Pfeilspitzen zu machen oder Häute mit Tiersehnen zusammenzunähen, waren die höheren Hirnfunktionen schon für die Zukunft ausgelegt, für Mozartsonaten und Quantenmechanik.

Und wer weiß schon, wofür unsere Gehirne noch ausgelegt sind, für ein Leben in 1 000 oder 10 000 Jahren in der Zukunft? Es ist schon erstaunlich, dass die Evolution so weit über den Tellerrand hinausschaut. Zweifellos haben andere Primaten, etwa Schimpansen, ebenfalls Werkzeuge entwickelt, doch stießen sie irgendwann einmal an ihre evolutionären Grenzen. Die Fähigkeit eines Schimpansen, über seine aktuellen Fähigkeiten hinauszugehen, ist sehr begrenzt. Unsere jedoch nicht. Obwohl die Geschichte der Menschheit von Krieg und Gewalt zeugt, ist unser Gehirn doch ebenso für die buddhistische Meditation, den Pazifismus der Quäker oder die religiöse Ekstase ausgelegt.

Kurzum, das menschliche Universum ist vor allem dort auf unsere Fähigkeit angewiesen, über uns hinauszuwachsen, wo wir uns in der stofflichen Welt gefangen und von ihren Regeln eingeschränkt fühlen. Das kosmische Bewusstsein ist mit uns noch nicht am Ende. Immerhin hat eine evolutionäre Kraft die menschliche Hirnrinde turboschnell in ungeahnte Höhen getrieben. Seine Entwicklung hat höchstens 30 000, 40 000 Jahre gedauert, ein kleiner Ausschlag nur auf dem Bildschirm der Evolution. Um zu wissen, wohin die Welle uns wirft, brauchen wir nur den interessantesten menschlichen Zug betrachten, den wohl kein anderes Lebewesen hat. Wir sind uns unseres Bewusstseins bewusst. Das nächste unbekannte Land, das es zu entdecken gilt, liegt in uns selbst und wenn wir den nächsten Sprung in der Evolution vollziehen wollen, müssen wir uns für diese Reise die Landkarte selbst erstellen, mithilfe unseres eigenen Bewusstseins.

WOHER SIE WIRKLICH STAMMEN

Die Verbundenheit mit dem kosmischen Bewusstsein ist tief in Ihrem Nervensystem verankert. Sie sind dazu geboren, Licht zu sehen und Klänge zu hören. Auch Ihr Nervensystem ist dazu in der Lage. So leuchten bestimmte Bereiche [in der Bildgebung] auf, wenn Musik das Trommelfell vibrieren lässt und sich ein Feuerwerk auf der Netzhaut spiegelt. Doch das kosmische Bewusstsein hat kein eigenes Areal im Gehirn. Wie können wir deshalb wissen, ob die kosmische Verbindung wirklich ist oder uns nützt? Skeptiker verweisen deshalb auf die vielen Millionen Menschen, die in ihrem Leben nichts anderes kennen als Elend, Armut und Gewalt. Und selbst das privilegierteste Leben wird durch Unglücksfälle erschüttert. Deshalb kommt der skeptische Einwand, welchen irdischen Nutzen die sogenannte kosmische Verbindung haben soll, wenn sie uns nicht der alltäglichen Mühsal entheben kann?

Um dies zu beantworten, müssen wir tiefer in die Gegebenheiten des Bewusstseins einsteigen, sowohl auf der individuellen wie auch auf der kosmischen Ebene. Wir haben bereits erwähnt, dass sich manche Dinge ändern lassen und andere nicht. Darüber hinaus gibt es die dritte Kategorie der Sowohl-als-auch-Fälle. In fatalistischen Gesellschaften, etwa dem christlichen Europa des Mittelalters, stellte man sich Gott so mächtig vor, dass dem Einzelnen fast nichts blieb, um sein Los zu verbessern. Unsere Zeit hingegen ist da ambitionierter: Die

Menschen streben nicht nur nach Selbstverbesserung, sondern auch nach einem radikalen Wandel. Deshalb hat die Idee des bewussten Universums auch so starken Zulauf. Es soll die Bewusstseinserweiterung im Individuum fördern und nur wenn das gegeben ist, können wir von Wandel sprechen und wie man ihn erwirken kann.

Stellen Sie sich, was Sie von der Welt kennen – Familie, Freunde, Arbeit, Politik, Freizeit –, als geschlossenes System vor. Alles darin passt, alles läuft, und doch deutet nichts darauf hin, dass es außerhalb dieser Welt – der Box – noch eine größere Wirklichkeit gibt. Wissen Sie nichts von so einer größeren Realität, dann wird das Potenzial für Veränderungen durch das begrenzt, was in Ihrer Welt möglich und erlaubt ist. Was man nicht weiß, das kann man auch nicht ändern. Das bewusste Universum könnte genauso gut weg sein, sofern es keinen Einfluss auf Ihren Alltag hat. Deshalb wäre Skepsis eine normale, natürliche Reaktion, wenn Ihnen jemand sagen würde, dass Sie in jedem Augenblick mit dem kosmischen Bewusstsein verbunden sind.

Betrachten wir nun das entgegengesetzte Extrem, eine Existenz, die von einer völligen Loslösung an weltliche Dinge geprägt ist. Jemand, der zu einer völligen Loslösung gelangt ist – sagen wir mal, ein Yogi oder ein Zen-Mönch –, hat keine emotionale Bindung an den Lauf der Dinge. Gut und Böse, Schmerz und Vergnügen führen nicht zu einer Reaktion des Mehr-vom-Guten-und-weniger-vom-Schlechten-Wollens, mehr vom Angenehmen und weniger vom Schmerzlichen. Das menschliche Nervensystem ist sehr anpassungsfähig, sodass wir alle, sofern wir es wollen, ein Dasein der reinen und kontemplativen Schau erlangen können. Wir wären ganz frei, allerdings zu dem Preis, dass wir auf das verzichten würden, was gewöhnliche Menschen mit Leidenschaft verfolgen. Aus unserer losgelösten Warte wäre das Erreichen an sich ohne Bedeutung. Gewinn oder Verlust: egal. Doch so spirituell sich dies auch anfühlt, Weltverzicht kann genauso Ausdruck einer Entfremdung vom kosmischen Bewusstsein sein wie ein vollkommen weltliches Dasein.

Damit bleibt die dritte Option, bei der gewisse Änderungen möglich sind, doch andere nicht. Dies könnte man eine evolutionäre Wahl nennen, weil Ihr Leben dazu getrieben wird, mehr Bewusstsein zu erlangen und die Früchte des Bewusstseins durch Liebe, Wahrheit, Schönheit und Kreativität zu genießen. Aber gleichzeitig umarmen Sie die friedliche, zentrierte Loslösung, die der gesamten Existenz zugrunde liegt. Dieser dritten Option – Änderung inmitten der Nichtänderung – geben wir den Vorzug, weil sie die Verbindung zum kosmischen Bewusstsein in vollem Umfang nutzt. Auf der einen Seite gibt es immense Dynamik und Veränderung, auf der anderen Seite die Realität des reinen Bewusstseins, der stillen Quelle, aus der die ganze Schöpfung entspringt.

Haben Sie erst verstanden, was zur Wahl steht, dann wird auch klar, dass Begriffe wie »objektiv« und »subjektiv« obsolet geworden sind. Äußeres Leben und inneres Leben rücken zusammen. Natürlich ist alltägliches Handeln immer noch individuell – Sie sind es, der aufwacht, das Auto anlässt und zur Arbeit fährt –, aber das Bewusstsein, das die Realität erschafft, ist universell. So schön sich das alles auch anhört, müssen wir erst noch beweisen, dass die Verbindung zum kosmischen Bewusstsein auch wirklich, realistisch und besser ist als ein kosmisch unverbundenes Leben. Wenn Sie dem Reich des reinen Bewusstseins entsprungen wären und nicht bloß dem Schoß Ihrer Mutter, könnte dieses Verständnis eine wahre Verwandlung bewirken, eine, die so viele Menschen suchen und ersehnen.

»MEIN« BEWUSSTSEIN ODER KOSMISCHES BEWUSSTSEIN?

Abstraktionen sind immer eine Gefahr und vielleicht ist auch das kosmische Bewusstsein – eine reichlich späte Erkenntnis – zu abstrakt, um wirklichkeitsnah und praktikabel zu sein. Nehmen wir an, Sie planen einen Urlaub und können sich nicht zwischen Bergen oder Meer entscheiden. Bei der Suche nach Hotels finden Sie sehr viel über ein Hotel in Miami Beach, und das gibt den Ausschlag. Hat dieser Prozess der Entscheidungsfindung im kosmischen Bewusstsein stattgefunden? Wir kennen ja alle Sätze wie »Ich habe mich entschieden« und »Ich kann es vor meinem geistigen Auge sehen«. Sie implizieren, dass jeder Mensch sein eigenes Bewusstsein besitzt, weshalb es auch »mein« Urlaub ist, meine Hotelsuche und meine Entscheidung, an den Strand zu gehen.

Aber genau das ist die Illusion, die die Realität »da draußen« von uns abtrennt. In einem dualistischen Setting unterscheidet sich »mein« Bewusstsein vom kosmischen Bewusstsein. Es ist nicht so umfassend und vor allem auf die Erfahrungen beschränkt, die ich seit meiner Geburt gemacht habe. Wenn wir jedoch die Illusion der Trennung aufgeben, brauchen wir uns nicht für entweder/oder zu entscheiden. Das Bewusstsein *fühlt* sich zwar persönlich an, *ist* aber zugleich kosmisch. Stellen Sie sich vor, Sie seien ein einzelnes Elektron und gingen im Quantenvakuum immer an und aus. Als einzelnes Teilchen fühlten Sie sich wie ein Ich, ein Individuum. Aber in Wirklichkeit sind Sie eine Aktivität des Quantenfelds und in Wellengestalt – nicht als Teilchen – sind Sie überall gegenwärtig. In unserem normalen Leben fühlen wir uns normalerweise als Individuen, übersehen jedoch, dass auf einer anderen Ebene jeder Mensch Teil des handelnden Universums ist. Was für ein Elektron gilt, gilt auch für Strukturen wie den menschlichen Körper, die aus Elektronen (und anderen Elementarteilchen) gebaut sind.

Wenn man jedoch entfremdet lebt und sein ganzheitliches Selbst ignoriert, ähnelt das Leben einem Brotlaib, der schon vorgeschnitten ist. Durch den Drang der Wissenschaft, alles so weit wie möglich zu unterteilen, behauptet sie nun – zu Unrecht –, dass Objektivität und Subjektivität völlig unterschiedlich sind und Objektivität der Subjektivität überlegen sei. Aber seit dem Beginn der Quantenära ist Schluss mit diesem sauberen Schnitt: Jetzt führt uns die Realität selbst in eine neue Richtung – das haben wir in den vorangegangenen Kapiteln behandelt.

Aber kann die Realität überhaupt je ganzheitlich ohne Unterteilungen und Trennungen verstanden werden? Das klingt nach spiritueller Suche der alten Schule, einer Vereinigung mit Gott, Atman oder Satori. Die Überwindung der Trennung hatte mit dem Wunsch nach spiritueller Kommunikation und dem Ende des irdischen Leidens zu tun. Was uns jedoch heute bewegt, ist anders, viel stärker auf ein höheres

Bewusstsein und die Entfaltung des eigenen Potenzials bezogen. Motivation zu finden ist jedoch genauso wichtig wie zu wissen, woher man kommt. Denn nur über ein bestimmtes Wissen können wir uns unseres Ursprungs im kosmischen Bewusstsein vergewissern. Haben wir darin Sicherheit erlangt, dann erscheinen uns Geburt und Tod in einem ganz anderen Licht, unter dem Aspekt der Ewigkeit.

Nichts hält sich hartnäckiger als das Unterteilen der Wirklichkeit in ordentliche, handhabbare Stücke, vor allem, weil ein ganzheitlicher Ansatz im wahrsten Sinne des Wortes unmöglich scheint, das lehrt uns jedenfalls der gesunde Menschenverstand. Doch wie kann man den menschlichen Körper als Ganzes betrachten und nicht nur seine Teilaspekte, wie Zellen, Gewebe und Organe? Wie sieht man den Kosmos jenseits von Raum, Zeit, Materie und Energie? Doch ganz so schwierig ist es nun auch nicht mit der Ganzheitlichkeit. Im Alltag nehmen wir den Körper ja auch nicht als Ansammlung von Zellen, Geweben und Organen wahr. Wir erleben ihn stattdessen in verschiedenen *Zuständen.* Wachsein ist anders als träumen und schlafen. Kranksein fühlt sich anders an, als fit zu sein. Wie wir gesehen haben, funktioniert die Quantenmechanik ähnlich. Eine Welle ist vom Zustand her auch anders als ein Teilchen.

Genauso sehen wir Geist und Materie als ganz unterschiedlich an. Das ist einfach eine Denkgewohnheit. In Wirklichkeit sind Geist und Materie verschiedene Zustände ein und derselben Sache: des Felds des Bewusstseins. Sie können diesen Zuständen folgen, wenn Sie das Gehirn betrachten, wo durch geistige Ereignisse nahtlos in einer einzigen Bewegung neuronale Botenstoffe erzeugt werden. Stellen Sie sich vor, Sie erschreckten auf der Autobahn wegen einer Beinahe-Kollision. Sofort wird dieses mentale Erlebnis in Adrenalinmoleküle überführt, und diese führen zu ganz bestimmten körperlichen Veränderungen wie Mundtrockenheit, einer erhöhten Herzfrequenz und verspannten Muskeln. Sobald Sie dies spüren, sind Sie wieder zurück in der Sphäre des Bewusstseins. Genauso befinden sich alle möglichen Signale ständig auf dem Weg der Transformation, vom Körperlichen zum Geistigen, und wieder zurück. Ein Ende ist nicht abzusehen, denn das Leben selbst ist beständiger Wandel.

Was in unserem Körper geschieht, geschieht auch im Universum, wo alle Ereignisse sich in einem ständigen Transformationsprozess des Bewusstseins befinden, entweder Richtung Geist oder Richtung Materie. Aber das allein besagt noch nichts, solange wir nicht wissen, was Bewusstsein ist. Solange sich »mein« Verstand, »mein« Körper, Milliarden von Galaxien im Weltraum und kosmisches Bewusstsein auf Bewusstseinszustände reduzieren lassen, obliegt es uns, ein für alle Mal festzulegen, was Bewusstsein eigentlich ist. Andernfalls tun wir so, als ob Tag und Nacht dasselbe wären, obwohl das nicht stimmt.

Das Bewusstsein kann viele Zustände annehmen. Das ist der Grund, warum es so gar nicht einheitlich wirkt, obwohl es das ist. Sie träumen gerade von einem Strand in Jamaika, dann ist das vielleicht ein sogenannter Klartraum, einer, bei dem alle fünf Sinne beteiligt sind. Sie spüren den warmen Sand unter den Füßen und riechen den Duft tropischer Blumen. Aber in dem Moment, in dem Sie aus dem Traum erwachen, wissen Sie sofort, dass es einfach nur ein spezieller Zustand war.

Zu wissen, in welchem Zustand Sie sich befinden, ist der Schlüssel zur Ganzheitlichkeit. Stellen Sie sich zwei Sportwagenfahrer vor. Eins der Autos hat fünf Gänge und sein Fahrer ist sehr geschickt im Schalten. Der zweite Fahrer hat fünf Autos mit jeweils nur einem Gang. Für ihn ist das Fahren nicht ganzheitlich und einheitlich, denn es hängt davon ab, welches Auto er fährt. Auch weil jedes auf nur einen Gang beschränkt ist.

Die Herausforderung besteht darin, unseren Weg durch einen Kosmos zu navigieren, in dem jeder Gang (Raum, Zeit, Materie, Energie und noch andere physikalische Eigenschaften wie elektrische Ladung, Magnetfelder und so weiter) austauschbar ist. Das Ganze könnte sich in Quantenwohlgefallen auflösen, wäre da nicht ein Organisator, der alles im Auge behält. Das kosmische Bewusstsein ist so ein Organisator. Zeit, Raum, Materie und Energie werden vom gleichen Getriebe gesteuert und der Fahrer (Bewusstsein) wählt den Zustand, in dem er sich befinden möchte. Die Realität besteht aus wechselnden, austauschbaren Zuständen, die von einer Quelle ausgehen: dem Bewusstsein.

RÄUMUNGSBEFEHL ANS UNIVERSUM

Allzu gern möchte man annehmen, dass wir in einem lebendigen Universum leben. Wenn der Kosmos Bewusstsein hat, muss er auch lebendig sein. Aber ganz gleich, ob man von einem bewussten, einem lebendigen oder (wie wir es getan haben) einem menschlichen Universum ausgeht, schleichen sich Probleme ein, und zwar vor allem solche praktischer Natur. Wie lebt man in einem bewussten Universum? Muss man noch einkaufen und zu Geburtstagsfeiern gehen, gibt es in der Kaffeeküche noch den neusten Klatsch und Tratsch? Die Antwort lautet: Ja. Ein bewusstes Universum ist so ganz anders als das ungewisse Universum, das wir kennen, und die Veränderung ist so tief greifend, dass sie alles Bestehende infrage stellt. Peter Wilberg, einer der scharfsinnigsten und begabtesten Qualia-Theoretiker, erklärte: Wir sehen nicht, weil wir Augen haben. Augen sind Organe, die sich entwickelt haben, um dem geistigen Wunsch zu sehen nachzukommen. Das Bewusstsein kommt zuerst und will die Realität durch Qualia erfahren. Dazu gehören alle fünf Sinne, Empfindungen, Bilder, Gefühle und Gedanken.

Doch eine spirituelle Wiedergeburt, wie sie uns schon oft von Heiligen, Weisen und Mystikern versprochen wurde, benötigt eine neue Wirklichkeit, mit anderen Worten: ein neues Universum. Oder vielleicht sollte man besser sagen: eine neue Sichtweise auf das Universum, das schon da ist. Aber es gibt, was die Träume von Erneuerung angeht, sehr viel Widerstand, und das ist das zweite Problem, mit dem wir es bei unserer Suche nach der Wirklichkeit zu tun haben. Der *begrenzte Verstand ist überfordert*. Er kann sich die ganze Erneuerung nicht vorstellen, weder fühlen, sehen noch berühren. Die Verbindung zwischen dem unsicheren Universum und dem Geist, der es erschaffen hat, ist einfach eisern. Mit anderen Worten: Wenn der Verstand in seinen eigenen Schöpfungen gefangen ist, wie kann er sich dann davon lösen? Es scheint, als stünden wir wieder einmal vor einer Situation, in der sich die Katze in den Schwanz beißt.

Hier ist ein neuer Begriff nützlich: *Monismus*. Dieser leitet sich ab von dem griechischen Wort *monos* in der Bedeutung von »einzeln, einzig, einzigartig«. Monismus ist die Alternative zum Dualismus. Denn Einheit ist das grundlegende Merkmal der Realität, nicht Trennung. In einigen Formen des Monismus ist alles Existente Teil des Leibes Gottes. In anderen besteht das Universum nur aus einer einzigen Substanz. So stehen Physiker, die glauben, dass sich alles auf eine einzige materielle Quelle zurückführen lässt, für eine Schule des Monismus. Einsteins Suche nach dem einheitlichen Feld, dem heiligen Gral der Wissenschaft, ist ebenfalls Monismus. Die rivalisierende Denkschule, die davon ausgeht, dass alles dem Geistigen entspringt, wurde früher Idealismus genannt, aber dieser Begriff ist so diskreditiert, dass wir lieber den Begriff »Bewusstsein« verwenden werden.

Stellen Sie sich vor, Sie dürften bei der nächsten Präsidentschaftswahl erst dann einen Stimmzettel abgeben, wenn Sie erklärten, welchem Monismus Sie angehören – Physikalismus oder Bewusstsein. (Das haben wir zuvor schon mit »Materie zuerst versus Bewusstsein zuerst« bezeichnet.) Wie würden Sie sich entscheiden? Unser Verstand ist rettungslos konditioniert, geprägt durch alles, was er je zu entscheiden hatte, und diese alten Entscheidungen, die bis in die früheste Kindheit zurückgehen, sind am Ende egozentrisch. In der Entwicklung von Kindern gibt es den Drang zu sagen: »Ich will ich sein«, also ein freies Individuum. Aber wenn man diesen Drang auf den Kosmos projiziert, läuft der Dualismus Amok und macht aus der Notwendigkeit eines eigenständigen Selbst ein Naturgesetz – was es nicht ist.

Im Alltag zerfällt der Dualismus durchaus in Kategorien, die jeder kennt:

- was man mag und was nicht,
- was Vergnügen und was Schmerz bereitet,
- was man tun möchte im Unterschied zu dem, was man nicht tun möchte,
- Leute, die man mag, gegenüber solchen, die man nicht mag.

Kurz gesagt ist das eine Welt des Entweder-oder. Das Gegenteil von vorher ist nachher, das Gegenteil von »nah« ist »fern«, das Gegenteil von »hier« ist »da«. Diese Gegensatzpaare sind nicht wirklich real. Sie sind Schöpfungen des Geistes. Wenn Sie also nach dem Wahren, Guten und Schönen streben, dann muss das ganze geistige Zeug ausrangiert werden. Ganz profan kann man sagen: Falls Sie Menschen nach der Hautfarbe beurteilen, können Sie nicht wissen, wer sie wirklich sind, bis das Konzept der Hautfarbe keine Rolle mehr für Sie spielt. Da es womöglich Jahrzehnte dauert, um allein diesen Fall von Dualismus zu überwinden, kann man sich leicht vorstellen, wie schwer es ist, den Dualismus insgesamt auszuschalten. Das Ganze geht außerdem weit über persönliche Werte hinaus: Im Grunde läuft es darauf hinaus, dem Universum einen Räumungsbefehl zu erteilen. Da das Elementarteilchen keine festen Eigenschaften hat, gilt das für alles, was aus diesen Teilchen besteht. Auf die Spitze getrieben müssten alle stofflichen Objekte vertrieben werden, von Quarks bis zu Galaxien.

Objekte können ohne Raum nicht existieren. Werden sie also hinauskomplimentiert, bekommt der Raum ebenfalls den Laufpass. Da der Raum, wie wir seit Einstein wissen, in einem relativen Verhältnis zur Zeit steht, hat deren Stündlein ebenfalls geschlagen. So sieht es auch die moderne Physik, zumindest in einigen Bereichen. Löst man Materie, Energie, andere physikalische Größen, Zeit und Raum aus einer als fest definierten Wirklichkeit, ist das ein schwacher Dualismus. Doch so heroisch dieser auch anmutet, das materielle Universum zu entsorgen ist noch nicht gleichbedeutend mit Ganzheitlichkeit. Sobald der Verstand merkt, dass das materielle Universum immer schon ein geistiges Produkt war, fehlt ihm ein wenig das Selbstvertrauen. So mancher Wissenschaftler befasst sich mit der Fähigkeit des Geistes, Qualia zu kreieren, und schließt daraus, allerdings falsch, dass überhaupt nichts eine Bedeutung hat, dass das ganze Universum sinnlos ist.

Dieser Vertrauensverlust kann jedoch da produktiv sein, wo er dazu motiviert, das nächste Etappenziel auf dem Weg zur Ganzheit zu erreichen. Damit es mit den Illusionen ein Ende hat, bekommt das konditionierte Bewusstsein nun ebenfalls einen Räumungsbefehl zugestellt, diesmal von *sich selbst!* Nun erst kann ein kosmisches Bewusstsein als Ersatz an Boden gewinnen. Es ist ein bisschen so, als führte ein Kardiologe eine Herztransplantation an sich selbst durch, nur komplizierter. Rupert Spira, ein genialer spiritueller Lehrer, nennt dies die Annahme dessen, dass nicht alles geistig ist. Zum Beispiel der Tod. Der Verstand möchte den Tod überleben, scherzt Spira, damit er zurückkommen und berichten kann, wie es war.

Im Grunde ist das Bewusstsein überhaupt keine Aktivität. Genauso wie ein See nicht aus Wellen besteht, erschöpft sich auch das Bewusstsein nicht in Denken, Fühlen, Empfinden und Imaginieren. Ein See ist eine stille Wassermasse. Das Bewusstsein ist Achtsamkeit ohne Wellen, ein unveränderlicher Hintergrund für alles, was kommt und geht. Es gibt keine mentalen Ereignisse mehr, an denen man sich festklammern kann, und allmählich wird der ruhige Geist immer mehr zu einem Zuhause, zu einem Ort der Stille, wo Sie wirklich hingehören.

Die gute Nachricht ist, dass das Bewusstsein mangels mentaler Ereignisse nicht untergeht. Stattdessen tut es einfach das Nötige: Es wechselt den Zustand. In diesem Fall weg von ständigem Denken, Wünschen, Fürchten, Begehren und Erinnern (alles trennende Erfahrungen) hin zu einem Zustand, in dem man einfach bewusst ist, aufmerksam und wach (eine Erfahrung der Ganzheit). Es ist an uns, sich für diese Veränderung zu entscheiden. Da die Realität äußerst flexibel ist, erlaubt sie uns nicht nur eine überzeugende Trennungserfahrung, sondern auch eine überzeugende Erfahrung der Ganzheit, wobei sich beides sehr unterschiedlich anfühlt. Hier einige Beispiele dafür, wie Trennung erlebt wird.

Wie sich Trennung anfühlt

- Man sieht sich selbst als isoliertes Individuum.
- Man hört auf das Ego und stellt alles, was mit »ich«, »mir« und »meins« zu tun, hat vor die Bedürfnisse anderer.
- Man ist mächtigen Naturgewalten gegenüber machtlos.
- Überleben erfordert Arbeit, Kampf und Sorge.
- Man sehnt sich nach einer Verbindung zu anderen, um das Problem der Einsamkeit zu lösen.
- Der Zyklus von Lust und Schmerz ist unausweichlich.

- Möglicherweise leidet man unter psychischen Zuständen, die sich der eigenen Kontrolle entziehen, etwa Depressionen, Angstzustände, Feindseligkeit und Neid.
- Die äußere Welt dominiert über die innere Welt – es gibt kein Entkommen aus der Wirklichkeit.

Wenn Sie Menschen fragen, ob sie sich ebenfalls in einem Zustand der Trennung befinden, dann stellt sich heraus, dass dies der Fall ist. Da es also allen so geht, denkt man, dass das normal ist. Das Faszinierende an dieser Liste ist deshalb nicht das Leid, auch wenn es davon zu viel gibt. Die Faszination liegt in der Verbindung zwischen dem, was auf der Liste steht, und dem, wie sich das Universum verhält. Quantenpioniere haben immer wieder darauf verwiesen, dass das Universum alles zeigt, wonach im Experiment gesucht wird.

Und so fühlt es sich an, wenn die Illusion der Trennung weggefallen ist.

Wie sich Wahrhaftigkeit anfühlt

- Sie sind nicht im Universum. Das Universum ist in Ihnen.
- »Hier drinnen« und »da draußen« sind wechselseitige Spiegelungen.
- Das Bewusstsein ist ununterbrochen und in allem gegenwärtig. Es ist die eine Wirklichkeit.
- Alle einzelnen Aktivitäten im Universum sind eigentlich eine einzige Aktivität.
- Die Wirklichkeit ist nicht bloß fein abgestimmt, sie ist perfekt abgestimmt.
- Ihr Ziel ist es, sich mit der Kreativität des Kosmos in Einklang zu bringen.
- Das, was Sie als Nächstes zu tun gedenken, ist auch das Beste.
- Das Dasein wird als frei, offen und ohne Hindernisse erlebt.
- Geist und Ego gibt es immer noch, aber sie haben nun viel Freizeit.
- In dem Wissen, wer Sie sind, erkunden Sie neue Möglichkeiten.

Der erste Punkt – »Das Universum ist in dir« – ist wohl der überraschendste. Physikalisch gesehen klingt das beinahe absurd, denn Milliarden Galaxien lassen sich ganz klar nicht in einem Menschen einsperren. Wo sollten sie hin? Ins Schädelinnere? Offensichtlich nicht. Aber »Das Universum ist in dir« kommt am Schluss der Reise; man kann es nicht isoliert betrachten. Unterwegs haben wir gesehen, dass jede Erfahrung als Qualia stattfindet, also in Qualitäten wie Farbe, Geschmack und Klang. Da Qualia im Bewusstsein auftauchen, unterliegen sie keiner stofflichen Begrenzung. So könnte man nie sagen: »Blau bedeutet mir viel mehr als dir«, oder: »Ich bewahre mein Vokabular in einem Schließfach in Los Angeles auf, weil das auf dem Weg liegt.«

Da Qualia keine Dimension haben – sie weder klein noch groß, schnell oder langsam ... sind –, ist es durchaus möglich, dass ein Erkältungsvirus den gleichen »Raum« einnimmt wie eine Milliarde Galaxien, wenn wir vom mentalen Raum sprechen. Die Farbe Blau hat kein bestimmtes Zuhause außer im Bewusstsein. Man kann sie sich vorstellen oder es lassen. Das Gleiche gilt für den Wortschatz. Sie können ein bestimmtes Wort wie »Giraffe« benutzen, den Rest Ihres Vokabulars aber im mentalen Raum lassen – das heißt überall und nirgends. Das Gehirn besteht ebenfalls aus Qualia, hat eine Textur von dicklichem Haferbrei, enthält winzige wässrige Seen und sondert verschiedene Sekrete ab. All diese Qualia nehmen jedoch den gleichen »Raum« ein wie ein Erkältungsvirus oder eine Milliarde Galaxien. Sie sind alle im Bewusstsein. Was wir gemeinhin als »Weltraum« bezeichnen, ist nur eine weitere Qualia. Nun mögen Sie einwenden: »Hier, sehen Sie, mein Gehirn ist da drin in meinem Schädel, da gibt es nichts dran zu rütteln.« Aber stellen Sie sich das Gesicht eines geliebten Menschen vor. Das Gehirn erstellt das Bild nicht in seinem Gewebe – da können Sie lange suchen. Sie werden keine Bilder im Gehirn finden.

Also muss es wahr sein, dass das Gehirn eine Funktion erfüllt: Es bietet Zugang zum geistigen »Raum«, in dem sich alle Konzepte und Erfahrungen befinden, alle Erinnerungen, Bilder und Qualia. Allerdings gewährt auch ein Radio Zugang zu einem 100-köpfigen Symphonieorchester, ohne dass jemand auf die Idee käme, es auseinanderzunehmen, um zu gucken, ob sich die 100 Musiker darin verstecken.

Dennoch agieren Neurowissenschaftler nicht viel anders. Ginge es nach ihnen, wäre das Gehirn der Ort, an dem das Bewusstsein lebt, wo es doch in Wirklichkeit nur der *Zugang* ist zu dem Ort, wo das Bewusstsein lebt. Doch warum braucht das Bewusstsein einen solchen Zugang? Aus dem gleichen Grund, weshalb es wehtut oder sogar tödlich sein kann, wenn man von einem Bus angefahren wird. Das Bewusstsein hat die Eigenschaft, Dinge, Ereignisse, Erfahrungen zu schaffen. Das ist sein natürliches Verhalten. Max Planck hatte dies im Hinterkopf, als er, wie wir mehrfach zitiert haben, sagte: »Ich betrachte das Bewusstsein als grundlegend. Wir können nicht hinter das Bewusstsein kommen.« Die Realität muss ihr Verhalten nicht erklären, weil sie niemandem außer sich selbst Rechenschaft schuldig ist.

DAS BEWUSSTSEIN ALS SCHÖPFER

Nun kommen wir auf unserer Reise an eine Station, bei der das Bewusstsein ganz klar sieht, dass es der Schöpfer seiner eigenen Wirklichkeit ist, ja immer schon war. Das ist an sich noch keine tiefe Erkenntnis. Jeder, der sich schon einmal verliebt hat und Monate oder Jahre später feststellen muss, dass der geliebte Mensch auch nur aus Fleisch und Blut besteht, kennt die Kraft des Geistes. Die wahre Erkenntnis ist jedoch, dass die bewusstseinsbildende Kraft weder Steine noch Mörtel verwendet, weder feinste Materie noch Energie, Zeit oder Raum, sondern nur eines: Ideen. Nehmen wir das Konzept des »Ich«, das getrennte Selbst. In dem Moment, in dem der Verstand »ich« denkt – die Wurzel alles Trennenden –, hat dies zur Folge, dass das gesamte Universum als getrennt vom »Ich« wahrgenommen wird.

Das Ganze wäre unbedeutend und langweilig, wenn das »Ich« die Illusion durchschauen würde, stattdessen macht es eine Trennungserfahrung nach der anderen. Für viele Menschen beweist die Wissenschaft, dass die Illusion »funktioniert«. Sie sind sich des Monds und der Sterne so sicher wie nur irgendetwas. Mit Geschick und Einfallsreichtum gelangte das Hubble-Teleskop in den Weltraum, um das da »draußen«

noch besser zu erforschen. Das ist schon ein großer Fortschritt gegenüber der Sternenschau mit bloßem Auge. Aber durch eine bessere Aussicht auf eine Illusion wird diese nicht wirklich. Stellen Sie sich vor, Sie befänden sich in einem Traum, in dem die Sonne scheint. Wird der Traum wahr, wenn zwei Sonnen scheinen, ein Dutzend, 1 000, eine Million?

Nachdem das Bewusstsein sieht, dass es Realität aus dem Nichts heraus schaffen kann, könnte es innehalten und sein Trennungswerk bewundern. Es hat wirklich ganze Arbeit geleistet, und das hatten wir damit gemeint, als wir über die unendliche Anpassungsfähigkeit der Wirklichkeit gesprochen haben. Die Trennung funktioniert so lange, wie sie überzeugt. Sie könnten Ihr ganzes Leben damit zubringen, nach neuen Orchideen, edleren Gerichten und schöneren Frauen zu suchen – ganz gleich, welche Qualia Sie sich wünschen. Da alle Erfahrung aus Qualia besteht, können Sie sich sogar sagen: »Entspann dich, mehr ist nicht zu tun.« Um ehrlich zu sein, macht es ein bisschen wehmütig, wenn man die Illusion erst einmal durchschaut. Zu wissen, dass Orchideen, die Küche und die Schönheit der Frauen allesamt geistiger Natur sind, führt zu einer gewissen Leere – zumindest vorübergehend.

Doch der Verstand entscheidet, dass es eine bessere Welt geben muss, und diese neue Herausforderung besiegt das Gefühl der Traurigkeit. Wie ein Maler, der seine Palette in die Mülltonne wirft, beschließt der Verstand, imaginäre Konzepte loszuwerden. Das ist schon mutig, denn selbst das Universum ist nichts anderes als eine Riesenidee und führt damit wie jede Vorstellung auch zu einem Zustand der Trennung. Nur die Realität ist davon ausgenommen. Sie ist nicht von geistiger Natur, weshalb sie auch unvorstellbar ist.

Sich das alles klarzumachen – und zwar nicht als Gedankenspiel, sondern als persönliche Erfahrung – lässt einen lange innehalten. *»Du lieber Gott«*, denkt man, *»ich werde nie begreifen, was wirklich ist. Das übersteigt meinen Verstand, meine Empfindungsfähigkeit, meine Vorstellungskraft.«* Und jetzt? Das Innehalten muss nicht spirituell sein, obwohl es an Gautama unter dem Bodhi-Baum oder Jesus am Kreuz war zu sagen: »Es ist vollbracht.« Die große Pause lässt sich auch in den Worten eines Wissenschaftlers wiederfinden, etwa bei Heisenberg oder Schrödinger, der plötzlich ganz klar sieht, dass es nur eine Realität gibt, nicht zwei. Es gibt kein Inneres und kein Äußeres, kein Ich und kein Du, keinen Verstand und keine Materie, keine Hälfte, die eifersüchtig ihr je eigenes abgegrenztes Territorium bewacht. Dessen gewahr zu werden ist wie eine Pause, weil das Bewusstsein die Wirklichkeit nicht länger bloß begreift, sondern anfängt, sie zu *leben*.

DAS DUELL DER MONISTEN

Das Argument für ein bewusstes Universum taucht seit mehr als zehn Jahren immer wieder auf unter Kosmologen beziehungsweise auf ihren Konferenzen. Schlagzeilen wie »Das Universum spielt verrückt« liest man allerdings nicht. Die Zahl derer, die als Physikalisten angefangen haben und nun meinen, das Bewusstsein gehe über alles, liegt nicht bei null, aber auch nicht sehr weit davon entfernt. Nun gibt es Horrorfilme, da hat der Held alles richtig gemacht – den Werwolf mit einer geweihten Silberkugel erlegt, Dracula mit einem Kreuz abgewehrt oder ihn dem tödlichen Tageslicht ausgesetzt – und trotzdem kommen die Kreaturen immer wieder zurück. So ist es auch mit dem Physikalismus. Er kehrt immer wieder zurück, vor allem wegen einer Angewohnheit, die wir ziemlich am Anfang besprochen haben: der naive Realismus. »Wenn du von einem Bus angefahren wirst, bist du tot«, so lautet das Totschlagargument. Ende der Geschichte. Etwas differenzierter ist der Einwand, den man als »den Fall der sich duellierenden Monismen« bezeichnen könnte. Seine Befürworter räumen ein, dass die Realität in der Tat das eine ist, dieses eine aber stofflicher und nicht geistiger Natur ist. Und so könnte sich der Wortwechsel abspielen:

Physikalischer Monist: »Sie sagen, dass das Universum geistig ist. In Ihrem Monismus verwandelt sich der Verstand in Materie, aber Sie sagen nicht, wie. Nun ist das Hirn nicht der Ort des Verstands, wie Sie vielleicht glauben. Aber wenn Sie jemandem den Kopf abschneiden, bleibt auch nicht mehr viel. Das Einzige, was für Ihr Bewusstseinsmodell spricht, ist demnach, dass Sie gerade daran glauben.«

»Nun, Überraschung, wir haben auch einen Monismus. Danach steckt hinter allem ein physikalischer Prozess. Den können wir messen und dann passt auch noch alles zu den mathematischen Berechnungen. Mit einem Hirnscan können wir den Geist bei der Arbeit beobachten. Unser Monismus ist genauso konsequent wie Ihr Monismus und wird auch noch von einem ganzen Haufen Beweise gestützt.«

Nun haben Sie Dutzende von Möglichkeiten gelesen, dieses Argument zu widerlegen, aber es ist auch klar, dass es mit einer bloßen Widerlegung nicht getan ist. Technologie ist der Trumpf der Wissenschaft und unterschwellig glaubt man, dass das Aufgeben der physikalistischen Herangehensweise mit dem Rückfall in primitive Vorzeiten einhergeht. Mystiker und Philosophen werden der Technik ein Ende machen. Doch die Menschen lieben ihre iPhones und Flachbildschirme, all die Technik, die der physikalistische Ansatz mit sich brachte. Will man all das verlieren? Das ist keine heimliche Drohung. So hat etwa der populäre Planetenforscher Neil deGrasse Tyson wiederholt in Interviews geäußert, dass die Philosophie im Vergleich zur Naturwissenschaft vollkommen nutzlos ist. Zwei Beispiele:

1. »Ich befürchte in diesem Zusammenhang, dass die Philosophen tatsächlich glauben, sie stellten tiefsinnige Fragen über die Natur. Und als Naturwissenschaftler fragt man sich schon, was da passiert. Warum muss man sich mit der Bedeutung von Bedeutung beschäftigen?«
2. »... lassen Sie sich nicht von den angeblich wichtigen Fragen aus dem Philosophieunterricht blenden. Ein Naturwissenschaftler sagt: Hey, mir liegt die ganze unbekannte Welt da draußen zu Füßen. Ich komme voran und lasse Sie zurück. Sie können ja nicht einmal über die Straße gehen, weil Sie abgelenkt sind von den angeblich tiefen Fragen.«

Diese kernigen Behauptungen ignorieren, dass die tiefen Fragen, für die deGrasse Tyson so viel Verachtung übrig hat, gerade von den größten Quantenphysikern des 20. Jahrhunderts aufgeworfen wurden. Aber lassen wir das einmal beiseite. Wir können auch einen anderen

Weg nehmen und zeigen, dass das Bewusstsein mehr Lebensqualität zu bieten hat als die Technologie. Mit ihm gibt es eine Zukunft, in der unser Planet vor einer möglichen Zerstörung bewahrt werden kann. Auch wird das Individuum in die Lage versetzt, seine Wirklichkeit entschieden zu verändern. Gleichzeitig wird »die ganze unbekannte Welt da draußen« mit Antworten konfrontiert, die nur das Bewusstsein liefern kann. Wenn wir all das in unserem Schlusskapitel einlösen können, dann ist das Duell der Monisten vorbei. Und wenn es so weit ist, können sich alle immer noch an ihrem iPhone festhalten.

GESCHAFFT

Heldenverehrung bringt einen auch nicht weiter. Die erste Generation der Quantenpioniere haben wir als die Überväter gepriesen, nicht als Krieger, sondern als Seher. Anstatt die Strände der Normandie zu stürmen, stürmten sie die Strände von Zeit und Raum und schließlich das Festland der Realität. Aber wie ein Physikprofessor am California Institute of Technology sagte, als der Name Einsteins ehrfürchtig fiel: »Jeder Caltech-Absolvent in theoretischer Physik weiß heute mehr als er.« Die meisten Physiker in der Forschung würden dem zustimmen. Einstein, Heisenberg, Bohr, Pauli und Schrödinger würden heutzutage unsere Füße küssen, so weit abgeschlagen war ihr Denken.

Was man bei all der Heldenverehrung im Auge behalten sollte: Keiner der Quantenpioniere hatte unser Wissen über den Urknall. Der Kosmos verhält sich heute genau so, wie er sollte, wenn der Urknall vor 13,7 Milliarden Jahren stattgefunden hat, und solange er sich nicht anders verhält, hat die Urknall-Hypothese uneingeschränkte Geltung. Doch die Hinwendung zu einem bewussten Universum würde den Urknall nebensächlich machen. Das neue Paradigma wären Qualia, die Qualitäten, die im Bewusstsein entstehen. Eine flackernde Kerze strahlt Wärme und Licht ab, genau wie der Urknall. Ohne das menschliche Wärme- und Lichtempfinden könnte die uns bekannte Schöpfung nicht existieren. (Beachten Sie, wie seltsam »dunkle« Energie und Materie sich dagegen ausnehmen. Wir suchen immer noch nach den dazu passenden Qualia.) Deshalb sind diese so überaus wichtig und selbst ein Riesenereignis wie der Urknall ist dagegen zweitrangig. Was das physikalische Universum zusammenhält, *sind* Qualia.

Angenommen, Qualia würden gängig: Würde das den Alltag revolutionieren – wie wir meinen – oder würde es die Leute kaltlassen? Ein bewusstes Universum wird nur dann Boden gewinnen, wenn wir es vermenschlichen können. Andernfalls wird alles beim Alten bleiben, beim ungewissen Universum. Als Konzept ist das ungewisse Universum nichts weiter als eine abseitige, vom Zufall getriebene, feindliche Umgebung, auf der kein Platz für den Menschen ist, außer als kosmischer Zufall. Anstatt Gewinner im kosmischen Casino sind wir gerade einmal kosmische Dodos, bereit zum Aussterben. Man hat nicht gerade den Eindruck, dass das Multiversum uns braucht. Allenfalls abermillionenfaches Würfeln würde irgendwann einmal wieder ein Universum hervorbringen, das für uns geeignet ist.

Unsere Heldenverehrung war gerechtfertigt und wir sind auch nicht die Einzigen, die sich auf Planck, Einstein, Heisenberg, Bohr, Pauli, Schrödinger und all die anderen als moderne Propheten berufen. Sie werden auch oft aus dem Hut gezaubert, wenn der Glaube an ein höheres Bewusstsein wissenschaftlich untermauert werden soll. Die spirituelle Seite der Quantenpioniere – peinlich für die Mainstream-Wissenschaft – ist zugleich der Hoffnungsschimmer für die Suchenden. Das Problem ist nur, dass unsere Helden ihren gewaltigen Erkenntnissen über das Bewusstsein nicht nachgegangen sind. Sie waren tatsächlich ein Forscherleben lang vor allem der Schaffung des ungewissen Universums verpflichtet. Vielleicht ging es nicht anders. Schließlich wollten sie ja einen ganz anderen Weg bei der Erforschung des physischen Kosmos beschreiten und nicht Gott neu erfinden.

Was steht nun also als Nächstes an, da die Heldenverehrung einen Dämpfer bekommen hat? Der Weg nach vorn besteht darin abzuschließen, was sie begonnen haben. Das bedeutet, genau zu zeigen, wie sich das Universum bewusst verhält. Wir brauchen tragfähige Beweise, auf die sich alle einigen können, und zwar unabhängig von ihren jeweiligen Vorurteilen. Die Wissenschaft soll der Wahrheit dienen. Koalas und Pandas sehen zum Beispiel aus wie Bären. Doch beide ernähren sich pflanzlich, was nicht bärentypisch ist. Auch lebt keine der beiden Arten in Gebieten, in denen noch andere Bären leben. Die Angelegenheit verlangte nach belastbaren Beweisen. Zuerst wurde der Koala gut aufgeräumt, weil er sein neugeborenes Junges in einem Beutel trägt. Damit ist er kein Bär, sondern ein Beuteltier wie das Känguru. Beim Riesenpanda hat es länger gedauert, bis sich genetisch nachweisen ließ, dass es sich tatsächlich um einen Bären handelt, und zwar um eine der ältesten Bärenarten überhaupt. (Merkwürdigerweise hat der Riesenpanda die Gene eines Fleisch- und nicht die eines Pflanzenfressers, was dazu führt, dass er nur sehr wenig Energie aus den Bambusblättern – seiner Nahrungsgrundlage – ziehen kann. Seine Energie verwendet er deshalb fast ausschließlich zum Fressen oder Schlafen. Den Männchen bleibt auch nicht genug Energie übrig, um in der Brunftzeit um die Weibchen zu kämpfen.)

Wie könnte man also einen normalen rationalen Menschen davon überzeugen, dass das Universum Bewusstsein hat? (Wobei wir die hartnäckigen Skeptiker einmal außen vor lassen, die für entsprechende Argumente unzugänglich sind.) Wir werden eine ganze Reihe von Verhaltensmustern aufbieten, die es in sich haben, und zwar weil sie nicht nur ein bewusstes Universum nahelegen, sondern sogar ein menschliches. In einem solchen Universum werden dann auch die Menschen eine Heimat haben. Damit wird zugleich der alte Traum von der vollkommenen Freiheit schließlich noch wahr werden.

WIEDER BEI NULL ANFANGEN – KEIN PROBLEM

Wenn es Biologen gäbe, die dächten, dass Pandas Pflanzen oder Koalas Insekten seien, würden diese es nicht weit bringen. In der Kosmologie gibt es zwei Lager: »Materie zuerst« und »Bewusstsein zuerst«, und beide sind sich einig, dass der Nullpunkt, das erste Feld auf dem Spielbrett, jenseits der Raumzeit liegt: eine dimensionslose Sphäre, nichts als reines Potenzial. Das haben wir bereits ziemlich ausführlich behandelt.

Einstein wies darauf hin, dass es keinen Raum und keine Zeit mehr gebe, wenn die stofflichen Objekte im Universum verschwänden. Jedes Elementarteilchen geht beim An- und Ausblinken in das Quantenvakuum ein, das heißt, es geht dorthin, wo Zeit und Raum nicht existieren. Die Tatsache, dass es der gesamte Kosmos genauso macht, bedeutet, dass die Ewigkeit ein ständiger Begleiter ist.

Einig sind sich beide Lager auch über die Existenz, etwas so Elementares, dass es schon fast wieder banal ist. Aber natürlich existiert das Universum und diese Aussage ist in der Tat bedeutsam, besagt sie doch, dass selbst wenn ein Teilchen seine kurze Reise ins Quantenvakuum antritt, die Abwesenheit von Zeit und Raum es nicht auslöschen kann. Irgendwie gibt es das Teilchen immer noch, und zwar in alle Ewigkeit und überall zugleich. Die Umarmung des Quantenvakuums ist so stark, dass ein Quantum, das sich wellenförmig verhält, seine Fähigkeit behält, überall zugleich zu sein. Kurz gesagt: Das Leben ist kein unbeschriebenes Blatt. In seinen geheimen Nischen ist Wertvolles verborgen. (Manche Physiker reduzieren denn auch, ohne mystisch rot zu werden, das ganze Universum auf eine einzige Welle oder sogar ein einziges Teilchen. Das wäre dann wirklich mal ein Gottesteilchen.)

Nachdem wir uns auf das erste Feld auf dem Spielbrett geeinigt haben, tauchen im nächsten Zug die Fragen auf. Wurde der junge Kosmos nun durch stoffliche Kräfte oder durch das Bewusstsein ins Leben gerufen? Reicht es, Ziegel, aber keinen Maurer zu haben? Um das zu veranschaulichen, stellen Sie sich eine Kathedrale anstelle des Universums vor. Die Materialien, aus denen eine große Kathedrale wie Notre-Dame besteht – Stein, Metall, Buntglas … –, können uns sehr wohl Hinweise auf die Bauweise und den historischen Kontext geben. Aber Notre-Dame ist mehr als die Summe ihrer Teile. Sie wurde von bewussten Wesen erschaffen und hat eine lebendige Ausstrahlung, die nichts mit »toten« stofflichen Objekten zu tun hat. Stein, Metall und Buntglas gehören zwar dazu, sind aber noch nicht das künstlerische Element. Wenn es also darum geht, Notre-Dame zu beschreiben, sagen uns die Teile und ihre Menge viel über das »Zeug«, aus dem eine Kathedrale besteht; die Architektur jedoch sagt uns etwas über die Qualia des Gebäudes, einschließlich ihrer Schönheit und religiösen

Bedeutung. Diese Lücke zwischen Quantität und Qualia zu schließen, würde uns zum zweiten Schritt bei der Entdeckung des »wahren« Wirklichkeitsgehalts des Universums führen.

Wir brauchen einen Maurer, der für die Wissenschaft so funktioniert wie Gott für die Religion. Das Universum ist so viel komplexer gebaut als eine Kathedrale und als einziger Kandidat für einen Maurer, der alles ausrichten kann, kommt das kosmische Bewusstsein infrage. Mit Notre-Dame ist die Präsenz des Bewusstseins unverkennbar, auch wenn die Architekten längst tot und vergangen sind. Dass sie bewusst gehandelt haben, kann man einfach erschließen. Genauso können Sie auch das Verhalten des Bewusstseins im Kosmos ableiten, durch Inferenz – da braucht es keinen Livetreff mit dem kosmischen Architekten. Alles, was wir tun müssen, ist, das Verhalten des Universums zu beobachten, und zwar nicht als kollidierende Materieteile, sondern als sinnvoll agierendes Bewusstsein.

DIE MENSCHLICHE NOTE

Wenn das Bewusstsein im Universum keine Rolle spielt, dann hängt auch der menschliche Verstand evolutionär am seidenen Faden. Kann das wirklich sein? Manche Physiker räumen zögernd ein gewisses Maß an vernunftähnlichem Verhalten im Kosmos ein, weigern sich jedoch, von Bewusstsein – das geht gar nicht – zu sprechen. Man nimmt an, dass kurz nach dem Urknall viel von der Schöpfung ausgelöscht wurde, weil Materie und Antimaterie sich gegenseitig vernichteten. Nur durch ein winziges Ungleichgewicht zugunsten bestimmter Konstanten konnte das sichtbare Universum entstehen, was bedeutet, dass Materie und Antimaterie eine Art Friedensvertrag geschlossen haben, bevor es zur wechselseitigen Vernichtung kam. Diese Versöhnung wird technisch als Komplementarität bezeichnet. Gegensätze, die einvernehmlich existieren, gelten als komplementär. Wenn zum Beispiel zwei Teilchen verschränkt sind, wie die Physik es nennt, weisen sie gespiegelte Eigenschaften wie Eigendreh und Ladung auf, auch wenn sie

Milliarden von Lichtjahren voneinander entfernt sind. Das macht sie komplementär. Eine Veränderung in einem Teilchen spiegelt sich augenblicklich im anderen wider. Das impliziert wiederum, dass die Komplementarität grundlegender ist als die Relativitätstheorie, die die Lichtgeschwindigkeit immer schon als Obergrenze nimmt. Sofortige Kommunikation ist nicht erlaubt. Und doch kommt es zur Nichtlokalität. Das bedeutet, dass die Verstrickung grundlegender ist als die vier Grundkonstanten in der Natur, bei denen die Lichtgeschwindigkeit regulativ begrenzend wirkt.

Sich vorzustellen, wie Teilchen über Milliarden Lichtjahre hinweg miteinander »sprechen« könnten, ist faszinierend, und doch gibt es genau dieses Geheimnis direkt vor unserer Haustür. Im Gehirn nämlich braucht es die koordinierte Anstrengung der hier überall verstreuten Neuronen, um das dreidimensionale Bild dessen zu erzeugen, was wir die Welt nennen. Auch hier geschieht die Koordination im Nullkommanichts, genau wie bei den Elementarteilchen. All das passiert zugleich. Beim Filmdreh etwa fordert der Regisseur Licht, Bild, Ton und Action. Jedes einzelne Element steht für sich und alles zu koordinieren, erfordert Zeit. Beim Blick auf die Welt aber sagt das Bewusstsein nicht: »So, Licht stimmt. Wo ist der Ton? Könnte bitte jemand den Ton einspielen?« Stattdessen findet eine sofortige Koordination aller Elemente statt, die für die Produktion des Films des Lebens notwendig sind.

Das bedeutet, dass Komplementarität keine Eigenschaft von Teilchen oder Materie im Allgemeinen ist. Es ist eine Eigenschaft des Bewusstseins; tatsächlich ist es eine der grundlegendsten Arten, wie das Bewusstsein das Universum manifestiert. Damit hätte das Lager »Bewusstsein zuerst« Oberwasser. Aber reichen all diese Beweise für ein bewusstes Universum aus, um ein menschliches Universum zu rechtfertigen? Sind wir wirklich im Steuerungszentrum der Schöpfung stationiert oder befolgen wir als Arbeitsbienen bloß die Befehle des kosmischen Bewusstseins? Das ist natürlich eine rhetorische Frage, denn das einzige Bewusstsein, das wir kennen oder kennen können, ist das menschliche. Alle Naturgesetze wurden uns durch das menschliche Nervensystem übermittelt. Wir sind das Maß der Schöpfung, aber nicht durch göttliches Dekret, sondern durch Komplementarität, die jeden Aspekt der Natur in ein System einfügt, das perfekt auf uns Menschen abgestimmt ist.

Alle Alternativen halten uns bloß in den Grenzen des Verstandes gefangen. Und diese Grenzen haben eingebaute Fallen. Zum Beispiel:

- Betrachten wir uns Menschen als zufällige Gewinner im Casino des Multiversums, dann hängt unsere Existenz vom Zufall ab.
- Sehen wir uns selbst als Produkt physikalischer Kräfte, dann sind wir nicht besser als Roboter, bestehend aus organischer Chemie.
- Wenn wir uns einreden, dass wir uns allein durch das Überleben des Stärkeren entwickelt haben, dann sind wir schlimmer als Tiere.
- Wenn wir uns selbst als ein komplexes Konstrukt von Informationen verstehen, dann sind wir nur ein Haufen Zahlen.

KANN UNS DIE REALITÄT BEFREIEN?

Im Grunde ist die Geschichte der Menschheit die Geschichte eines Bewusstseins, das expandiert. So ging es Jahrmillionen und so wird es weitergehen. Aber wir können die neun kosmischen Geheimnisse lüften, mit denen dieses Buch begann.

Geheimnis Nr. 1: Was kam vor dem Urknall?
Antwort: Ein vorgefertigter Bewusstseinszustand ohne Dimensionen. In diesem Zustand ist Bewusstsein reines Potenzial. Alles ist im Keim enthalten. Diese Samen sind jedoch empirisch nicht messbar. Daher ist die Behauptung, dass es vor dem Urknall nichts gab, genauso richtig wie die Behauptung, dass schon alles vor dem Urknall existierte.

Geheimnis Nr. 2: Warum passt das Universum so perfekt?
Antwort: Das tut es nicht, denn »perfekt passen« würde bedeuten, dass einzelne Teile sorgfältig zusammengefügt werden müssten. Tatsächlich aber ist das Universum ein ungeteiltes Ganzes. Seine Teile, ob Atome, Galaxien oder Kräfte wie Gravitation, sind nur Qualia – die

Qualitäten des Bewusstseins. Alle Qualia haben, was die Realität angeht, die gleichen Voraussetzungen. Für das Bild einer Rose vor Ihrem geistigen Auge machen Sie nichts anderes als die Natur, die eine echte Rose hervorbringt.

Geheimnis Nr. 3: Woher kam die Zeit?
Antwort: Von demselben Ort, von dem alles kommt: Bewusstsein. Die Zeit ist ein Qualia wie die Süße des Zuckers oder die Farben des Regenbogens. Alles ist Ausdruck des Bewusstseins, sobald das Universum aus dem Schoß der Schöpfung geschlüpft ist.

Geheimnis Nr. 4: Woraus besteht das Universum?
Antwort: Die wirklichen Bausteine des Universums sind Qualia. Je nach Betrachter gibt es unendlich viel Raum für Kreativität. Der Zustand des Bewusstseins, in dem man sich befindet, hat Einfluss auf die Qualia um einen herum. Wer sich am liebsten umbringen möchte, hat nicht viel für einen Sonnenuntergang übrig. Und ein Krampf im Bein ist nichts, wenn man gerade einen Marathon gewonnen hat. Beobachter, das Beobachtete und der Beobachtungsprozess sind eng miteinander verknüpft. Während sie sich entfalten, taucht das »Zeug« auf, aus dem das Universum besteht.

Geheimnis Nr. 5: Gibt es einen Bauplan im Universum?
Antwort: Die Antwort ist kniffliger als Ja oder Nein. Wenn es einen Bauplan »im« Universum gäbe, stünden die beiden in einem Verhältnis wie Töpfer und Ton. Die Form müsste aus dem Formlosen hervorgehen, indem man einen äußeren Verstand anwendete. Eine im Christentum bekannte Sentenz bezieht sich auf den menschlichen Körper in genau dieser Weise als Gottes Gefäß. In Wirklichkeit ist Design eine bewusste Wahrnehmung, die vollkommen formbar ist. Jemand kann eine Wildblume als etwas schön Designtes wahrnehmen, jemand anderes jedoch als Unkraut oder neutraler als biologische Spezies. Nachdem beide die Wiese verlassen haben, sieht vielleicht ein Erdhörnchen die Wildblume unter dem Nahrungsaspekt. Design ist das Zusammenspiel von Geist und Wahrnehmung. Dabei ist es zulässig, das Univer-

sum als gänzlich erschaffen, gänzlich zufällig oder als Mischung von beidem zu sehen, oder, wie einige Mystiker sagen würden, als bloßen Tand ohne jegliche Substanz.

Geheimnis Nr. 6: Ist die Quantenwelt mit dem Alltag verbunden?
Antwort: Diese Frage ist auch ein bisschen knifflig. Die Qualia der Erfahrung ändern sich je nach Bewusstseinszustand. In unserem normalen Wachzustand ist die Quantendomäne zu klein, um direkt erfahrbar zu sein, und ihre Verknüpfung mit der Welt der großen Objekte erweist sich als sehr schwierig. Ohne Richtwerte und mit widersprüchlichen experimentellen Ergebnissen bleiben physikalische Zusammenhänge kontrovers.

Aber wenn man akzeptiert, dass die Quantendomäne nicht nur ein bewusstseinsmäßiges Verhalten an den Tag legt, sondern den Geist in Quantenform repräsentiert, dann ist die Antwort relativ einfach. Die Quantendomäne ist ein ganz normaler Qualia-Bereich wie andere auch. Sie braucht keinen Bezug zum Alltag, denn alle Bereiche entstammen dem Bewusstsein. Eine unmittelbare Erfahrung der Quantensphäre wird jedoch durch verhüllte Nonlokalität und kosmische Zensur verhindert.

Geheimnis Nr. 7: Leben wir in einem bewussten Universum?
Antwort: Ja. Aber das ergibt so lange keinen Sinn, wie Sie ein bewusstes Universum mit Gedanken, Empfindungen, Bildern und Gefühlen gleichsetzen. Das sind alles Inhalte des Geistes. Nimmt man die weg, dann bleibt nur das reine Bewusstsein, und das ist ruhig, unbewegt, jenseits von Zeit und Raum und voll von kreativem Potenzial. Reines Bewusstsein lässt alles entstehen, auch den menschlichen Geist. In diesem Sinne leben wir nicht in einem bewussten Universum, so wie Mieter in einem Mietshaus. Wir nehmen am selben Bewusstsein teil, das das Universum *ist*.

Geheimnis Nr. 8: Wie begann das Leben?
Antwort: Als ein Potenzial des Bewusstseins, das sich aus der Form des Samens zur Vielfalt des Lebendigen hin entwickelt hat. Die Entscheidung, das weiche, grüne Moos auf einem Felsen als Lebewesen zu

bezeichnen, dem Felsen aber das Leben abzusprechen, ist nur eine Unterscheidung des Verstandes. In Wirklichkeit folgt alle Existenz dem gleichen Weg von seinem Ursprung (dimensionsloses Wesen) hin zu einem Zustand, den das Bewusstsein aus sich selbst heraus bewusst wählt. Da sie den gleichen Weg vom Nichtmanifesten zum Manifesten gehen, führen der Fels und das Moos, das sich an ihm festhält, ein Leben unter gleichen Bedingungen.

Geheimnis Nr. 9: Erschafft das Gehirn den Geist?
Antwort: Nein, aber das Umgekehrte ist auch nicht wahr. Das Bewusstsein hat nicht das Hirn gemacht, ein weiteres Beispiel für die Distanz zwischen Töpfer und Ton. Geist und Gehirn sind nicht so verbunden. Der Geist hat das Gehirn nicht aus irgendwelchem urtümlichen Zeug gemacht, das gerade im intergalaktischen Raum herumlag. Auch hat sich die Materie nicht einfach zu immer komplexeren Haufen verdichtet, bis alles komplex genug war, um mit dem Denken loszulegen. Es gilt der Grundsatz der Komplementarität, nach dem scheinbare Gegensätze nicht ohneeinander existieren können. Es geht also nicht darum, was früher war: die Henne oder das Ei? Die Realität schafft all ihre Gegensätze auf einen Schlag.

Diese Antworten muten mit ihrem Realismus wahrscheinlich anders an, als Sie erwartet haben. Lassen Sie uns jedoch noch schnell hinzufügen, dass nichts von dem, was wir hier gesagt haben, gegen die Wissenschaft gerichtet ist. Was die Wissenschaft letztlich an das Ende ihrer empirischen Methoden gebracht hat, war keine Verschwörung von Mystikern, Dichtern, Träumern, Weisen und seltsamen Außenseitern. Die Standardmethoden der Wissenschaft wurden von der Realität selbst eingeholt. Es hat nichts mit Unwissenschaftlichkeit zu tun, in einem Universum, das von dunkler Materie und Energie beherrscht wird und in dem Zeit und Raum auf der Planck-Skala zusammenbrechen, nach neuen Wegen zu suchen.

In diesem Zusammenhang haben wir drei Karten auf den Tisch gelegt: Qualia, Bewusstsein und das menschliche Universum. Welches Spiel lässt sich mit ihnen spielen? Das kann niemand wissen. Die genialsten Erkenntnisse in Sachen Bewusstsein liegen seit fast 100 Jahren brach, und das, obwohl sie die Quantenpioniere so fasziniert haben. Das physikalische Universum unhinterfragt als das zu nehmen, was es ist, bleibt bis auf wenige Ausnahmen der Standardmodus.

Nun, am Ende haben wir Ihnen von einer verborgenen Realität erzählt. Niemand hat sie absichtlich oder aus Böswilligkeit zurückbehalten. Der Verstand schmiedet oft seine eigenen Fesseln und man müsste die ganze Weltgeschichte aufbieten, um zu erklären, wieso und weshalb.

Glücklicherweise lässt sich der Drang nach Erkenntnis nicht ausmerzen. Wer auch immer wir sind, etwas in uns sehnt sich nach Freiheit. Der Tag, an dem Einstein sich mit einem mystischen indischen Dichter zusammensetzte, um die wahre Natur des Daseins zu ergründen, war ein schicksalhafter Tag. Wenn Tagore recht hatte, dass das menschliche Universum das einzig existierende Universum ist, dann haben wir eine große Zukunft voll unbegrenzter Hoffnung auf die Freude am Schöpfen vor uns. Für zukünftige Generationen wird »Du bist das Universum« ein Lebensmotto sein und nicht bloß ein vager Traum.

Anhang 1

SICH MIT QUALIA ANFREUNDEN

Für viele Leser wird der Begriff »Qualia« neu und vielleicht fremd sein. Da wir diesem Wort so viel Bedeutung beigemessen haben, möchten wir natürlich, dass Sie sich damit wohlfühlen. Eine Schwierigkeit ist, dass Qualia so umfassend sind: Jede Erfahrung wird aus Qualia gemacht beziehungsweise aus Qualitäten im Bewusstsein. An einem schönen Sommertag ist es nicht schwer, die Qualia zu akzeptieren, die von den fünf Sinnen geliefert werden – warmes Wetter, strahlender Sonnenschein, der Geruch von frisch gemähtem Heu.

Schon schwerer anzunehmen ist, dass auch Ihr Körper als Qualia erlebt wird. Alle Empfindungen, die Sie in diesem Moment haben, wären nicht real, würden Sie sie nicht persönlich erleben – das bedeutet, dass der Körper ein Haufen Qualia ist. Wenn man eine Ebene tiefer geht, ist das Gehirn auch eine Qualia-Erfahrung. Bei einem so allgemeinen Konzept lässt sich schwer sagen, was man damit anfangen soll. Wo sind die Regeln und Grenzen? Oder leben wir etwa in Wirklichkeit in einer Qualia-Suppe? Und was ist mit der Erfahrung einer äußeren Realität, der »Welt da draußen«? Das ist auch ein Qualia-Erlebnis.

Für Qualia gibt es keine Regeln, die den gleichen Stellenwert haben wie die Naturgesetze, die die klassische Physik vorgegeben hat und die die Quantenphysik auf ein unvorstellbares Niveau von Raffinesse gebracht hat. Ein reifer, süßer Pfirsich dagegen überflutet die

Sinne mit Erfahrung, nicht mit Zahlen, Gleichungen und Prinzipien. Das Vokabular der Physikalisten nützt hier leider nichts: »Süß« ist nicht schwerer, leichter, größer, kleiner oder dichter als »reif« oder »warm«.

Der große Vorteil der Qualia-Wissenschaft läge – unter der Voraussetzung, dass die Naturwissenschaft sich darauf einlässt – darin, dass sie perfekt mit der Realität übereinstimmt. Das Probieren eines Pfirsichs ist eine unmittelbare Erfahrung, die keinen konzeptionellen Rahmen benötigt. Genau dieser Mangel an Abstraktion irritiert jedoch viele Mainstream-Wissenschaftler, aber er ist die Basis für eine neue Sicht auf die Natur, die das stoffliche Universum in ein bewusstseinsbasiertes verwandelt.

Um Ihnen einen kompakten Überblick darüber zu geben, wie sich die Wissenschaft der Qualia in Zukunft entwickeln könnte, haben wir hier die wichtigsten Prinzipien kurz zusammengestellt, die wir in diesem Buch abgehandelt haben.

QUALIA-PRINZIPIEN

Grundlagen einer Wissenschaft des Bewusstseins

1. Die Wissenschaft ist materialistisch und nimmt das physikalische Universum als gegeben. Aber die Quantenphysik hat schon längst die Idee von stofflichen Objekten untergraben – grundsätzlich ist das Universum weder fest noch greifbar oder gebunden. Deshalb erhielt die alte Wissenschaft eines äußerlichen physikalischen Universums durch die Quantenphysik den Todesstoß.

2. Diese Zweideutigkeit öffnet nun einer ganz neuen Interpretation der Natur Tür und Tor: der Qualia-Wissenschaft.

3. Wenn die Stofflichkeit also einen schweren Schlag hinnehmen musste, wie könnte dann die Basis einer zukünftigen Wissenschaft aussehen? Die einzige Konstante, die von den Materialisten abge-

lehnt wird, ist das Bewusstsein. Doch das Bewusstsein macht Erfahrung überhaupt erst möglich, allen Versuchen zum Trotz, sie von »objektiven« Experimenten auszuschließen.

4. Die Qualia-Wissenschaft startet mit der Behauptung, dass Bewusstsein sich nicht erst aus einer materiellen Basis entwickeln musste, bis es im Menschen vollständig zum Vorschein kam. Das Bewusstsein ist grundlegend und zugleich ohne Grund. Es ist der Grundzustand der Existenz. Als bewusstes Wesen kann der Mensch keine bewusstlose Realität erleben, diese messen oder begreifen.

5. Das Bewusstsein als Grundzustand der »normalen« Realität verhält sich wie ein Feld, und zwar wie Quantenfelder aus Materie und Energie. Wie in jedem Feld interagiert das Bewusstsein mit sich selbst. Diese Wechselwirkung breitet sich über alle spezifischen Formen von Bewusstsein aus, auch in unser eigenes. (Dabei ist das Bewusstsein nicht allmählich als Nebenaspekt von Atomen und Molekülen entstanden.) Man muss allerdings verstehen, dass es eine tiefere Bewusstseinsebene gibt, die keine Dimensionen hat, denn jede Dimension in der Raumzeit enthält Qualia, und in sich selbst hat das reine Bewusstsein keine Qualia – es ist ihr Ursprung, so wie das Quantenvakuum der Ursprung der Quanten ist. Man könnte deshalb das Bewusstsein als das Feld aller Felder betrachten, weil es ihrer Existenz vorausgeht.

6. Jede besondere Form des Bewusstseins (etwa das eines Elefanten, Schweinswals, Rhesusaffen oder Menschen) erlebt die Welt subjektiv. Die individuelle Subjektivität verbleibt im Feld des Bewusstseins als seinem Ursprung. Keine Form des Bewusstseins wird von seinem Ursprung getrennt, ebenso wenig wie elektromagnetische Aktivität jemals vom universellen Feld des Elektromagnetismus getrennt wird.

7. Der Mensch macht subjektive Erfahrungen in Form von Empfindungen, Bildern, Gefühlen und Gedanken. Das bezeichnet man allgemein als Qualia. Die subjektive Wirklichkeit besteht aus sehr

vielen verschiedenen Qualia, darunter Farbe, Licht, Schmerz, Lust, Textur, Geschmack, Gedächtnis, Lust, Angst und Freude.

8. Alle subjektiven Erfahrungen sind Qualia. Dazu gehören alle Wahrnehmungen, Erkenntnisse und mentalen Vorgänge. Kein geistiger Vorgang darf dabei außer Acht gelassen werden, einschließlich Liebe, Mitgefühl, Leiden, Feindseligkeit, sexuelles Vergnügen und religiöse Ekstase. Auf einer verfeinerten Ebene werden Qualia als Einsicht, Intuition, Fantasie, Inspiration und Kreativität wahrgenommen.

9. Die »objektive« äußere stoffliche Realität erfahren wir durch die Qualia, auf die unsere Wahrnehmung geeicht ist, sie ist nicht an und für sich gegeben. Ohne unsere subjektive Teilnahme existieren weder Raum, Zeit, Materie und Energie noch wissenschaftliche Variablen und Größen – und wenn doch, dann ist ihre Realität undurchdringlich. Wir leben in einem Qualia-Universum. Alle unsere Interaktionen damit sind erfahrungsgebunden, also letztlich subjektiv. (Objektive Daten haben keine eigenständige Existenz, weil sie Teil der Erfahrung des Datensammlers sein müssen.)

10. Die Körpererfahrung ist eine Qualia-Erfahrung, ebenso wie alle geistigen Aktivitäten. Die Erfahrung der Welt – einschließlich der anderer Welten – ist ebenfalls eine Qualia-Erfahrung.

11. Das »Ich«-Gefühl ist ein Qualia-Erlebnis, genau wie die Erfahrung des »Du«.

12. Durch Qualia können wir alles auf einen gemeinsamen Nenner bringen – jedes einzelne Ding ist ein Aspekt des gemeinsamen Bewusstseinsfelds.

13. Als bewusste Wesen mit Realitätsbezug drücken wir uns in Qualia-Begriffen aus. Diese sind der Versuch, Erfahrungen in Worte zu fassen. Die Sprache der Wissenschaft versucht jedoch das Gegen-

teil: Erkenntnisse im Namen der Objektivität zu gewinnen. Aber »Objektivität« hat selbst den Charakter einer Erfahrung. Es gibt keine Sprache außerhalb der Qualia.

14. Andere Lebensformen, etwa Insekten, Bakterien, Säugetiere und Vögel, besetzen ihre eigenen Qualia-Nischen. Sie sind für uns unzugänglich – auch wenn wir versuchen können, uns in sie hineinzuversetzen –, weil jede Spezies ihr eigenes Nervensystem besitzt; sogar Mikroorganismen zeigen Reaktionen auf die Umwelt (die Suche nach Licht, Luft, Nahrung und Gesellschaft). Soweit wir eine andere Lebensform interpretieren können, spiegelt sich darin nur die Qualia-Verarbeitung des menschlichen Nervensystems wider. In Wirklichkeit können wir nichts von einer fremden Realität wissen, weil diese durch andere Nervensysteme wahrgenommen wird.

15. Die Wahrnehmung ist der Motor, der artspezifische Erlebnisse hervorbringt. Erfahrung formt die stoffliche Realität neu und führt (beim Menschen) zu einem sich beständig verändernden Qualia-Vokabular. Die Tatsache, dass auch »niedere« Tiere über äußerst komplexe Vokabulare verfügen, ist ein Beleg für die kreative Verbindung von Sprache und Realität.

16. Wir sehen nicht, weil wir Augen haben, und wir hören auch nicht, weil wir Ohren haben. Die Wahrnehmungsorgane schaffen keine Wahrnehmung, sondern sind nur die Linse, durch die das Bewusstsein und seine Qualia Wahrnehmungserfahrung erzeugen. Das Wahrnehmende kann niemals das Tatsächliche sein. Wir nehmen wahr, was unsere Spezies wahrzunehmen gelernt hat. Was auch immer wirklich real ist – das Tatsächliche –, ist ursprünglicher als das, was wir wahrnehmen, was wir fühlen oder über was wir nachdenken. Die Qualia-Wissenschaft erforscht die Grenze zwischen Wahrnehmungs- und Realitätssinn, mit dem Ziel, diese zu überschreiten.

17. Das menschliche Gehirn repräsentiert die Realität, wie sie von einer bestimmten Lebensform wahrgenommen wird. Erfahrung ist nicht zufällig, sondern symbolisch organisiert. Wir vermenschlichen die Realität und im Gegenzug bewirken die Qualia im Gehirn (Schmerz, Licht, Hunger, Emotionen und so weiter), dass sich Gehirn und Körper als symbolische Repräsentationen entwickeln. Diese Rückkopplungsschleife hat ihren Ursprung im Bewusstsein, nicht in der Biologie des Gehirns. Das menschliche Bewusstsein ist ein spezifischer Ausdrucksweg für das undifferenzierte Bewusstseinsfeld – das eine, das die vielen schafft.

18. Obwohl wir mit anderen Lebensformen wie Hunden und Vögeln interagieren können, können wir nicht davon ausgehen, dass ihre Qualia-Erfahrung mit unserer identisch ist. Was sich für eine Spezies heiß, kalt, leicht, schwer, langsam oder schnell anfühlt, können wir nicht wissen – wir können nicht davon ausgehen, dass sich diese grundlegenden Qualia bei ihnen in ähnlicher Weise niederschlagen wie bei uns. Wir können nur den Schluss ziehen, dass sie ähnliche Gefühle und sensorische Erfahrungen haben wie wir, aber das ist auch schon alles. Es ist sehr unwahrscheinlich, dass das Krächzen einer Krähe für sie genauso klingt wie für uns, und genauso verhält es sich mit dem Bellen eines Hundes. Dennoch können wir als Menschen miteinander kommunizieren, weil wir unsere Qualia-Signale in ein allgemein anerkanntes Qualia-Vokabular hinein übersetzen (trotz großer Unterschiede von Mensch zu Mensch und Kultur zu Kultur).

19. Jedes Lebewesen erschafft seine eigene Wahrnehmungswirklichkeit, indem es mit der Basis der Existenz, dem reinen Bewusstsein, interagiert. Reines Bewusstsein ist ein Feld der unbegrenzten Möglichkeiten. Jede Möglichkeit kommt als Qualia zum Vorschein. Das Feld des reinen Bewusstseins existiert jedoch noch vor den Qualia; es entzieht sich jeder Beschreibung und Vorstellungskraft, weil das Gehirn die Realität nur durch Qualia kennt. Der Schoß der Schöpfung liegt jenseits von Raum, Zeit, Materie und Energie.

20. Es gibt so viele Wahrnehmungswirklichkeiten (Gehirne, Körper, Welten), wie es lebende Wesenheiten mit ihrem jeweiligen Qualia-Repertoire gibt.

21. Unser Verständnis von subjektiver Erfahrung oder unser Sinn für Empathie vollzieht sich in Resonanz mit den Qualia, die wir teilen. Welche Erkenntnisse und Verbindungen auch immer wir im Hinblick auf andere Spezies, Wesen oder Existenzbereiche haben, sie entstehen durch die Empfindlichkeit und Verfeinerung unserer subjektiven Qualia in Bezug zu ihren subjektiven Qualia. Was wir Empathie nennen, ist die gemeinsame Resonanz des Bewusstseins.

22. Mit der Geburt setzt ein ganz bestimmtes Qualia-Programm ein. Dabei erscheint eine Einheit von Qualia in der Welt und entfaltet ihr Potenzial während des Lebens. Was im Leben passiert, ist das, was wir gemeinsam haben: sich mit anderen Qualia-Einheiten und deren Qualia-Programmen auseinanderzusetzen.

23. Der Tod ist das Ende eines bestimmten Qualia-Programms (das Lebensprogramm eines Individuums). Die Qualia kehren in einen Zustand potenzieller Formen im Bewusstsein zurück, wo sie sich neu mischen und als neue Lebewesen wiedererstehen.

24. Das Bewusstseinsfeld und seine Matrix der Qualia sind weder ortsgebunden noch unsterblich. Nicht ortsgebunden bedeutet, dass das Feld allgegenwärtig und überall gleich ist. (Tatsächlich ist der Begriff »überall« selbst ein Qualia.) Ein Feld wird von allen sich darin abspielenden Ereignissen berührt. Das Ganze verliert nie den Kontakt zu seinen Teilen, sie gehen weder verloren noch werden sie vergessen.

25. Wir erleben nicht das Feld selbst, sondern die Qualia, die daraus hervorgehen. Durch diese werden wir zu Individuen mit einer spezifischen (also ortsgebundenen) Perspektive. Lokalität ist eine Qualia-Erfahrung im nicht ortsgebundenen Bewusstseinsfeld.

26. Quantenmechanik ist ein mathematisches Modell zur Messung der Qualia-Mechanik, definiert als unser Erfahrungsschatz der Natur. Es ist die Karte, nicht das Gebiet. Im Grunde genommen ist die Karte mathematisch, weil die Quantendomäne präzise Formen und Wahrscheinlichkeiten aufweist. Die Mathematik führt zu Daten, wodurch Erfahrung auf Zahlen reduziert wird. Diese Art der Realitätsvermittlung verliert daher alle erfahrungsbezogenen Qualia.

27. Die Realität sollte so abgebildet werden, dass sie dem ähnelt, was sie tatsächlich ist – ein kontinuierlicher, dynamischer Fluss des Bewusstseins, der aus dem universalen Feld hervorgeht und sich in Materie, Energie, Welten und Lebewesen ausdifferenziert. Die Erfassung der Realität erfordert ferner, dass die Naturwissenschaft in Qualia-Physik, -Biologie, -Medizin und so weiter umgebaut wird, weil mit Zahlen nichts als kleine, gefrorene Scheibchen erfasst und vermessen werden.

28. In den alten traditionellen Kulturen hatte man erkannt, dass subjektives Wissen nützlich ist und Regeln unterliegt. Diese Traditionen nehmen die Qualia-Welt und gestalten sie nach den Prinzipien und Erfordernissen des Bewusstseins. Das Bewusstsein hat seine Referenzpunkte. Deshalb sind Ayurveda, Qigong und andere Qualia-basierte Medizin regelbasiert, vertrauenswürdig und wirksam. Selbst der westliche Materialismus bietet Raum für Psychologie, verschiedene psychotherapeutische Richtungen, Mythologie und Archetypen, kindliche Entwicklung und Geschlechterforschung – allesamt erwachsen aus der subjektiven (Qualia-)Welterfahrung.

29. Spirituelle Praktiken sind weder etwas Besonderes noch anders als alltägliche Erfahrungen. Sie basieren auf subtilen Bezugspunkten des Bewusstseins – in der Tat kartieren sie die Selbstwahrnehmung. Das menschliche Bewusstsein, das auf sich selbst schaut, funktioniert wie ein Spiegel für das Feld des Bewusstseins, das gleichfalls auf sich selbst schaut.

30. Spirituelle Praktiken erweitern und verfeinern die Selbstwahrnehmung. Ist diese sehr weit fortgeschritten, dann zeigen Qualia ihren Ursprung. Das ist so, als würde man den Spiegel statt der Spiegelung sehen. Das Bewusstsein sieht sich selbst und erkennt sein reines, absolutes Sein – den ursprünglichen Zustand. Auch wenn die Traditionen spiritueller Weisheit nachgelassen haben und sie nicht mehr so intensiv mit dem reinen Bewusstsein verbunden sind, gibt es doch immer noch lehrreiche Restbestände der alten Qualia-Wissenschaft. Die wird von der modernen Wissenschaft als paranormal abgetan, als wunderlich und seltsam. In der Tat gibt es das Übernatürliche auch nicht, es sei denn als subtilerer Ausdruck der Natur, der sich in den Qualia zeigt. Diese ungewöhnlichen Qualia sind genauso seriös wie die, die von der Wissenschaft als seriös bewertet werden.

31. Qualia-Medizin hat sich bereits in verschiedenen Formen etabliert, wie zum Beispiel im Ayurveda und in der Traditionellen Chinesischen Medizin (TCM). Neben einem fundierten Kräuterwissen erfordern diese alten Traditionen auch die moderne Forschung, um wissenschaftlich zu bestimmen, wie der Körper nicht nur auf Kräuter, sondern auch auf Umweltreize insgesamt reagiert. Auch die Epigenetik floriert mittlerweile und untersucht, wie Alltagserfahrungen und Stress die genetische Aktivität verändern.

32. Eine Qualia-Biologie indessen würde zu einem neuen Verständnis des Lebens und seines Ursprungs führen. Von Anbeginn hat das Leben als reines Bewusstsein existiert. Alle nur erdenklichen Eigenschaften der Lebewesen haben ihren Ursprung im Raum der Möglichkeiten, in der ursprünglichen Intelligenz, in der Kreativität und dem evolutionären Impuls. Da das Feld der unendlichen Möglichkeiten nicht ortsgebunden ist, hat es auch keinen Anfang. Auch das Leben hat keinen Anfang. Alles, was einen Anfang hat, sich entwickelt, seinen Zenit erreicht und vergeht, sind Formen des Lebendigen, die ihre Qualia-Programme abarbeiten.

33. Der Ursprung des Lebendigen ist die Ausdifferenzierung des reinen Bewusstseins (des reinen Lebens) in vielfältige Formen des Lebendigen oder Qualia-Konglomerate (Leben in der relativen Welt).

34. Die Evolution der Arten vollzieht sich durch natürliche Auslese. Allerdings geschieht dies in einem viel umfassenderen Sinne, als die darwinistische natürliche Auslese nahelegt. Diese basiert nur auf dem Fortpflanzungserfolg und der Nahrungsverfügbarkeit. Was durch eine Spezies wirklich selektiert wird, das ist ein Mehr an Qualia-Erfahrung, denn diese ist die treibende Kraft hinter der Evolution. Da das Bewusstsein unbegrenzt ist, entstehen immer neue Qualia, die nach maximaler Entfaltung streben. Das Leben in seiner wilden Form ist der kollektive Versuch, die Ökologie des Planeten in einen Tummelplatz der Qualia zu verwandeln. Der Zweck der Evolution liegt darin, alle nur möglichen Erfahrungen zu maximieren.

35. Die Evolution wird durch jede Spezies zielgerichtet gesteuert, und zwar, indem diese mit ihrer Umwelt experimentiert und dabei Rückmeldungen bekommt. Dadurch kommt es zu einer Rückkopplungsschleife, die kreativ allen Herausforderungen der Umwelt begegnet – mal mehr, mal weniger erfolgreich. Betrachtet man das Leben auf der Erde als Ganzes, ist es ein Qualia-Netzwerk, genau wie die einzelnen Individuen innerhalb jeder Spezies. Alle Erfahrungen wirken auf das Ganze zurück.

36. Gene, Epigene und neuronale Netze speichern und erinnern jeden Schritt der Evolution, indem sie der Spur der Erfahrung folgen. Im Grunde sind diese Aufnahmegeräte symbolische Signaturen dynamischer Qualia-Netzwerke. Jedes Netzwerk ist selbstorganisierend, weil keine zwei Spezies und keine zwei Individuen mit demselben Qualia-Programm arbeiten. Alle Szenarien sind einzigartig, jedes arbeitet innerhalb seiner eigenen Möglichkeiten.

37. Evolution hört nie auf, denn sie wurzelt in etwas, das dem Bewusstsein eigen ist: dem kreativen Impuls. Obwohl die Evolution mit Wachstum verbunden ist, liegt ihr auch an der Bewahrung des Neuen und seinem Aufgehen in das bestehende System, ganz gleich, ob es sich dabei um den Körper des Menschen handelt, eine ökologische Nische oder den Kosmos als Ganzem.

38. Der Mensch hat die Gabe der Selbsterkenntnis und diese ist der Schlüssel zur Freiheit. Selbsterkenntnis bedeutet, dass wir weder getrieben sind noch Gefangene unserer Qualia-Neigungen. Wir sind so dynamisch wie der Verstand selbst. Dies deutet auf eine untrennbare Verbindung mit dem reinen Bewusstsein hin, das per definitionem kein Gefangener von sich selbst sein kann. Unendliches Potenzial kennt keine Grenzen. Selbsterkenntnis, versöhnt mit ihrer wahren Natur, wird die Basis für unseren nächsten kreativen Evolutionssprung als Spezies sein. Mit diesem wird der Kosmos neu erschaffen, weil wir ein menschliches Universum bewohnen. Das Universum entspricht unserer Wahrnehmung der Wirklichkeit.

39. Dieser Evolutionssprung wird bewusst sein und von menschlichen Hoffnungen diktiert. Dabei werden neue selbstorganisierte Netzwerke von Qualia-Strukturen und -Haufen entstehen. Eine ganz neue Denkweise wird dann entstehen, die sich erst allmählich und ab einem bestimmten Punkt als die neue Wirklichkeit des Menschen herauskristallisiert. Das hat nichts mit Mystik zu tun. Wenn die Schichten von Aggression, Krieg, Armut, Separatismus, Angst, Entbehrung und Gewalt wegfallen, dann bleiben nur noch die Qualia übrig, die nun wieder ganz nah an ihren kreativen Ursprung reichen. Doch müssen sich die alten Qualia-Schichten häuten, und das passiert erst, wenn wir die Trägheit des Unbewussten hinter uns lassen. Nur dann werden die neuen dynamischen Qualia-Netzwerke wachsen.

40. Quantenmechanik und klassische Wissenschaft wird man immer brauchen, um neue Technologien zu entwickeln, aber die Wissenschaft der Qualia könnte unsere Zivilisation in Richtung Ganzheit, Heilung und Erleuchtung führen.

Anhang 2

WIE SICH DAS KOSMISCHE BEWUSSTSEIN VERHÄLT

Durch die moderne Physik haben wir ein genaues Bild davon, wie sich das Universum verhält. Das einzige Problem ist, dass dieses Bild weder Sinn noch Zweck hat. Wollen wir uns vom Zufall als der treibenden Kraft des Kosmos befreien, dann müssen wir zeigen, was es zu gewinnen gibt, wenn wir dieses Bild um das kosmische Bewusstsein erweitern.

Im Folgenden stellen wir deshalb alle Aktionen des Bewusstseins im Universum dar. Wir haben sie so ausgesucht, dass sie bekannten Schöpfungsmodalitäten entsprechen, Verhaltensweisen, die im Übrigen auf Quantenprinzipien zurückgehen.

1. Kosmisches Bewusstsein hält die Gegensätze im Gleichgewicht, ohne dass eine Seite auf Kosten der anderen abgeschafft würde. Dieses Nebeneinander der Gegensätze nennt man *Komplementarität*. Unter bestimmten Umständen kann man »den anderen« ersetzen, doch im Grunde ist jeder der beiden Gegensätze im jeweils anderen mitenthalten, so wie negativ positiv impliziert und Norden den Süden.

2. Kosmisches Bewusstsein schafft Formen und Funktionen aus sich selbst heraus. Diese Art der Selbstorganisation nennt sich *kreative Interaktivität*. In lebendigen Organismen gibt es auch eine fühlende Interaktivität: Lebewesen interagieren ständig mit ihrer Umwelt,

einschließlich anderer fühlender Wesen, suchen Nahrung, vermehren die Spezies und sind sich der Existenz von »anderen« auf verschiedenen Ebenen bewusst. Das Argument, dass nur Menschen über Empfindungsvermögen verfügen, ist nicht haltbar – es ist eine grundlegende Eigenschaft des Bewusstseins.

3. Kosmisches Bewusstsein will auf dem Alten aufbauen, um das Neue zu schaffen. Dieses Verhalten wird *Evolution* genannt. Die Evolution auf das irdische Leben zu beschränken, ist jedoch zu eng gedacht. Der gesamte Kosmos basiert auf dem evolutionären Grundprinzip. Die Alternative – ein Universum, das über zehn Milliarden Jahre nach dem Zufallsprinzip arbeitet, nur um im Moment der Erdentstehung auf Evolution zu schalten – ergibt keinen Sinn. Was hat die Planeten entstehen lassen, wenn nicht die Evolution aus einfacher Materie?

4. Kosmisches Bewusstsein agiert räumlich durch getrennte Ereignisse, die zu weit auseinanderzuliegen scheinen, als dass sie tatsächlich in Verbindung miteinander stehen könnten. Gleichzeitig verbindet das kosmische Bewusstsein diese Ereignisse auf einer tieferen gemeinsamen Ebene, auf der es keine Trennung gibt. Dies wird als *verhüllte Nonlokalität* bezeichnet.

5. Das kosmische Bewusstsein hat das Universum so gestaltet, dass unsere Weltsicht, etwa in der Physik oder Biologie, nicht brüskiert wird. Jede Perspektive kommt zu ihrem Recht. Ganz gleich, wie viele Geschichten wir uns über die Realität erzählen, die ganze Geschichte fällt immer aus unserem Blickfeld. Das nennt man *kosmische Zensur*.

6. Alle Teile des Kosmos ähneln sich strukturell oder weisen zumindest auf einer tieferen Ebene eine strukturelle Ähnlichkeit auf. Deshalb können zwei Beobachter, die auf verschiedene Ebenen der Natur blicken, auch miteinander kommunizieren und sich verstehen. Muster und Formen wiederholen sich und weisen gewisse Ähnlichkeiten auf. Dieses Prinzip wird als *Rekursivität* bezeichnet.

Kosmisches Bewusstsein spiegelt immer den Zustand des Betrachters wider, wobei kein Standpunkt Vorrang hat. In der Vergangenheit hat die Religion immer einen privilegierten Standpunkt für sich reklamiert und heute macht das die Wissenschaft. Geschichten brauchen Beweise, denn unser ganzes Sein ist so intensiv mit der Wirklichkeit verbunden, dass es unmöglich ist, Beobachter, Beobachtetes und Beobachtungsprozess zu trennen.

Das eben Skizzierte gilt im Übrigen für die Natur insgesamt und hat nichts mit Metaphysik zu tun. Lebendig und selbstorganisiert, wie das Universum ist, wurde es vom kosmischen Bewusstsein geschaffen, und seit dem Urknall hat sich daran nichts geändert. So ist es in der Biologie unstrittig, dass Lebewesen sich selbst mithilfe der DNA organisieren. Pferde bringen Fohlen zur Welt, eine Pferdeleber bildet neue Leberzellen. Alle Zellen sind an den Vorgängen des Essens und Atmens, des Ausscheidens, der Teilung … beteiligt. Diese Selbstorganisation ist dynamisch und besitzt auch die nötige Flexibilität, um sich neuen Gegebenheiten anzupassen. Ein Pferd kann deshalb hoch oben in den Anden oder unter Normalnull im Death Valley leben, seine Zellen sind anpassungsfähig genug. Ein Pferd kann rennen oder stehen bleiben, es kann trächtig sein oder nicht. Das sind starke Zustandsveränderungen, aber der Pferdekörper regelt sich selbst – von der DNA an aufwärts. Ohne diese Anpassungsfähigkeit müsste er zugrunde gehen.

Diese Anpassungsfähigkeit findet sich überall, ob in Molekülen, Atomen oder Quarks. Immer gibt es irgendwo Anpassungsnotwendigkeiten, an denen letztlich *das ganze System* beteiligt ist. Untersuchen wir ein Pferd auf verschiedenen Ebenen, sehen wir Atome, Moleküle, Zellen, Gewebe, Organe und schließlich das Lebewesen als Ganzes. Aber das Pferd ist *mehr* als die Summe seiner Teile, so wie auch eine Kathedrale mehr ist als Glas, Stein, Marmor, Metall, Stoff und Edelsteine. Wenn die Leberzellen eines Pferdes aufgeben, ist es aus mit dem Pferd. Ebenso, wenn die DNA in einer Zelle sich lieber nicht teilen möchte. Warum entscheiden sich also nicht alle möglichen Dinge für einen Ausstieg? Ein Pferd besteht aus Trilliarden Teilchen, die alle funktionieren. Autos hingegen haben auch viele Teile und zu unserem Leidwesen scheinen immer ein paar von ihnen den Geist aufzugeben.

Aber was die Natur betrifft, ist ein Pferd nur eine Sache, eine Spezies des Bewusstseins, und auf dieser Bewusstseinsebene gibt es nur eine Form der Teilhabe. Alle Lebewesen – egal ob Kugelfisch, Fruchtfliege oder Hufeisenkrebs – haben auf jeder Ebene eine Verbindung. Dabei behält jede Stufe ihre eigene Integrität, während sie zugleich mit der nächsten Stufe vernetzt ist. Diese Zusammenarbeit ist das moderne Äquivalent der religiösen Vorstellung von der großen Kette der Wesen, die besagt, dass Gott nahtlos alle Ebenen der Schöpfung miteinander verbunden hat. Im nicht religiösen Kontext sprechen wir davon, dass sich komplexe Systeme durch das natürliche Verhalten des Bewusstseins organisieren, also durch die Verhaltensweisen, die wir gerade aufgelistet haben.

Die folgende Übersicht bildet das große Fazit dessen, was den Menschen zum Mittelpunkt des Universums macht. Um dies zu verstehen, müssen Sie nicht durch das Hubble-Teleskop schauen. Ganz nah bei uns verhält sich auch eine Herz-, Leber- oder Lungenzelle wie das Universum selbst. Die Übereinstimmung passt perfekt.

WIE SICH IN JEDER ZELLE DER KOSMOS WIDERSPIEGELT

Komplementarität: Jede Zelle bewahrt ihr individuelles Leben und hält gleichzeitig das Gleichgewicht mit dem ganzen Körper aufrecht. Auch Zellen, die vermeintlich wie Gegensätze wirken, etwa Knochen- und Blutkörperchen, sind aufeinander angewiesen. Sie sind für das Ganze notwendig.

Kreative Interaktivität: Alle Zellen stellen chemische Produkte her, die auf spezifische Situationen zugeschnitten sind, wie zum Beispiel den unterschiedlichen Sauerstoffbedarf in verschiedenen Höhenlagen. Gene reagieren fortwährend kreativ auf Veränderungen und produzieren neue Mischungen der chemischen Signalstoffe auf der Ebene der Zellen.

Evolution: Alle Zellen haben zunächst die gleiche DNA sowie die allgemeine Stammzellstruktur gemeinsam. In der Gebärmutter bilden diese Stammzellen die gesamte Evolution des Lebens auf der Erde nach, durchlaufen bestimmte Stadien, bis das letzte Evolutionsstadium, die Menschwerdung, erreicht ist.

Verhüllte Nonlokalität: Jede Zelle weiß perfekt über das Ereignis Bescheid, das sie steuert, aber die Ganzheit des Körpers ist unsichtbar und verborgen. Sie hinterlässt keine Spuren, auch wenn die Ganzheitlichkeit Sinn und Zweck eines jeden Ereignisses innerhalb der Zelle ist.

Kosmische Zensur: Jede Zelle ist Ausdruck der biologischen Gesetzmäßigkeiten. Diese dürfen nicht verletzt werden, denn sonst könnte die Zelle nicht existieren. Was die Nichtlokalität oder Ganzheit »zensiert«, sind die vielen, schier unendlichen Ereignisse, die sich um uns herum abspielen. Diese gehorchen zwar scheinbar der faktischen Realität, verschleiern und vernebeln aber in Wirklichkeit das, was »unterhalb« der normalen Wahrnehmung liegt. Unter den Umständen der Dualität kann nicht einmal das Bewusstsein seiner eigenen Ganzheit gedanklich auf die Schliche kommen.

Rekursivität: So unterschiedlich, wie Zellen in ihren verschiedenen Funktionen als Nieren-, Knochen-, Herz- oder Hirnzellen auch anmuten, im Grunde genommen sind sie doch gleich. Sie folgen den gleichen Mustern. (Auch in den Tiefen der Physik sind alle Elektronen gleich, was Richard Feynman zu der Behauptung veranlasst hat, in Wirklichkeit gebe es nur ein einziges Elektron.) Aus bekannten Mustern entsteht durch Rekursivität allmählich Verstehen. Wir können einander verstehen und kommunizieren. Möglich wird dies durch die Wiederholung der immer gleichen Prozesse in jeder Zelle und ihre gemeinschaftliche Verbindung mit der DNA.

Danksagung

Vielen gebührt Dank für eine fruchtbare Zusammenarbeit, vor allem wenn ein Buch so komplex gemacht ist wie dieses.

Sehr dankbar sind wir für einen Freund und hervorragenden Physiker, Leonard Mlodinow von Caltech, der unser Manuskript kritisch unter die Lupe genommen hat. Ein ebensolcher Dank geht an die kompetente und talentierte Wissenschaftsautorin Amanda Gefter. Beide haben dafür gesorgt, dass unsere Wissenschaft so perfekt wie möglich wurde, gerade auch weil wir uns in Bereiche vorgewagt haben, die hochkontrovers sind und die Mainstream-Wissenschaft herausfordern.

Mittlerweile hat sich das Studium des Bewusstseins von einem Nebenaspekt in der Wissenschaft zu einem großen Forschungsfeld entwickelt. Wir haben drei großen Fachkonferenzen zu diesem Thema und ihren unermüdlichen Organisatoren viel zu verdanken:

Stuart Hameroff, ein führender Pionier auf diesem Gebiet. Er leitet die hochgeschätzte Science and Consciousness Conference:
http://consciousness.arizona.edu/.

Maurizio und Zaya Benazzo, die Gründer und Organisatoren der Konferenz SAND, einer Wissenschafts- und Nondualitätskonferenz von internationaler Reichweite und Bedeutung:
https://www.scienceandnonduality.com/.

Dem *Sages and Scientists Symposium*, veranstaltet von der Chopra Foundation: https://www.choprafoundation.org.

Was den Verlagsbereich betrifft, hatten wir großes Glück mit dem Team, das dieses Buch ermöglicht hat. Angefangen mit unserem geduldigen, engagierten Lektor Gary Jansen sowie dem Team von Harmony: Aaron Wehner, Verleger; Diana Baroni, Vice President und Editorial Director; Tammy Blake, Vice President und Director of Publicity; Julie Cepler, Marketingleitung; Lauren Cook, Senior Publicist; Christina Foxley, Senior Marketing Manager; Jenny Carrow und Christopher Brand, unsere Umschlagsgestalter; Elizabeth Rendfleisch, Herstellungsleitung; Heather Williamson, Produktionsleiterin, und Patricia Shaw, Senior Production Editor. Dank gebührt auch Maya Mavjee, Geschäftsführerin und Herausgeberin der Crown Publishing Group, sowie Aaron Wehner, Senior Vice President und Herausgeber von Harmony Books.

Wir Autoren wollen darüber hinaus folgenden Einzelpersonen danken:

MENAS

Meine Familie hat eine ganz wichtige Rolle für meine Persönlichkeitsentwicklung gespielt, angefangen bei meinen Eltern, Constantine und Helen, die mich gelehrt haben, andere zu respektieren und den guten Prinzipien im Leben zu folgen; mein ältester Bruder Anthony, der mir immer zur Seite stand und mich beschützt hat; mein Bruder Fotis, dem ich in Cornell folgte und der mir die ersten Schritte als Wissenschaftler zeigte. Mein Onkel George Xiroudakis hat mir die Liebe zur Mathematik eingeflößt. Mein Doktorvater am MIT, Philip Morrison, vermittelte mir grundlegende Kenntnisse und die Begeisterung für Astrophysik und Kosmologie. Ich danke allen großen Professoren am MIT und den Universitäten Cornell und Harvard, mit denen ich studieren durfte.

Mein innigster Dank gilt auch meiner Frau Susan Yang. Du warst immer eine Unterstützung für mich und standst mir zur Seite, als mein Horizont sich erweiterte. Meine drei Söhne – Lefteris, Stefanos und Alexios – geben mir eine solche Bedeutung und tiefe Achtung als Vater. Ich danke meinen Freunden und Verwandten in den USA, Südkorea und Griechenland, die, auch wenn wir unterschiedlich sind, dieselben Träume haben. Ich sehe euch alle als Teil von mir. Schließlich wäre meine Wissenschaft und Philosophie nichts gewesen ohne Niels Bohr, den großen Quantenphysiker und mein spiritueller Lehrer.

DEEPAK

Ich danke für alles, was ihr in unermüdlicher Liebe zu geben habt: meiner Frau Rita, unseren Kindern, Gotham und Mallika, und unseren Enkeln, die mit enormem Optimismus in die Zukunft blicken.

Beide Autoren danken dem starken Team im Chopra Center, allen voran Carolyn, Felicia und Gabriela Rangel, der Familie in der Familie, die sich um die großen und die kleinen Sorgen kümmert. Ohne sie wäre dieses Buch nicht möglich geworden.

Register

S